ECCE HOMO
СЕ ЧЕЛОВЕК

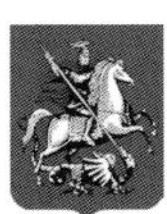
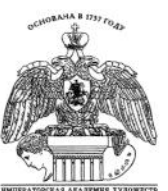
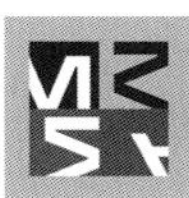
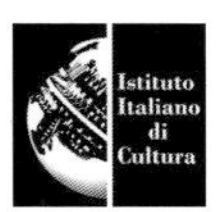

FAUSTA SQUATRITI

ECCE HOMO
СЕ ЧЕЛОВЕК

Edited by / A cura di
Evelina Schatz

Куратор
Эвелина Шац

CHARTA

Design / Progetto grafico
Mario Piazza, Letizia Abbate (46xy studio)

Editorial Coordination / Coordinamento redazionale
Filomena Moscatelli

English Copyediting / Redazione inglese
Emily Ligniti

Translation / Traduzione
from Russian to Italian / dal russo all'italiano:
Michela Trainini, Benedetta Sforza
from Italian to Russian / dall'italiano al russo:
Eugenia Prokopieva
from Italian to English /dall'italiano all'inglese:
Patricia Garvin

Copywriting and Press Office / Copy e Ufficio stampa
Silvia Palombi

US Editorial Director / Direttore editoriale USA
Francesca Sorace

Promotion and Web / Promozione e Web
Monica D'Emidio

Distribution / Distribuzione
Antonia De Besi

Administration / Amministrazione
Grazia De Giosa

Warehouse and Outlet / Magazzino e Spaccio
Roberto Curiale

Cover / Copertina
Con guanti di velluto, 1999
With velvet gloves, 1999

Photo Credits / Referenze fotografiche
Salvatore Licita, Michele Rubicondo, Ivan Sarfatti

Edizioni Charta srl
Milano
via della Moscova, 27 - 20121
Tel. +39-026598098/026598200
Fax +39-026598577
e-mail: charta@chartaartbooks.it

Charta Books Ltd.
New York City
Tribeca Office
Tel. +1-313-406-8468
e-mail: international@chartaartbooks.it
www.chartaartbooks.it

Published on the occasion of the exhibition
Pubblicato in occasione della mostra

FAUSTA SQUATRITI

Curated by / A cura di
Evelina Schatz

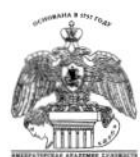

The Russian Academy of Fine Arts
ul. Precistenka, 21

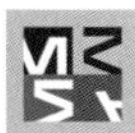

**Moscow Museum
of Modern Art**

10 December 2009 – 17 January 2010
10 dicembre 2009 – 17 gennaio 2010

Patronage of / Con il patrocinio

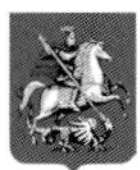

**Moscow Government
The Moscow Government Cultural Committee
Città di Mosca
Comitato Culturale della Città di Mosca**

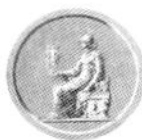

**Brera Academy of Fine Arts, Milan
Accademia delle Belle Arti di Brera, Milano**

Contribution of / Con il contributo

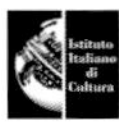

**Italian Cultural Institute of Moscow
Istituto Italiano di Cultura di Mosca**

Thanks to / Grazie a

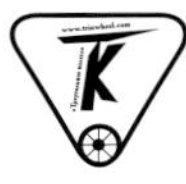
JESCHKE · VAN VLIET
Buch- und Kunstauktionen GmbH   Berlin

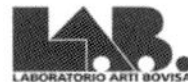

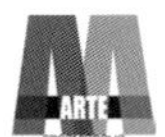

N⊘VURGIA

AsiloBianco

TENUTA DEGLI ANGELI
AZIENDA VINICOLA

The artist thanks
Zurab Tsereteli
President of the Russian Academy of Fine Arts
Jan Bruk
Director of the State Gallery Tret'jakov Scientific Cataloging
Vasily Tsereteli
*Executive Director of the Moscow Museum
of Contemporary Art*
Alberto Di Mauro
Director of the Italian Cultural Institute of Moscow
Maria Sica
Attaché of Italian Cultural Institute.
Lubov Evdokimova
*Head of Museum and Exhibition Activities
for the Russian Academy of Fine Arts*

Particular thanks to Evelina Schatz.
Thanks to Elisabetta Longari, Angela Madesani,
and Michail Pogarskij.

Thanks to the translators for their work,
and to Ivan Sarfatti (photos) and Giuseppe Liverani
of Charta and his collaborators.
Thanks to Mauro Inzoli for the resins,
Marco and Paolo Parini for the metals, Davide Pallavicini
for the paints, Lab for the photographic prints,
Fabio Valentini and Mauro Brovelli for their assistance
in the studio.

L'artista ringrazia
Zurab Tsereteli
Presidente dell'Accademia russa di Belle Arti
Jan Bruk
*Direttore della catalogazione scientifica
della Galleria Statale Tret'jakov*
Vasily Tsereteli
*Direttore esecutivo del Museo dell'arte contemporanea
della città di Mosca*
Alberto Di Mauro
Direttore dell'Istituto Italiano di Cultura a Mosca
Maria Sica
Addetto all'Istituto Italiano di Cultura.
Lubov Evdokimova
*Responsabile dell'attivita museale e espositiva
dell'Accademia Russa di Belle Arti*

Un grazie particolare a Evelina Schatz.
Grazie a Elisabetta Longari, Angela Madesani,
Michail Pogarskij.
Si ringraziano le traduttrici per il lavoro svolto,
Ivan Sarfatti per le foto, e Giuseppe Liverani di Charta
e le sue collaboratrici.

Mauro Inzoli per le resine, Marco e Paolo Parini
per i metalli, Davide Pallavicini per le verniciature,
la Lab per la parte fotografica a stampa, Fabio Valentini
e Mauro Brovelli per l'aiuto in studio.

Дизайн
Марио Пьяцца, Летиция Аббате (46xy Studio)

Координация каталога
Филомена Москателли

Редакция
Эмили Лиджинити

Переводы
с русского на итальянский:
Микела Траинини, Бенедетта Сфорца
с итальянского на русский:
Евгения Прокопьева
с итальянского на английский:
Патриция Гарвин

Отдел копирайтинга и по связям с прессой
Silvia Palombi / Сильвия Паломби

Главный редактор (США)
Франческа Сораче

Отдел рекламы и веб-поддержки
Моника Д'Эмидио

Отдел распространения
Антония Де Бези

Административный отдел
Грация Де Джиоза

Отдел складирования и сбыта
Роберто Куриале

На обложке
В бархатных перчатках, 1999

Фотографии
Микеле Рубикондо, Сальваторе Личита, Иван Сарфатти

Заранее приносим свои извинения, если по независящим от нас причинам не указан источник фотографий.

Edizioni Charta srl
Milano
via della Moscova, 27 - 20121
Tel. +39-026598098/026598200
Fax +39-026598577
e-mail: charta@chartaartbooks.it

Charta Books Ltd.
New York City
Tribeca Office
Tel. +1-313-406-8468
e-mail: international@chartaartbooks.it
www.chartaartbooks.it

Каталог подготовлен к открытию выставки
Фаусты Скуатрити в Москве

ФАУСТА СКУАТРИТИ

Куратор
Эвелина Шац

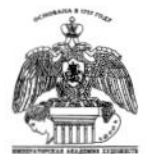

Российская академия художеств
ул. Пречистенка, 21

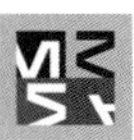

**Московский музей
современного искусства**

10 декабря 2009 – 17 января 2010

Под эгидой

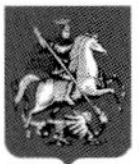

**Правительство Москвы
Комитет по культуре правительства Москвы**

Академии художеств Брера, Милан

При поддержке

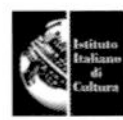

Итальянского института культуры в Москве

Благодарим

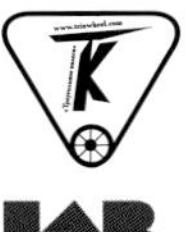
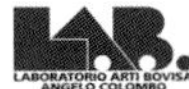
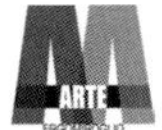
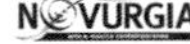

Художница благодарит
Зураба Церетели
президента Российской академии художеств
Яна Брука
заведующего отделом научной каталогизации
Государственной Третьяковской галереи
Василия Церетели
исполнительного директора Московского музея
современного искусства
Альберто Ди Мауро
директора Итальянского института культуры в Москве
Марию Сика
атташе Итальянского института культуры
Любовь Евдокимову
начальника Управления по музейной и выставочной
деятельности Российской академии художеств

Особая благодарность Эвелине Шац
Благодарим Элизабетту Лонгари, Анджелу Мадезани,
Михаила Погарского
Благодарим переводчиков за проделанную работу,
Ивана Сарфатти за фотографии, Джузеппе Ливерани,
основателя издательства «Карта», и его сотрудников

Благодарим Мауро Инцоли за полиуретановые
муляжи, Марко и Паоло Парини за металлические
части инсталляций, Давиде Паллавичини за окраску
поверхностей, LAB за печать фотографий, Фабио
Валентини и Мауро Бровелли за помощь в работе в
арт-студии

In the diversified landscape of contemporary art, where every means of expression can now be used to create a work of art and launch new messages, Fausta Squatriti occupies a unique position, one that makes it difficult to place her within the narrow confines of a trend or group.

Her inner quest has led her to investigate the endless questions regarding human existence, and to explore the intricacies of the mind's labyrinths, its drives and anxieties, in a context often colored by loneliness. Yet the purity of the formal structure would appear to act almost as a powerful bulwark against the ambush of darkness, skillfully kept at bay by her stylistic equilibrium.

This Cultural Institute takes great pleasure in welcoming the exhibition within its program since it represents yet another tile of the mosaic we can add to our project, whose objective is to make the variety and richness of Italian contemporary art known in Russia.

And to do this we can once again count on the assistance of the Russian Academy of Art and its director, Zurab Tsereteli, united as we are by friendship and years of joint projects.

I would especially like to thank Evelina Shatz, the curator of this particular project. Her creative presence on the Italian and Russian scene acts as a bridge between the two cultures in an intellectual enterprise in which she is extremely attentive and committed to creating an unconventional path, illuminated by intuition, intelligence, and originality.

Alberto Di Mauro
Director of the Italian Cultural Institute of Moscow

Nel variegato paesaggio artistico contemporaneo, dove ormai tutti i mezzi di espressione possono essere utilizzati per creare un'opera e lanciare nuovi messaggi, Fausta Squatriti occupa un posto tutto suo che difficilmente permette di collocarla entro i limiti ristretti di una corrente o di un gruppo.

La sua ricerca interiore la porta a indagare sui mille perché dell'esistenza umana e a esplorare l'intrigo dei labirinti della mente tra pulsioni e angosce in un contesto che spesso si colora di solitudine. E tuttavia la purezza dell'impianto formale sembra quasi agire da potente baluardo all'agguato delle tenebre, sapientemente arginate nell'equilibrio stilistico.

Questo Istituto di Cultura accoglie con molto piacere nel suo programma tale mostra, in quanto costituisce un ulteriore tassello del progetto mirato a far conoscere in Russia la varietà e la ricchezza della produzione dell'arte contemporanea italiana.

E per far questo ancora una volta può contare sulla collaborazione dell'Accademia dell'Arte Russa e del suo direttore, Zurab Tsereteli, al quale ci uniscono ormai anni di progetti comuni e di amicizia.

Per la realizzazione di questo progetto vorrei ringraziare in particolare la sua curatrice Evelina Schatz, creativamente presente nella scena italiana e russa come un ponte tra le due culture in un'attività intellettuale che la vede sollecitamente attenta ed impegnata a creare un percorso non convenzionale, illuminato da intuito, intelligenza e originalità.

Alberto Di Mauro
Direttore Istituto Italiano di Cultura di Mosca

В пестром мире современного искусства, где позволено использовать любые средства выражения для передачи новых идей через художественные произведения, Фауста Скуатрити занимает отдельную нишу: ее творчество не вмещается в тесные рамки отдельных течений или объединений.

Внутренние поиски подтолкнули ее к изучению многочисленных «почему» человеческого существования, к исследованию темных закоулков сознания со всеми нашими побуждениями и тревогами в контексте, нередко окрашенном одиночеством. И все же сама чистота ее подхода к построению формы служит верной защитой от ловушек сумеречной тьмы, сдерживаемой к тому же стилистическим равновесием.

Институт культуры рад представить выставку Фаусты Скуатрити: это еще один кирпичик в здании проекта, цель которого – познакомить российскую публику со всем богатством и многообразием современного итальянского искусства.

И нам вновь помогает в этом Российская академия художеств и ее президент Зураб Церетели, с которым нас связывают годы совместной работы над проектами и узы дружбы.

Особенно хочется мне поблагодарить куратора Эвелину Шац, благодаря которой и стало возможным проведение выставки. Творчество Эвелины Шац, активной участницы художественной жизни Италии и России, как мост соединяет эти две культуры. Своей интеллектуальной деятельностью она прокладывает, с прилежанием и тщательностью, новые нетривиальные пути, озаряя их своей творческой интуицией, умом и оригинальностью.

Альберто Ди Мауро
Директор Итальянского института культуры

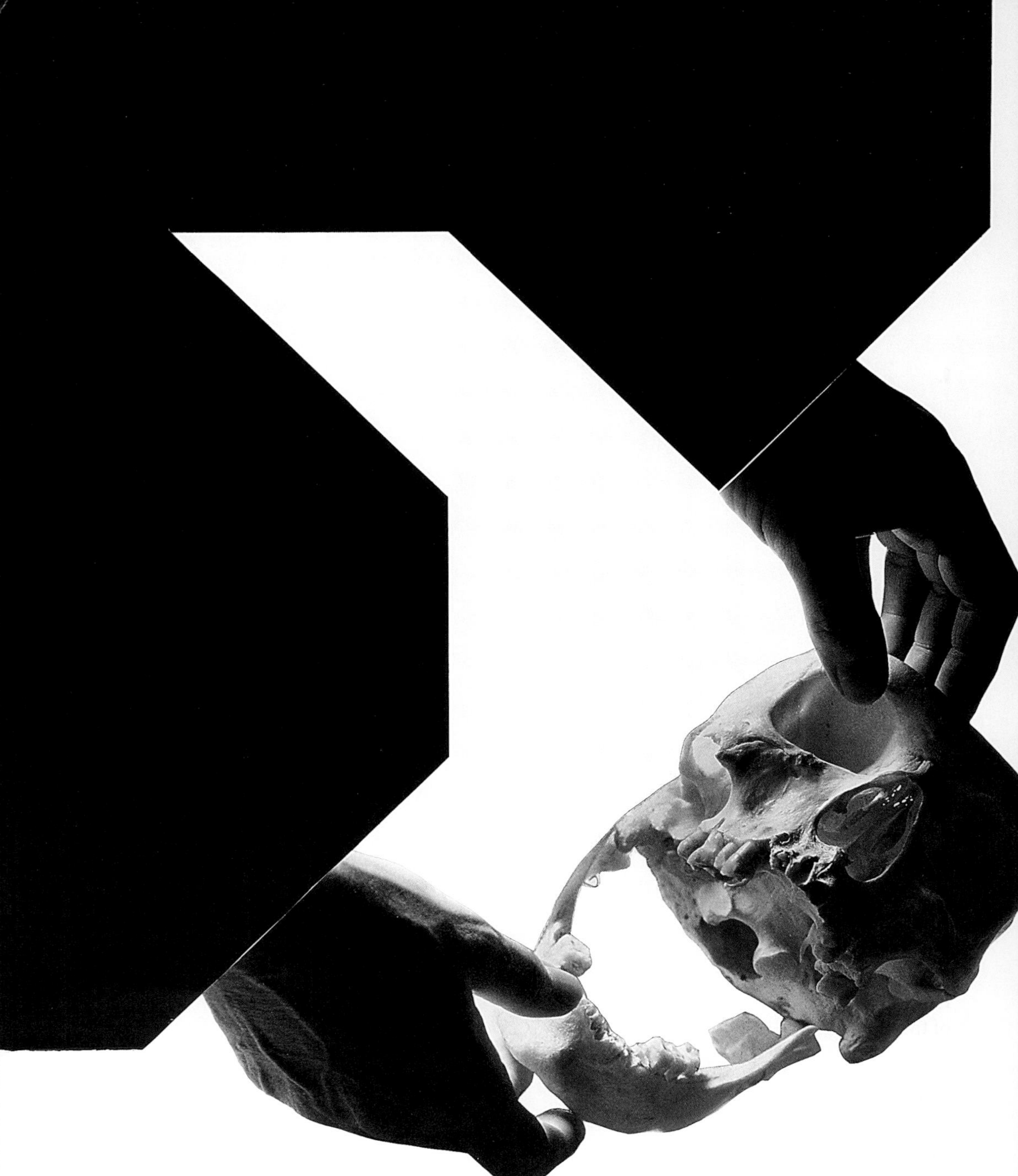

Evelina Schatz

A CUBIC PORTRAIT OF THE ARTIST

> "I think man should always tend towards the square and limit
> himself to the cube or to an exalted square order."
> Kazimir Malevich

I.   À LA GUERRE COMME À LA GUERRE

On the Path of the Square

"This isn't hell, it's life."[1] Well, if war it must be, war it is. And Fausta goes to war, waging battle every morning with her demons, in hand-to-hand combat with Dust and Horror to the death.[2] The universe in the sign of blood and the universe in the sign of the life force collide in that instant, compressed to the extreme, in the deadly category of beauty, pleasure, and death that constitutes the pain of being, and is, in turn, the dark ecstasy of misdeed. From the time of Oedipus, following the bloody trail, we experience the path of tragedy itself, and with it every moment of its incomprehensible and timeless existence. Here is our endlessly practiced self-blindness! Just when we begin to recover our sight. Come and see the blood in the streets urges Luciano Berio's Coro.[3] It is as if the high temperature of the Coro accompanied Fausta's dark inspiration. Her art is musical. It is the echo of battles. The sound plasma of Stravinsky, Schoenberg, Béla Bartók, and Shostakovich. Fausta transforms anger at the world's atrocities into the aesthetic substance of her own style. Someone said: "You'll bleed and you'll say that this is love." The passions, her passions, according to all the Saint Theresas, lead to rage, triggering anxiety, the black flame of the square, the enigma of the incomprehensible.

"If the world were square, we'd know where to go," Fausta wrote in her youth. After many years the square takes the form of a sort of unknown living organism. We read in the letters of Malevich: "It occurred to me that if humanity has drawn the image of God in its own likeness, then perhaps the black square is the image of God in the essence of his perfection on the new path of today's principle." The square, the cube, and the infinite alterations in their forms—all of this constitutes the delicate material with which Fausta's works are woven.

Man Ray called her La Bella. A bright glow of eyes emanates from Man Ray's photographic portraits of her; they are forever holding back the tears; in their depths lurks a hopeless female fragility and the horror of existence, her white teeth light an invincible smile: an expression of predatory courage and inexorable tragedy.

The work of this friend-of-Man-Ray is the bloody epic of the artist in the century of

---

1. Walter Benjamin.

2. Fausta Squatriti, *Fino all'ultimo sangue. I percorsi della ragione* (1957–2001). The title of the copious, over three-hundred page in-folio by Claudio Cerritelli, distinguished and indefatigable scholar of contemporary art.

3. Luciano Berio (1925–2000), Italian composer. *Coro* (1975), a piece for 40 voices and 40 instruments. Words by Pablo Neruda in Italian, French, Hebrew, and German. 52 min.

Joyce. The rivulets of the blood of that time leak into the twenty-first century, bringing with them traits of madness. It is a singular emancipation from herself, an unrestrained independence in the art world, that sets Fausta Squatriti apart—sculptor-artist-poet and bellicose creator. Or tragic. Freedom is cruel . . . We shouldn't forget that as we approach the work of this Italian master, a border warrior, and her great body of work, steadfast in the unity of a multifaceted personality. Within this galaxy, all boundaries between genres and canons freely dissolve. When J.L. Borges was asked: "Which culture do you feel you inherited?" He replied: "All of them." If we substitute the word art for the word culture we have a paraphrase that corresponds to the difficult task of analyzing Squatriti's work. In essence, the literary works of the poet, writer, and thinker Fausta Squatriti form a unique mirror, called to clothe in words the countless aspects of the new conception of the world that offers itself to the artist. "Evolution and revolution have one goal in art: to lead to a global creation, a composition of signs rather than a copy of nature."[4]

We know that the poet occupies a special place in culture. Foucault believed that language conceals hidden meanings, inexhaustible possibilities, which penetrate deeply into a language capable of "speaking beyond itself"; in other words, that allows a glimpse into the hidden spheres that language can enter. Mad words, inaccessible to the intellect and reason, pass through the lips.

Fausta writes verses for books[5] and creates art in complete cycles.

It is probably destiny that has led Fausta Squatriti to present her sacral series in Russia (four cycles in all, exhibited together for the first time), a country that has retained a sense of the sacred throughout its troubled history. Here, we continue to examine the mystery of existence.

2. THE MULTIFORM FACE OF THE ARTIST

The past is gone, unrepeatable. It remains in fragments. However, even these fragments do not freeze immobile but instead slightly alter their position. The more of them there are, the more it is impossible, mathematically speaking, to calculate the number of their combinations.

In fact, the author is not a text, the author is more than a text. Artistic people, such as Nietzsche, Čiurlionis, Malevich, Matjušin, Cocteau, Man Ray, Pasolini, and, in our day, Squatriti, pass with ease from literature to music and philosophy, from figurative art to poetry, theater, and cinema. Sometimes this triggers a macabre dance of discordant brutalized selves, suffering because of one other, a Jekyll and Hyde. But in most cases, when one suffers, the other creates.

The multiplicity of the creative self and the percipient self gives birth to a new weave, to that same concert hall, where the stage merges with the audience's space, with the hypostasis of the observer. Squatriti's diptychs and triptychs are made for the altar niche. We are dealing with a sacral art sensational in its unusualness, which exists in that it carries out a survey of the temple, lit by the liturgical choir and new relics.

4. Kazimir Malevich, *On the New Systems of Art.*
5. In other words, already having a vision of the finished book from the start.

From the time Hugh Everett made multiple universes a subject of physics, the Multiverse has inevitably become an issue concerning the place of Consciousness in such a vision of Existence. And it was found to be impossible not to separate individual self from the Multiverse, that the existence of the Multiverse must be conceived as within the confines of the past representations of the observer's personality. Words are not precise—all that's left for them is to be impetuous and plurimetaphorical. The world's ramifications have no end and take the form of junctures that generate possibilities. Everything that can happen happens somewhere.

Stephen Hawking interprets the universe as a quantum particle, which with variable probability can be found in an infinite variety of conditions, giving rise to a myriad of possible worlds: a continual, creative mobility. In the same way that identical information can be transmitted in the form of a handwritten note, a printed text, orally, through a binary number code, by analogue projection or by light beams, any individual or any kind of existence is able to pre-subsist, change form, and generate many variations of itself.

Friedrich Nietzsche, philosopher, poet, philologist, and composer, said that culture is a very thin apple skin enclosing red-hot chaos. As early as in the nineteenth century, the new literature was a special kind of syncretism that erased the boundary between science and art; it spiritualized the plastic image and created a type of book that can be called . . . *the intellectual novel*. M. Epstein wittily defined Nietzsche's very special work and that of his followers as integral philology. Couldn't a new form of integral art be invented today?

Evidently, Fausta Squatriti's art continues the journey of the intellectual novel: tenaciously, the artist creates her own implacable, fractal novel. The fission or multiplication of the self provokes the deflagration of the hidden creative potential.

3. THE SOLITUDE OF THE INVENTOR

Poetry and art have the gift of prophecy. In order for society to survive, art sometimes finds itself in conflict with the vision of the world around it. All the more so since the artist is an outcast, a heretic, a dissident. He has his own system of values. Total solitude—this is his environment. This is felt more in times of transition. He finds himself between the claws of two epochs, two cultures. Creator of the new, he is distinguished by his lack of domicile, and this is cultural loneliness. Disengaging herself from the general context of styles and sign systems, Squatriti turns to something that as yet does not have an interpretation; gaining her freedom, she isolates herself from the obsolete knowledge system that surrounds her and acquires her own, thus becoming a potentially dangerous member of society. Her creative force arouses fear, doubt, uneasiness, rejection. And the multiple forms of Squatriti's creative canons do not help her find a place in the Areopagus of the arts: oh blessed solitude, oh sole blessedness.

It is clear that her existence as an outsider does not affect the biographical-external perception. The awareness of a limit by going beyond that limit, the analysis of what happens along that borderline—condensations, dilations, pulsations—or rather the inner state of the century: a colossal creative tension. Here we find the region of revelations from the frontier. The initiation into the edge of the abyss This is what Fausta achieves in all the areas of her art, with a constant transition from the pictorial space to the rigorous paradoxes of graphic art, from the expressive geometric power of sculpture to the complex collages and the unexpected drop out of solid materials; from the refined book-objects to the architectural structure of poetry. Everything becomes an area of research and discovery of boundaries. An interchange between her own paradigms. Constant neoformations that undermine everything that is usual in the world and in us.

Only by crossing borders, exterior and interior, can vitality be preserved. This brings Squatriti close to the eternal Russian aspiration to be exceptional.

4. IN THE BOWELS OF MADNESS
Some Thoughts on the Ecce Homo Cycle

It is clear that the entire twentieth century can be defined as a schizoid era, and that virtually all the fundamental scientific and philosophical discoveries possible and imaginable, all the most important art movements have a schizoid nature: analytic philosophy, quantum mechanics, relativity theory, psychoanalysis, cinema, structural linguistics together with semiotics and mathematical logic, and many more besides. Almost all the great artworks of the twentieth century are autistic: Mann's Doctor Faustus, Joyce's Ulysses, Proust's In Search of Lost Time, Musil's The Man Without Qualities, Pessoa, Nabokov, Platonov, and so on. The same is true of music: Busoni and Kul'bin, Schoenberg and Varèse, Boulez and Stockhausen. It's as though the whole of twentieth-century reality ended in the funnel of autistic thought. But does reality as such really exist?

When people say it's schizophrenia, I think of the degeneration of form; form transcended in a new atmosphere of individualization. Isn't it up to me to make my own TV program, my own newspaper, my own Internet? It's a question of deconstruction in action.

"Madness" is an inevitable attribute of human history, but nowadays it's a symbol of contemporary culture, the subject of representation in art. Squatriti was petrified with horror when she saw the asylum pictures. And the observer is in turn infected by this horror. S/he also becomes trapped in the autistic, prison-like space of the mentally alienated, who have lost their quality of belonging, but have strangely acquired a philosophical aspect.

There is also another opinion: that "madness" is a privilege and valuable to civilization. It is assumed that psychopathology, particularly schizophrenic thought and "alienation," so characteristic of autism and existentialism, widens the boundaries of human knowledge, represents a catchment of creation, and is a forerunner and promoter of progress.

Behold the Man is a cycle that was discovered and made known by Jan Bruk during the time he was living in Milan (which was how the idea of an exhibition in Moscow arose). It forces us not only to look at the art world, where we see the fate of madness, but also at the world of the insane—where we see elements of unexpected beauty and, in this way, probe the subtlety of the border separating these worlds. The border is also a source of estrangement, which is a constituent part of mental disorder and helps to see things in a different light.

Within Squatriti's sacral context, very precise traits grant madness a position of privilege, an exclusive status. The mentally alienated person becomes a figure who has been gifted with special qualities and possesses special rights. One example is the author of Gulliver's Travels and

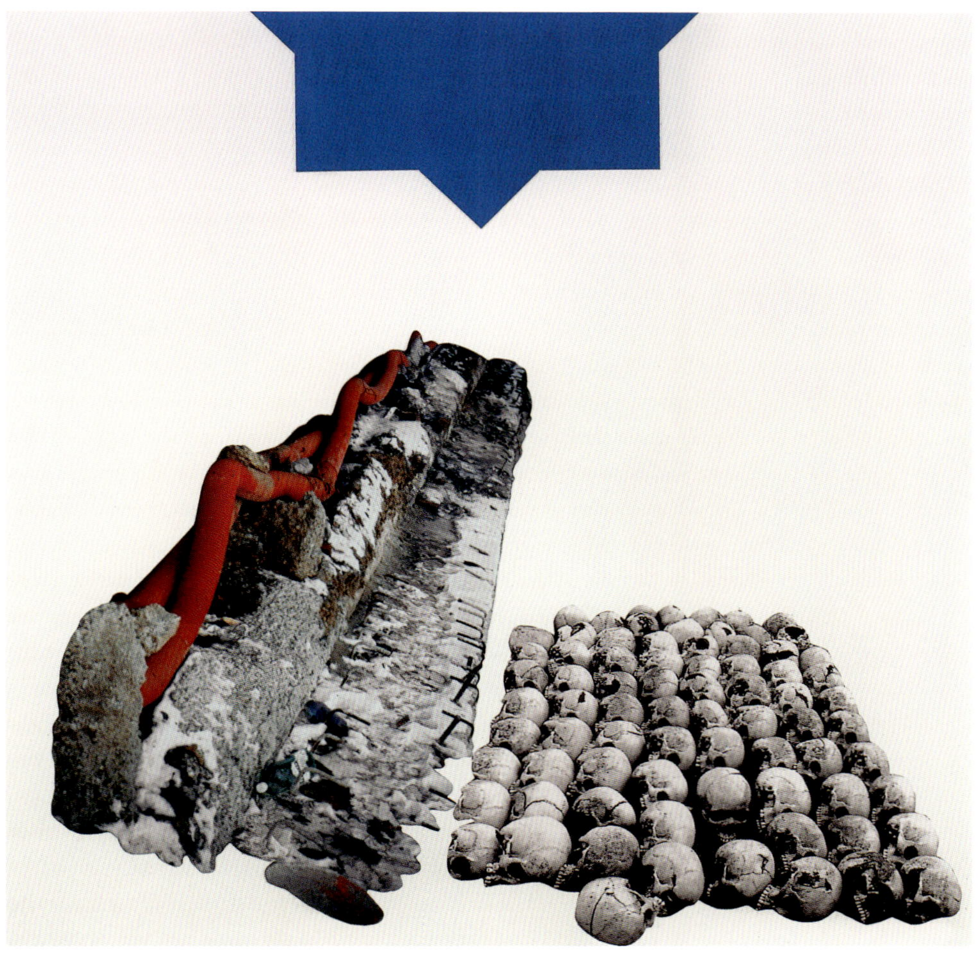

For the love of order, 2002
cm 70 x 70, photo, pigments on Fabriano paper

Per amore dell'ordine
cm 70 x 70, foto, pigmenti su Fabriano

«Из любви к порядку»,
70 x 70 см, фотография, красители, бумага «Фабриано»

p. 12
In Your Hands, 1999
cm 70 x 100, photo, pigments on Fabriano

Nelle tue mani
cm 70 x 100, foto, pigmenti su Fabriano

«В твоих руках»
70 x 100 см, фотография, красители, бумага «Фабриано»

of a mental asylum: it was there, apparently, that Swift ended his days. There was a curious custom in those times whereby high society went to watch the lunatics in their cells, like a paid performance. In 1823 the Italian composer Antonio Salieri lost his mind. We should remember that the German philosopher, poet, philologist, and composer Nietzsche, the preacher of aesthetic immorality, spent the last eleven years of his life in a mental hospital. Incidentally, the German philosopher Arthur Schopenhauer exerted an extremely strong influence on Nietzsche. It was Schopenhauer who described the divine world as "the worst of all possible worlds," who stated that the history of the world makes no sense and who ended his life by suicide, smashing his skull against a stone wall. The Italian poet Torquato Tasso by his own admission suffered hallucinations and lost his mind several times because of drink. He was also subject to extreme bouts of anger. The mathematician, philosopher, and writer Blaise Pascal suffered from hallucinations. Sex maniac, philosopher, and writer, the Marquis de Sade spent the last twelve years of his life in a nursing home for the mentally ill. The Russian writer and thinker A.N. Radiščev was sent to an asylum, and then ended his life by suicide. The Soviet mental hospitals are a particular page in history. The American poet Ezra Pound, the founder and chief theorist of American modernism, was handed over to the United States in 1945 as a war criminal and assigned to a psychiatric hospital where he remained for about thirteen years. After that he lived in Venice until his death. In Squatriti's work we find these and many other imprisoned geniuses.

The issue does not lie in the fact that since 1978 in Italy state psychiatric hospitals have been closed, or that madness is considered as a "difference" and not a disease. Diseases of the psyche are too inherent in the various forms of existence and for a long time have been the subject of various sacral, religious and artistic cultural practices.

In the various cultural spheres the theme of madness has acquired a very distinct character, one quite different from the phenomenon psychiatrists deal with. It is precisely within the cultural context that mental illness has acquired its own specific characteristics, which were discussed above. Hence there are two kinds of madness: the first is the subject of scientific and therapeutic practice; the second is a manifestation of culture.

As fine as the line is between genius and madness, between artist and mad person, between the product of art and a sick mind, so too the one between visitors to an exhibition and the author of the works on show may reveal itself to be wholly conventional. Here we are dealing with the spectator's involvement in the mad world of art and the fantastical world of the mad—both Fausta Squatriti's philosophical idea and the experiment in artistic perception.

What counts most is that the author restores human status to his tragic characters. So it seems that in madness there is a formidable aesthetic power. [6]

Today Fausta Squatriti, like Möbius, is at work on her third novel, which belongs to the genre of pathography.[7] Probably this time, too, her prose will be hard to write and hard to read, as Kruchionykh taught.

6. Michail Pogarskij, from his essay in this catalogue.
7. The German psychiatrist Paul Möbius coined the term "pathography" for the psychiatric biographical form.

5. A WALK IN SEARCH OF LOST THINGS SUBJECT TO INVENTORY

Evidence of slaughterhouses, objects saved after yet another flood, the detritus of a cynical civilization, bogged down in the commercialization of the essence. *Requiem for the Species and for the Machine* (1997–1998) is probably the most pitiless cycle. "Man is one of nature's most dangerous phenomena," wrote Malevich. There is no certainty that the intellect, which commits terrible acts, will protect us from generalized disaster. Will this rubbish, this waste, this refuse, transform itself? This is how the figurative elements and geometric forms converse on the various shutters of the diptychs and triptychs. Fausta's tenacious affirmation of her geometric rationality is striking. Sacral, quasi-mystical creations are the result; giant diptychs that would fit in the niches of the altars of today's churches. From Descartes and Spinoza, from abstract constructivism to deconstruction.

This is the bureau des objets trouvés (lost property office), the funereal niche from archaeological excavations, a labyrinth of inventory libraries—the surprising world of the artist. Indefatigable wanderings in these labyrinths in search of her own memory that leads an involuntary Proustian enumeration via a limitless Recherche of her own. A museum of every possible thing, large and small mountains of pity, crammed with forms of every kind unrelated to each other and are apparently ignorant of what is beside them. In fact, an inventory of modern times.

Oblivion is probably the natural condition of the space we occupy and the things that we domesticate. "But a work of art is more than a thing, more than a commodity, it embodies a world view and can serve as a method for creating the world."[8] Despite the desperation of the author herself.

Fausta finds her way around this museum like a magistrate or an archeologist, in a continuous process of cataloguing and interpreting the hieroglyphics of our time, which she transforms into a special alphabet.

This is mentioned very clearly in the essay by Michail Pogarskij appearing in this catalogue: "In the 1920s the poet Velimir Khlebnikov issued a proclamation to the world's artists, calling on them to create an entirely new alphabet to replace the existing, outdated, mono-signifying letters. At the beginning of the third millennium, this fundamentally new 'other' alphabet, this international language made of graphic symbols that can be understood by every artist, has been created—and with success—by our sculptress of signs."

6. WORK IN BLACK OR STALKER'S SECRET ROOM[9]

The latest series of works is devoted to the drama of the final act of courage described by Yourcenar. Zeno, Marguerite Yourcenar's scholar, physician, and philosopher (English title: The Abyss or alternatively Zeno of Bruges), the guardian of a rebellious mob of alchemists in a hermetical Middle Ages at the time of the hypocritical Renaissance, commits suicide to escape

---

8. Daniel Birnbaum, director of the Venice Biennale 2009.
9. The clandestine guide through the Zone to reach the secret room in the film by Andrei Tarkovskij (1979).

a sentence of death at the stake. With the skill of a surgeon or a barber, he dissects his veins using the same blood circulation map whose study led him to the stake. "Gushing in spurts, the liquid bursts free as it always does, almost as if it were hurrying to leave the dark recesses of the labyrinth along which it had been circulating inside the hermit." An act committed in the name of science. A real personal triumph! "He threw a glance at the cover darkened with blood. Now he understood why common belief connected this liquid to the soul: the soul and blood issued simultaneously from the body." In this, the last part of her treatise on dehumanization, Squatriti stages her final act: a detailed anthology of the end of things in a context of pieces of living matter, forgotten by memory. They embody all the passion of the explorer and the fragility of the artist, the mania of the geometry student and the alchemist, the diligence and wisdom of the theologian, who studies the blood and spirit as they exit. The result is the death of things, the cemetery chill of petrification. The blood discolors and coagulates. The universal roar of dehumanized life expires in the stony oratory of grayness, before the clamorous absence of color in a leaden gloom.

Evelina Schatz

RITRATTO DELL'ARTISTA AL CUBO

"Mi pare che l'uomo debba
sempre tendere al quadrato e limitarsi al cubo,
ovvero a un ordine quadrato esalatero"
Kazimir Malevič

I. À LA GUERRE COMME À LA GUERRE

Sulla strada del quadrato

«Non è l'inferno, questo, è la vita»[1]. Ebbene, *se guerra deve essere, guerra sia*. E Fausta va in guerra, ingaggiando battaglia ogni mattina con i propri demoni, battendosi in un corpo a corpo con la Polvere e il Raccapriccio *fino all'ultimo sangue*[2]. L'universo segnico del sangue e l'universo segnico della forza vitale si scontrano in quell'istante compresso all'estremo, in quella micidiale categoria di bellezza, piacere e morte che costituisce il dolore dell'essere, e a sua volta è estasi oscura di misfatto. Fin dai tempi di Edipo, seguendo la traccia insanguinata, sperimentiamo il percorso della tragedia stessa e insieme ogni istante della sua esistenza incomprensibile e atemporale. Autoaccecamento, perennemente praticato, eccolo! proprio allorquando si inizia a recuperare la vista. *Come and see the blood in the streets* (Vieni a vedere il sangue sulle strade), esorta il «Coro» di Luciano Berio[3]. È come se la temperatura elevata del coro accompagnasse l'oscura ispirazione di Fausta. La sua arte è musicale. È l'eco di battaglie. Il plasma sonoro di Stravinskij, Schönberg, Béla Bartók, di Šostakovič. Fausta trasforma la collera per le atrocità del mondo nella sostanza estetica del proprio stile. Qualcuno ha detto: «Sanguinerai e ripeterai che si tratta di amore». Le passioni, le sue, secondo tutte le Sante Terese, infuriano scatenando inquietudine, fiamma nera del quadrato, enigma dell'incomprensibile.

«Se il mondo fosse quadro saprei dove andare», scrive Fausta in gioventù. Dopo molti anni il quadrato assume forma di *una sorta di sconosciuto organismo vivente*. Leggiamo nelle lettere di Malevič: «Mi è venuto in mente che se l'umanità ha disegnato l'immagine di Dio a propria somiglianza, allora forse il Quadrato nero è l'immagine di Dio nell'essenza della sua perfezione, sul nuovo cammino del principio dell'oggi». Il quadrato, il cubo e l'infinita mutazione delle loro forme – tutto ciò costituisce la materia sottile della quale sono intessuti i lavori di Fausta.

Man Ray la chiamava *La Bella*. Dai suoi ritratti fotografici sgorga un lucente umore di occhi che perennemente trattengono il pianto; nel profondo si cela un'ineluttabile fragilità femminile e l'orrore dell'esistere, riluce il suo invincibile sorriso dai denti bianchi: espressione di rapace ardimento e spietata tragicità.

---

1. Walter Benjamin.
2. Fausta Squatriti. Fino all'ultimo sangue. I percorsi della ragione (1957-2001). Così si intitola il cospicuo in-folio, lungo più di trecento pagine, di Claudio Cerritelli, raffinato e indefesso studioso dell'arte dei nostri contemporanei.
3. Luciano Berio (1925-2000), compositore italiano. «Coro» è del 1975, libretto di Pablo Neruda, per 40 voci e 40 strumenti, le lingue italiana, francese, ebraica, tedesca, 52 min.

L'opera di questa *amica-di-man-ray* è l'epopea cruenta dell'artista nel secolo di Joyce. I rivoli di quel sangue si infiltrano nel XXI secolo, portando con sé i tratti della follia. È per una singolare emancipazione da sé stessa, un'indipendenza senza ritegno nel mondo dell'arte, che si distingue Fausta Squatriti scultore-artista-poeta, artefice bellicoso. Ovvero tragico. La libertà è crudele… Non bisogna dimenticarselo, accostandosi all'opera del maestro italiano, *guerriero della frontiera*, e al suo peculiare megatesto saldo nell'unità di una personalità sfaccettata. All'interno di questa galassia si dissolvono liberamente tutti i confini fra i generi e i canoni. Quando chiesero a J.L. Borges: «Di quali culture si sente erede?» lui rispose: «Di tutte». Sostituendo alla parola *cultura* la parola *arte* otteniamo una parafrasi che risponde al difficile compito di analizzare l'opera di Squatriti. In sostanza, le opere verbali del poeta, dello scrittore e del pensatore Fausta Squatriti formano uno specchio singolare, chiamato a rivestire di parola gli innumerevoli aspetti della nuova concezione del mondo che si apre all'artista. «L'evoluzione e la rivoluzione hanno nell'arte un unico obiettivo, sfociare in una creazione globale: composizione di segni anziché copia della natura»[4]

Il poeta, si sa, occupa un posto particolare nella cultura. Nella lingua, ritiene Foucault, si celano significati nascosti, inesauribili possibilità, che penetrano in profondità una lingua capace di «parlare oltre sé stesso», ovvero che permette di gettare uno sguardo dentro alle sfere nascoste alle quali la lingua può accedere. Attraverso le labbra corrono parole folli, inaccessibili all'intelletto e alla ragione.

Fausta scrive versi *per libri*[5] e crea arte in cicli compiuti.

È probabilmente destino che Fausta Squatriti presenti la propria serie sacrale – quattro cicli in tutto, per la prima volta riuniti in un'unica esposizione – proprio in Russia, paese che ha conservato il sentimento del sacro attraverso la propria torbida storia. Qui, ci si continua a interrogare sul mistero dell'esistenza.

2. MULTIFORME VOLTO DELL'ARTISTA

Il passato è andato, irripetibile. Esso permane in frammenti. Ma anche tali frammenti non si congelano immobili, bensì cambiano appena posto. Più ce ne sono, più è incalcolabile, per dirla alla maniera della matematica, il numero delle loro combinazioni.

Di fatto l'autore non è un testo, l'autore è più di un testo. Gente d'arte come Nietzsche, Čiurlionis, Malevič, Matjušin, Cocteau, Man Ray, Pasolini e, ai nostri giorni, Squatriti, passano con disinvoltura dalla letteratura alla musica, alla filosofia, dall'arte figurativa alla poesia, al teatro, al cinema. A volte questo innesca una danza macabra di *Io* discordanti, imbestialiti, che soffrono l'uno a causa dell'altro: Hyde e Jekyll. Ma nella maggior parte dei casi, quando *uno* soffre, *l'altro* crea.

La molteplicità dell'*Io*-creativo e dell'*Io*-percettivo dà vita a una nuova tessitura, a quella stessa *sala da concerto*, dove lo spazio scenico confluisce nello spazio dello spettatore, con

---

4. Kazimir Malevič, *Sui nuovi sistemi nell'arte.*
5. Cioè avendo già da principio la visione del libro concluso.

l'ipostasi dell'*osservatore*. Dittici e trittici di Squatriti sono fatti per la nicchia dell'altare. Si tratta di un'arte sacrale clamorosa tanto è insolita, che esiste in quanto svolge una prospezione dello spazio del tempo, illuminato dal coro liturgico e da nuove reliquie.

Dopo che Hugh Everett ha fatto del pluriuniverso un oggetto della fisica, il Multiverso è divenuto inevitabilmente una questione riguardante il posto della Coscienza in una siffatta visione dell'Essere. E ne è risultato che non era possibile non separare l'*Io individuale* dal multiverso, non intendere la sua esistenza, quella del plurimondo, come interna ai confini delle passate rappresentazioni della personalità dell'*osservatore*. Alla parola non è dato d'essere precisa – non le resta che essere temeraria e plurimetaforica. La ramificazione del mondo non ha fine e si realizza in frangenti che generano possibilità. Tutto ciò che può succedere, da qualche parte succede.

Stephen Hawking interpreta l'universo come una particella quantica, che con probabilità variabile si trova in un'infinita molteplicità di condizioni, dando vita a miriadi di mondi possibili: una grande mobilità creativa permanente. Allo stesso modo in cui la medesima informazione può essere trasmessa in forma di annotazione manoscritta, testo stampato, discorso orale, codice numerico binario, proiezione analogica e fascio luminoso, qualsiasi individuo, qualsiasi specie di esistenza è in grado di *presussistere*, cambiare la propria forma, generare numerose varianti di sé stessa.

Friedrich Nietzsche, filosofo, poeta, filologo e compositore, diceva che *la cultura è una sottilissima buccia di mela che avvolge un caos arroventato*. Già nel XIX secolo, proprio della nuova letteratura è un peculiare genere di sincretismo, che cancella il confine fra scienza e arte, spiritualizza l'immagine plastica e dà vita a un tipo di libro che... può essere chiamato *romanzo intellettuale*. Michail Epštein definì con arguzia gli assai speciali lavori di Nietzsche e dei suoi seguaci *filologia integrale*. Non potrebbe oggi nascere una nuova forma di *arte integrale*?

Evidentemente l'arte di Fausta Squatriti prosegue il cammino del romanzo intellettuale: tenace, l'artista crea il proprio implacabile *romanzo frattale*. La fissione o la moltiplicazione dell'*Io* provoca la deflagrazione delle potenzialità creative nascoste.

3. LA SOLITUDINE DELL' ARTEFICE

La poesia e l'arte hanno il dono della profezia. Affinché la società sopravviva l'arte a volte viene a trovarsi in conflitto con il quadro del mondo che la circonda, tanto più che l'artista è un reietto, un eretico, un dissidente. Egli possiede un proprio sistema di valori, una solitudine totale – questo è il suo ambiente; lo si percepisce tanto più nelle epoche di transizione. Egli si trova nella forbice fra due epoche, due culture. Creatore del nuovo, si distingue per una mancanza di *domicilio*, il che è solitudine culturale. Svincolandosi dal contesto generale degli stili e dei sistemi segnici, Squatriti si rivolge a qualcosa che ancora non ha un'interpretazione; conquistandosi la libertà, si isola dal sistema obsoleto di conoscenze che la circonda e acquisisce le proprie, diventando così un membro potenzialmente pericoloso della società. Il suo vigore creativo suscita paura, dubbio, inquietudine, rifiuto. E la multiformità dei suoi canoni creativi non la aiuta a trovarsi un posto nell'areopago delle arti: *beata solitudo, sola beatitudo*.

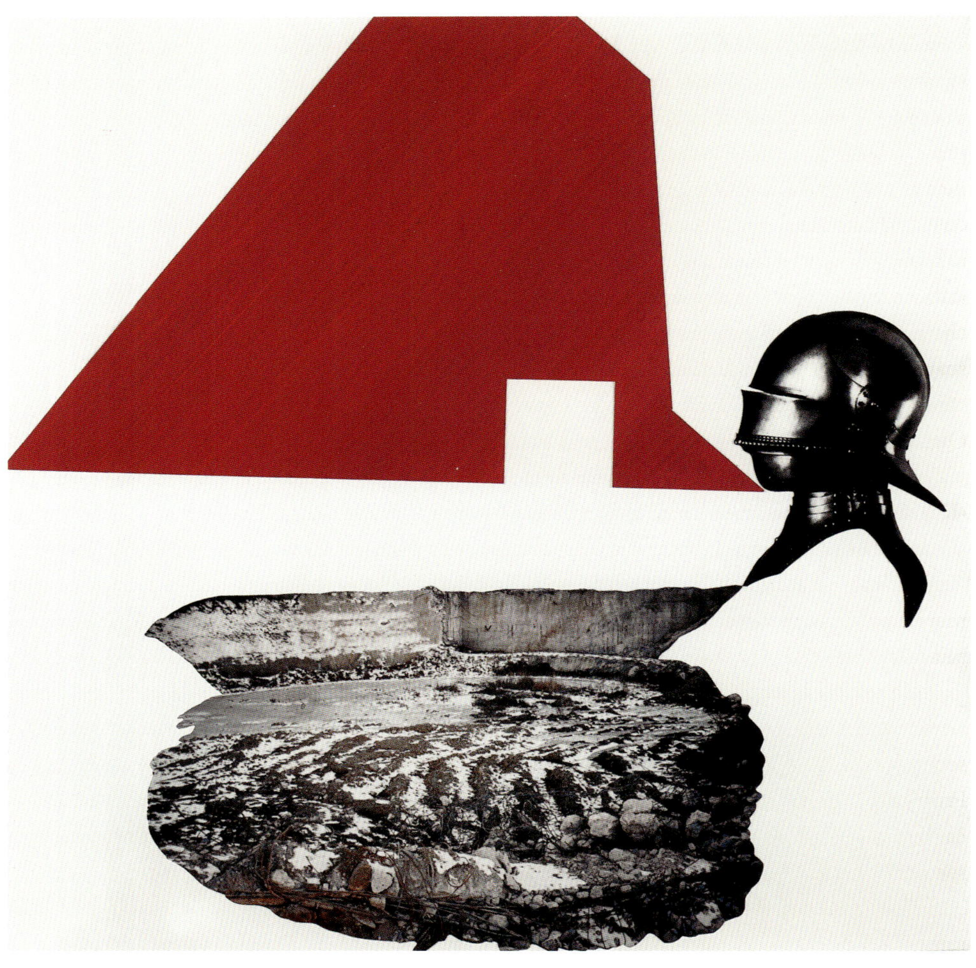

Winter warrior, 2002
cm 70 x 70, photo, watercolor on Fabriano paper

Guerriero d'inverno
cm 70 x 70, foto, acquarello su Fabriano

«Воин зимой»
70 x 70 см, фотография, акварель, бумага «Фабриано»

È chiaro che il suo essere un outsider non agisce sulla percezione biografico-esteriore. Il senso del limite nell'oltrepassare il limite stesso, l'analisi di quanto avviene lungo quella linea di confine – condensamenti, dilatazioni, pulsazioni – ovvero dello stato interiore del secolo: una tensione creativa colossale: qui si trova la regione delle rivelazioni di frontiera, l'iniziazione al limite dell'abisso. È questo che Fausta compie in tutto il territorio della sua arte, con una costante transizione dallo spazio pittorico ai rigorosi paradossi della grafica, dalla geometrica forza espressiva della scultura ai complessi collage e all'inatteso *drop out* di materiali solidi, dai raffinati libri-oggetto alle strutture architettoniche della poesia. Tutto diventa regione di ricerche e scoperte *di confine*. Avvicendamento dei propri paradigmi. Costanti neoformazioni, che scardinano tutto ciò che è abituale, nel mondo e in noi.

Solo l'*attraversamento dei confini*, esteriori e interiori, permette di conservare la vitalità. Questo avvicina Squatriti all'eterna aspirazione russa all'eccezionalità.

4. NELLE VISCERE DELLA FOLLIA
Alcune riflessioni sul ciclo ECCE HOMO

È evidente che tutto il XX secolo può essere definito un'epoca schizoide e che praticamente tutte le fondamentali scoperte scientifiche e filosofiche possibili e immaginabili, tutti i più importanti indirizzi artistici hanno carattere schizoide: la filosofia analitica, la meccanica quantistica, la teoria della relatività, la psicanalisi, il cinema, la linguistica strutturale insieme alla semiotica e alla logica matematica, e molto altro. Quasi tutte le grandi opere artistiche del XX secolo sono autistiche: *Doctor Faustus* di Mann, *Ulisse* di Joyce, *Alla ricerca del tempo perduto* di Proust, *L'uomo senza qualità* di Musil, Pessoa, Nabokov, Platonov… Lo stesso vale per la musica: Busoni e Kul'bin, Schönberg e Varèse, Boulez e Stockhausen. È come se tutta la realtà del XX secolo finisse nell'imbuto del pensiero autistico. Ma esiste poi davvero la realtà in quanto tale?

Quando si dice: *è schizofrenia*, mi viene in mente la degenerazione della forma, il superamento della forma in una nuova atmosfera di individualizzazione. Non sono forse io stesso a creare il mio programma televisivo, il mio giornale, la mia Internet? Si tratta della decostruzione in azione.

La «follia» è attributo immancabile della storia dell'umanità, ma ai giorni nostri essa è simbolo culturale della contemporaneità, oggetto di rappresentazione nell'arte. Squatriti si è impietrita per l'orrore di fronte alle immagini del manicomio, e l'osservatore è a sua volta contagiato da tale orrore. Ed ecco che anche lui è imprigionato nello spazio carcerario autistico degli alienati mentali, che hanno perso il loro principio di appartenenza ma hanno stranamente acquisito un aspetto filosofico.

Esiste anche un altro parere: che la «follia» sia privilegio e bene della civiltà. Si suppone che la psicopatologia, in particolare il pensiero schizofrenico e l'«estraniazione», così peculiare anche dell'autismo, e dell'esistenzialismo, espanda i confini della conoscenza umana, rappresenti un collettore della creazione, sia antesignana e promotrice del progresso.

Ecce homo è un ciclo che aveva scoperto e segnalato Jan Bruk, al tempo della sua permanenza a Milano (è così che nacque l'idea di una mostra a Mosca), che costringe a guardare non soltanto al mondo dell'arte vedendoci la follia toccata in sorte all'umanità, ma anche al mondo dei folli – vedendoci elementi di inaspettata estetica e, in questo modo, tastare la sottigliezza del confine che separa tali mondi. Esso è anche motivo di straniamento, il che è parte costitutiva dell'alterazione psichica e aiuta a vedere le cose sotto un'altra luce.

Nel contesto sacrale di Squatriti la follia acquisisce ben precisi tratti di privilegio, uno status esclusivo. L'alienato mentale diventa una figura dotata di particolari caratteristiche e in possesso di particolari diritti. Ne è un esempio l'autore di Gulliver e di un manicomio: è lì, pare, che Swift avesse finito i suoi giorni. A quei tempi c'era una curiosa abitudine nella buona società: andare a guardare i matti nelle loro celle, come spettacolo a pagamento. Perse il senno il compositore italiano Antonio Salieri. In manicomio trascorse gli ultimi undici anni di vita Friedrich Nietzsche, predicatore dell'immoralismo estetico. Fra l'altro, su di lui esercitò una fortissima influenza il filosofo tedesco Arthur Schopenhauer, quello stesso Schopenhauer che chiamò il mondo divino "il peggiore dei mondi possibili", che affermava che la storia del mondo non ha senso e pose fine alla sua vita con il suicidio, fracassandosi il cranio contro un muro di pietra. Il poeta italiano Torquato Tasso, per sua stessa ammissione, soffriva di allucinazioni e perse diverse volte il senno in conseguenza del troppo bere. Era altresì soggetto a eccessi di rabbia. Soffriva di allucinazioni il matematico, filosofo e scrittore Blaise Pascal. Erotomane e filosofo, lo scrittore marchese de Sade trascorse gli ultimi dodici anni della propria vita in una casa di cura per malati di mente. Fu messo in manicomio, e poi pose fine alla propria vita con il suicidio, lo scrittore e pensatore russo A.N. Radiščev.

I manicomi sovietici rappresentano poi una pagina particolare della storia. Ritroviamo, nei lavori di Squatriti, questi e molti altri geniali reclusi. Il poeta americano Ezra Pound, fondatore e principale teorico del modernismo americano, venne consegnato agli Stati Uniti nel 1945 come criminale di guerra e assegnato a un ospedale psichiatrico dove rimase per circa tredici anni. Poi visse a Venezia fino alla morte.

La questione non sta nel fatto che in Italia gli ospedali psichiatrici statali sono chiusi dal 1978, ovvero che la follia viene considerata una «diversità» e non una malattia. Le malattie della psiche sono troppo connaturate alle diverse forme dell'esistenza e da tempo sono diventate oggetto di varie pratiche culturali: sacrali, religiose, artistiche.

Nelle differenti sfere culturali il tema della follia ha acquisito un carattere del tutto particolare, diverso dal fenomeno del quale si occupano gli psichiatri. Proprio nel contesto culturale la malattia psichica ha acquisito le proprie specifiche caratteristiche, delle quali si è trattato in precedenza. Ci sono dunque due tipi di follia: il primo è oggetto della pratica scientifica e terapeutica, il secondo è una manifestazione della cultura.

Tanto è sottile il confine tra genio e follia, fra il folle e l'artista, tra il frutto di una coscienza malata e l'arte, quanto può rivelarsi del tutto convenzionale quello fra i visitatori di una mostra e l'autore delle opere che vi sono esposte. Si tratta qui del coinvolgimento dello spettatore nel folle mondo dell'arte e nel mondo fantastico dei folli – sia idea filosofica di Fausta Squatriti, sia esperimento di percezione artistica.

Quel che più conta è che l'autore restituisce ai propri personaggi tragici lo status di Essere umano. Ne risulta così che *nella follia c'è la formidabile forza dell'estetica*[6].

Oggi Fausta Squatriti, come Möbius, lavora al proprio terzo romanzo, appartenente al genere della patografia[7]. Si può supporre che anche questa volta la sua prosa sarà *dura da scrivere e dura da leggere*, come insegna Kručënych.

5. PASSEGGIATA ALLA RICERCA DELLE COSE PERDUTE SOGGETTE A INVENTARIO

Indizi dei mattatoi, oggetti salvati dopo l'ennesimo diluvio, scarti di una civiltà cinica, impantanata nella commercializzazione di ciò che è essenza. *Requiem per la specie e per la macchina* (1997-98) è probabilmente il ciclo più spietato. «L'uomo è fra i fenomeni della natura il più pericoloso», scriveva Malevič. Non vi è alcuna certezza che l'intelletto, che compie atti terribili, metterà al riparo dalla catastrofe generalizzata. Potranno questo ciarpame, questi scarti, quest'immondizia, trasformare se stessi? Così, elementi figurativi e forme geometriche dialogano sui molteplici battenti dei dittici e dei trittici. Colpisce la tenace affermazione di Fausta della propria razionalità geometrica. Ne risultano creazioni sacrali quasi-mistiche, dittici giganteschi, che potrebbero trovare posto nelle nicchie dentro agli altari dei templi moderni. Da Cartesio a Spinoza. Dal costruttivismo astratto alla de-costruzione.

È *Bureau des objets trouvés* (Ufficio oggetti smarriti), nicchia cimiteriale di scavi archeologici, labirinto di biblioteche d'inventario il sorprendente mondo dell'artista. Il vagabondaggio indefesso in questi labirinti alla ricerca della propria memoria fino a un'involontaria enumerazione proustiana per mezzo di tutta una propria sconfinata *Recherche*. Museo di ogni cosa possibile, piccoli e grandi monti di pietà, infarciti di forme dall'aspetto svariato, estranee l'una all'altra e apparentemente ignare di quella che sta loro accanto. In realtà, inventario dei tempi nuovi.

L'oblio, probabilmente, è condizione naturale dello spazio che occupiamo e delle cose che addomestichiamo. «Ma un'opera d'arte è più di una cosa, più di una merce, essa incarna una concezione del mondo e può fungere da metodo per la creazione del mondo»[8]. Malgrado la disperazione dell'autore stesso.

Fausta si orienta in questo museo come un giudice istruttore o un archeologo, in un ininterrotto processo di catalogazione e interpretazione dei geroglifici del nostro tempo, che lei trasforma in uno speciale alfabeto.

Di ciò si dice con estrema chiarezza nel testo di Michail Pogarskij: «Negli anni Venti del secolo scorso il poeta Velimir Chlebnikov si rivolse agli artisti del mondo con un appello a creare un alfabeto completamente nuovo per sostituire i segni invecchiati delle lettere esistenti. All'inizio del terzo millennio questo alfabeto radicalmente diverso, la lingua internazionale dei simboli grafici, accessibile alla comprensione di tutti gli artisti, è stato plasmato con successo dal segno scultoreo di Fausta Squatriti».

6. Michail Pogarskij, dal testo del catalogo.
7. Lo psichiatra tedesco Paul Möbius chiamò patografia il genere della biografia psichiatrica.
8. Daniel Birnbaum, direttore della Biennale Venezia 2009

6. OPERA AL NERO ovvero LA STANZA SEGRETA DI STALKER[9]

L'ultima serie di lavori è dedicata al dramma dell'atto finale di coraggio descritto da Yourcenar. Lo studioso, filosofo e medico Zenone di Marguerite Yourcenar («L'opera al nero») depositario di una ribelle inquietudine di alchimisti in un Medioevo ermetico all'epoca dell'ipocrita Rinascimento, si suicida, per sfuggire alla condanna a morte sul rogo. Con l'abilità di un chirurgo o di un barbiere, si disseziona le vene utilizzando quella stessa mappa della circolazione sanguigna il cui studio lo aveva portato al rogo. «Zampillavano gli schizzi, il liquido si sprigionava libero, come sempre accade, quasi che si affrettasse a lasciare gli oscuri recessi del labirinto lungo il quale era andato in giro per l'anacoreta». Un atto compiuto nel nome della scienza. Autentico trionfo della medesima! «Gettò uno sguardo alla coperta annerita dal sangue. Ora capiva perché nelle comuni concezioni quel liquido veniva collegato all'anima: l'anima e il sangue uscivano contemporaneamente dal corpo». In quest'ultima parte del suo titanico trattato sulla disumanizzazione, Squatriti mette in scena l'ultimo atto: una dettagliata crestomazia della fine delle cose in un contesto di materia vivente fatta a pezzi, dimenticate dalla memoria. In essi dà corpo a tutta la passione dell'esploratore e la fragilità dell'artista, la maniacalità dello studioso di geometria e dell'alchimista, la diligenza e la sagacia del teologo che esamina l'esito del sangue e dello spirito. Il risultato è la morte, ora delle cose, il gelo cimiteriale della pietrificazione. Il sangue scolora, si rapprende. Il rombo universale della vita *disumanizzata* si spegne nell'oratoria petrosa del grigio, di fronte alla sferragliante assenza di colori in una plumbea oscurità.

---

9. La guida clandestina attraverso la Zona per raggiungere la stanza misteriosa nel film di Andrei Tarkovskij (1979)

Эвелина Шац
ПОРТРЕТ ХУДОЖНИКА В КУБЕ

«Мне кажется, что человек должен стремиться
к квадрату и ограничиться кубом, т.е. шестисторонним
квадратным порядком».
Казимир Малевич

I. À LA GUERRE COMME À LA GUERRE
По пути квадрата

«Не ад, а вот эта вот жизнь»[1]. Что ж, *на войне, как на войне*. И Фауста идёт на войну, каждое утро вступая в бой со своими бесами, сражаясь врукопашную с Пылью и Жутью, *до последней капли крови*[2]. Знаковый универсум крови и знаковый универсум жизненной силы сталкиваются (ток крови переносит жизнь) в тот предельно сжатый миг, в той бренной категории красоты, наслаждения и смерти, каким является боль бытия, а в свой черед и мрачное упоение смертоубийством. Со времен Эдипа, идя по кровавому следу, мы проживаем ход самой трагедии и вместе с ним каждый миг ее непостижимого вневременного существования. Бесконечно свершаемое самоослепление, именно тогда, когда наступает прозрение. *Come and see the blood in the streets (Приди и увидишь кровь на улицах)*, взывает «Хор» Лучано Берио[3]. Высокая температура хора будто сопровождает тёмную вдохновенность Фаусты. Её искусство музыкально. Это звучания баталий. Музыкальная плазма Стравинского, Шёнберга, Бела Бартока, Шостаковича. Возмущение зверствами мира Фауста превращает в эстетическую субстанцию своего стиля. Кто-то сказал: «Ты будешь кровоточить и утверждать, что это любовь». Страсти по святой Терезе бушуют беспокойством, чёрным пламенем квадрата, таинством непостижимого.

«Если бы мир был квадратный, я бы знала куда идти», – пишет Фауста в молодости. За многие годы квадрат приобрёл форму *какого-то нового живого организма*. Читаем мы в письмах Малевича: «Мне пришло в голову, что если человечество нарисовало образ Божества по своему образу, то, может быть, Квадрат черный есть образ Бога как существа его совершенства в новом пути сегодняшнего начала». Квадрат, куб, и нескончаемая мутация их формы — всё это живое вещество из которого сотканы работы Фаусты.

La Bella, называл её Ман Рэй. С фотопортретов Ман Рэя струит блестящая влага глаз вечно сдерживаемых рыданий: там в глубине прячется неотвратимая женская хрупкость и ужас бытия, светит её неотразимая, белозубая улыбка, выражение хищной отваги и жестокой трагичности.

---

1. Вальтер Беньямин.

2. Именно так озаглавлен весомый значительный фолиант, свыше трёхсот страниц, «Маршруты разума Фаусты Скуатрити», автор Клаудио Черрителли, тонкий и неутомимый исследователь творчества наших современников.

3. Лучано Берио (1925-2000г.г.) ит. композитор, Хор 1975 г. на слова Пабло Неруды, языки итальянский, французский, еврейский, немецкий, 40 голосов и столько же инструментов, 52 мин.

Творчество этой *красавицы-ман-рэя* — кровавая эпопея художника века Джойса. Ручейки этой крови проникают в век XXI, неся с собой знаки безумия. Необычайная свобода от себя, безудержная независимость в мире искусств, отличают Фаусту Скуатрити, скульптора-художника-поэта, творца воинственного. А значит трагичного. Свобода жестока… Этого нельзя забывать, обращаясь к творчеству итальянского мастера – *воина-пограничника*, к этому своеобразному мегатексту, спаянному единством многоликой личности. Внутри этой галактики свободно распадаются все границы между жанрами и канонами. Когда Х. Борхеса спросили: «Наследником каких культур Вы ощущаете себя? Он ответил: «Всех». Заменив слово *культура* словом *искусство*, мы получим парафраз, отвечающий сложной задаче анализа творчества Скуатрити.

По сути дела, вербальные произведения поэта, писателя и мыслителя Фаусты Скуатрити, формируют своеобразное зеркало, призванное облечь в слово многообразные аспекты открывающегося художнику миропонимания нового, в изобразительном плане и связанных с ним поисках. «Эволюция и революция в искусстве имеют одну цель, выбраться к единому творчеству – сложению знаков вместо повторения природы»[4].

Поэт, как известно, занимает особое место в культуре. В языке, убеждён Фуко, заложены скрытые значения, неисчерпаемые возможности, глубоко пронизывающие язык, который способен «говорить по ту сторону самого себя», т.е. позволяет заглянуть в скрытые сферы, доступные языку. Через уста бегут безумные слова, ни умом ни разумом не постигаемые.

Фауста пишет стихи *книгами* и создаёт искусство завершенными циклами.

Наверное, это судьба, что Фауста Скуатрити свою сакральную серию, в целом четыре цикла, впервые объединённые в единую экспозицию, выставляет именно в России, в стране, которая пронесла чувство священного через смутную свою историю. Здесь по-прежнему вопрошают тайну бытия.

2. МНОГОЛИКОСТЬ ХУДОЖНИКА

Происходящее — однократно, неповторимо. Оно остается фрагментами. Но и фрагменты эти не застывают бездвижно, а легко меняются местами, чем их больше, тем бессчетней, говоря математически, количество их сочетаний. Скуатрити мыслит математически.

Оказывается, что автор – это не текст, автор – это больше, чем текст. Такие люди искусств, как Ницше, Чюрлёнис, Малевич, Матюшин, Кокто, Ман Рэй, Пазолини, и в наши дни – Скуатрити, свободно перемещаются из литературы в музыку, философию, из изобразительного искусства в поэзию, театр, кино. Иногда это – макабрная пляска несогласных между собой, взбесившихся Я, страдающих друг от друга: Хайд и Джеккил. Но чаще, когда страдает *один, другому* выпадает творить.

Многообразие Я-творящего и Я-воспринимающего создаёт новую текстуру, тот самый *концертный зал*, где сценическое пространство сливается с пространством зритель-

---

4. Казимир Малевич *О новых системах в искусстве.*

ным, с ипостасью *наблюдателя*. Диптихи и триптихи Скуатрити созданы для алтарной ниши, разумеется, это оглушительно непривычное сакральное искусство, но оно будто существует в поисках храмового пространства, освещённого литургическим хором и новыми святынями.

После того, как Хью Эверетт сделал многомирие физическим объектом, Мультиверсом, неизбежно встал вопрос о месте Сознания при таком рассмотрении Бытия. И оказалось, что ни отделить *индивидуальное Я* от Мультиверса, ни понять его многомирия, существование в рамках прежних представлений о личности *наблюдателя*, не представляется возможным. Слову не дано быть точным – остается быть дерзким, мультиобразным. Мироветвление не имеет конца и совершается в точках возникающих возможностей. Все, что может случиться, где-то случается.

Стивен Хокинг трактует вселенную как квантовую частицу, которая с разной вероятностью пребывает в бесконечном множестве состояний, образуя мириады возможных миров: эдакая перманентная креативная подвижность. Подобно тому, как одна и та же информация может передаваться в виде записи от руки, печатного текста, устной речи, двоичного цифрового кода, аналоговой проекции и светового луча, так любой индивид, любой вид существования сможет *пресуществляться*, менять свою форму, создавать множественные варианты себя.

Фридрих Ницше, философ, поэт, филолог и композитор, говорил, что *культура это лишь тоненькая яблочная кожура над раскаленным хаосом*. Уже в 19 веке новой литературе был свойствен особого рода синкретизм, который стирает грани между наукой и искусством, одухотворяет пластический образ и создает тип книги, который... может быть назван *интеллектуальным романом*. М. Эпштейн своеобычные труды Ницше и его последователей остроумно назвал *интегральной словесностью*. Не рождается ли сегодня некая новая форма *интегрального искусства*?

Очевидно, искусство Фаусты продолжает путь интеллектуального романа: она неотступно творит свой неумолимый *фрактальный роман*. Расщепление или множимость *Я* вызывает взрыв скрытых творческих сил.

3. ОДИНОЧЕСТВО МАСТЕРА

Поэзия, искусство обладают пророческим даром. Ради выживания общества искусство порой находится в конфликте с окружающей его картиной мира. При этом художник – изгой, еретик, диссидент. У него своя система ценностей. Тотальное одиночество – вот его среда. Чаще это ощущается в переходные эпохи. Он оказывается в ножницах двух эпох, двух культур. Творец нового, он отмечен бездомничеством, что и есть культурное одиночество. Вырываясь из общего контекста стилей и знаковых систем, Скуатрити устремлена к чему-то, что ещё не имеет толкования, приобретая свободу, она обособляется от окружающей стареющей системы знаний, приобретая свои, становясь при этом потенциально опасным членом общества. Её творческая стихия вызывает страх, сомнение, опасение, отказ. А многообразие творческих канонов Скуатрити не помогает ей найти себе место в ареопаге искусств: *о блаженное одиночество, о единственное блаженство*.

Разумеется, её аутсайдерство не касается внешнебиографического смысла. Ощущение предела на переходе в запредел, анализ того, что происходит на этой пограничной линии – сжатия, расширения, пульсации – т. е. внутреннего самочувствия века: ощущение колоссального творческого напряжения. Вот область пограничных открытий. Приобщение к краю бездны. Это совершается Фаустой на всей территории собственного искусства при постоянном переходе от живописного пространства к жестким парадоксам графики, от геометрической экспрессии скульптуры к сложным коллажам и неожиданным drop out из твёрдых материалов, от рафинированных книг-объектов до архитектурных структур поэзии. Всё становится областью *пограничных* поисков и открытий. Смена собственных парадигм. Постоянные новообразования, взламывающие всё привычное и в мире, и в нас.

Только *переход границ*, внешних и внутренних, позволяет сохранять жизнеспособность. Это приближает Скуатрити к исконной русской тяге к чрезвычайности.

4. В НЕДРАХ БЕЗУМИЯ
Некоторые размышления у цикла ECCE HOMO (Се человек).

Очевидно, что весь XX век может быть назван шизоидной эпохой. И что практически все сколько бы ни было фундаментальные открытия в науке и философии, все важнейшие художественные направления носят шизоидный характер: это и аналитическая философия, и квантовая механика, и теория относительности, и психоанализ, и кино, и структурная лингвистика вместе с семиотикой и математической логикой, и многое другое. Почти все великие художественные произведения XX в. аутистичны: *Доктор Фаустус* Манна, *Улисс* Джойса, *В поисках утраченного времени* Пруста, *Человек без качеств*, Музиля, труды Пессоа, Набокова, Платонова... То же самое относится к музыке: Бузони и Кульбин, Шёнберг и Варез, Булез и Штокгаузен. Вся реальность XX в. как бы попадает в воронку аутистического мышления. А существует ли она, реальность, как таковая?

Когда говорят: *это шизофрения*, мне представляется перерождение формы, преодоление формы в новой атмосфере индивидуализации. Разве не сам себе я сотворяю программу ТВ, свою газету, свой Интернет. Это и есть деконструкция в действии.

Безумие — непременный атрибут истории человечества, а в наши дни оно является культурным символом современности, объектом изображения в искусстве. Скуатрити в ужасе оцепенела перед образами сумасшедшего дома. И зритель заражён этой жутью. Вот уже он сам замкнут в аутичное тюремное пространство душевнобольных, потерявших своё родовое начало, но странным образом приобрётших философический облик.

Ведь имеется и другое мнение, что безумие является привилегией и благом цивилизации. Предполагается, что психопатология, в частности, шизофреническое мышление и отчуждение, столь созвучное и аутизму, и экзистенциализму, расширяет границы челове-

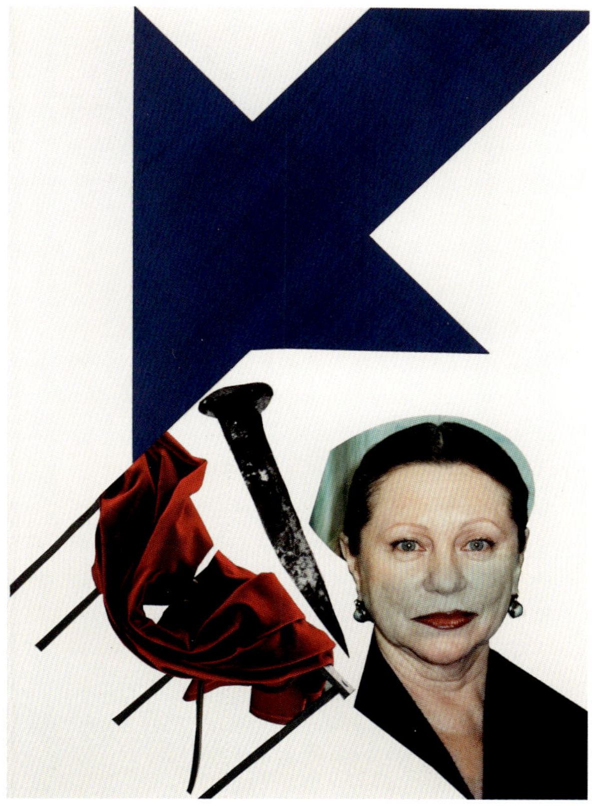

The human Comedy: the Poet Evelina Schatz, 2000
La commedia umana: del poeta Evelina Schatz
«Человеческая комедия – поэта Эвелины Шац»

ческого познания, представляет собой коллектор творчества, является первооткрывателем и двигателем прогресса.

Ecce homo — цикл, который обнаружил во время своего пребывания в Милане Ян Брук (так родилась идея выставки в Москве), заставляет посмотреть не только на мир искусства и увидеть в нем долю безумия, но и на мир безумных – и увидеть в нем элементы неожиданной эстетики, и, таким образом, нащупать тонкость грани, эти миры разделяющей. Она также и повод к остранению, что является составляющей частью психических отклонений и что помогает увидеть вещи в новом свете.

В сакральном контексте Скуатрити безумие обретает некие привилегированные черты, особый статус. Душевнобольной становился фигурой, наделенной особыми свойствами и обладающей особыми правами.

Примером служит создатель Гулливера и сумасшедшего дома: Свифт кончил свою жизнь в нем же. Сошел с ума итальянский композитор Антонио Сальери. Вспомним, что последние 11 лет своей жизни провел в сумасшедшем доме немецкий философ, поэт, филолог и композитор, проповедник эстетического имморализма, Ф. Ницше. Между прочим, сильнейшее влияние оказал на него А. Шопенгауэр. Тот самый Артур Шопенгауэр, немецкий философ, который называл существующий божественный мир *наихудшим из возможных*, который утверждал, что мировая история не имеет смысла, и который покончил жизнь самоубийством, размозжив свою собственную голову о каменную стену. Итальянский поэт Торквато Тассо, как он сам в том сознавался, страдал галлюцинациями и несколько раз терял рассудок вследствие винопития. Был подвержен и припадкам бешенства. Страдал галлюцинациями математик, философ и писатель Блез Паскаль. Эротоман и философ, писатель маркиз де Сад, последние 12 лет жизни провел в лечебнице для душевнобольных. Сидел в сумасшедшем доме, а потом покончил жизнь самоубийством русский писатель и мыслитель А.Н. Радищев. Советские психушки – особая страница истории. Этих и многих других гениальных узников видим мы в работах Скуатрити.

Американский поэт, основоположник и главный теоретик американского модернизма Эзра Паунд в 1945 году как военный преступник был доставлен в США и определен в психиатрическую больницу, где пробыл около 13 лет. Затем он до конца своей жизни жил в Венеции.

И дело не только в том, что в Италии с 1978 закрыты государственные психиатрические лечебницы, т. е. безумие считается инаковостью, но не болезнью.

Душевные болезни слишком глубоко встроены в разные формы жизни и давно стали предметом разных культурных практик: сакральных, религиозных, художественных. В различных сферах культуры тема безумия приобрела совершенно особый характер, отличный от того феномена, которым занимаются психиатры. Именно в культурном контексте душевная болезнь обрела свои специфические свойства, о которых говорилось выше. Итак, есть два типа безумия: первый – предмет научных и терапевтических практик и второй – явление культуры.

Насколько тонка грань между гением и безумцем, между безумцем и художником, между порождением болезненного сознания и искусством, настолько она может оказаться и весьма условной между посетителем выставки и автором представленных на ней работ. Речь идёт о вовлечении зрителя в безумный мир искусства и в фантастический мир безумных – то ли философская идея Фаусты Скуатрити, то ли эксперимент художественного восприятия.

Главное — автор возвращает своим трагическим персонажам статус Человека. Так оказывается, что в *безумии есть потрясающей силы эстетика*[5].

Сегодня Фауста Скуатрити, подобно Мёбиусу, работает над своим третьим романом в жанре патографии[6]. Можно предположить, что и на этот раз её проза будет *писаться туго и читаться туго*, как завещал Кручёных.

5. Михаил Погарский, из текста в каталоге.
6. немецкий психиатр и невропатолог Пауль Мёбиус назвал жанр психиатрической биографии патографией.

5. ПРОГУЛКА В ПОИСКАХ УТЕРЯННЫХ ВЕЩЕЙ, ПОДЛЕЖАЩИХ ИНВЕНТАРИЗАЦИИ

Вещдоки боен, оставшиеся *в живых* после очередного потопа предметы, отходы циничной, погрязшей в коммерциализации сущного, цивилизации. *Реквием по живым и машинам* (1997-1998), наверное, самый жестокий цикл. «Человек самое опасное в природе явление», – писал Малевич. Никакой уверенности в том, что разум, который совершает страшные деяния, спасёт от всеобщей катастрофы. Сможет ли весь этот хлам, отбросы, мусор переработать сам себя? Так диалогируют фигуративные элементы с геометрическими формами на многочисленных створках диптихов и триптихов. Поражает настойчивое утверждение Фаусты собственной геометрической рациональности. Результат – сакральные квази-мистические творения, гигантские складни, которые могли бы найти место в алтарных нишах современных храмов. От Картезия к Спинозе. От абстрактного конструктивизма к де-конструкции.

Bureau des objets trouvés (Учреждение найденных вещей), могильный уголок археологических раскопок, лабиринт инвентарных библиотек — удивительный мир художника. Неутомимое странствие в этих лабиринтах в поисках собственной памяти вплоть до прустианской невольной описи всей своей беспредельной *Recherche*. Музей всевозможных вещей, маленькие и большие ломбарды, нафаршированные разновидными формами, чуждыми друг другу и казалось бы не знающими своего соседа. В действительности, инвентарь новейшего времени.

Забвение, вероятно, является естественным условием пространства, которое мы занимаем, и вещей, которые мы приручаем. «Но произведение искусства это больше, чем вещь, больше, чем товар, оно воплощает мировоззрение и может служить как метод творения мира»[7]. Вопреки безнадёжности самого автора.

Фауста ориентируется в этом музее как следователь или археолог, в постоянном процессе инвентаризации и интерпретации иероглифов нашего времени, которые она превращает в особый алфавит.

Очень ясно об этом в статье Михаила Погарского: «В 20-е годы прошлого века поэт Велимир Хлебников обратился с призывом к художникам мира создать совершенно новый алфавит в замену устаревшим обозначениям существующих букв. В начале третьего тысячелетия этот принципиально иной алфавит, международный язык графических символов, доступный понимаю всех художников, был с успехом создан скульптором знака Фаустой Скуатрити».

6. ТВОРЕНИЕ В ЧЕРНОМ ИЛИ СЕКРЕТНАЯ КОМНАТА СТАЛКЕРА

Драме заключительного акта мужества, описанной Юрсенар, посвящается последняя серия работ. Учёный, философ и врач Зенон у Маргарет Юрсенар (*L'Œuvre au noir*; в русском переводе – «Философский камень»), хранитель мятежной неуемности алхимиков

7. Даниэль Бирнбаум, директор Биеннале, Венеция 2009

герметичного Средневековья в эпоху двуличного Возрождения, чтобы избежать казни на костре совершает самоубийство. С ловкостью хирурга или брадобрея он вспарывает себе вены, пользуясь той самой схемой кровообращения, за изучение которой и осужден на костер. «Брызнули струйки, жидкость вырвалась на свободу, как это всегда и бывает, словно спеша прочь из темных закоулков лабиринта, по которому она кружила затворницей». То был поступок, совершенный во имя науки. Подлинный ее триумф! «Он бросил взгляд на почерневшее от крови покрывало. Теперь он понимал, почему в обыденных представлениях эту жидкость соединяли с душой, ведь душа и кровь одновременно исходили из тела».

В этой последней части своего титанического Трактата о дегуманизации Скуатрити ставит последний акт: пространная хрестоматия конца вещей в среде растерзанных на куски живых существ, забытых памятью. В ней воплощает она всю пассионарность исследователя и хрупкость художника, маниакальность геометра и алхимика, въедливость и прозорливость теолога, прослеживающего исход крови и духа. Результат — смерть, теперь уже вещей, кладбищенский холод окаменелости. Кровь жухнет, твердеет. Вселенский гул обесчеловеченной жизни молкнет в мраморной оратории серого, перед лязгающей отсутствием красок свинцовой тьмой.

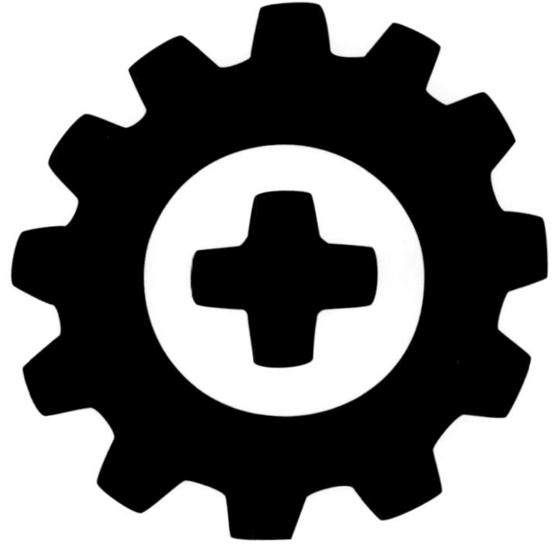

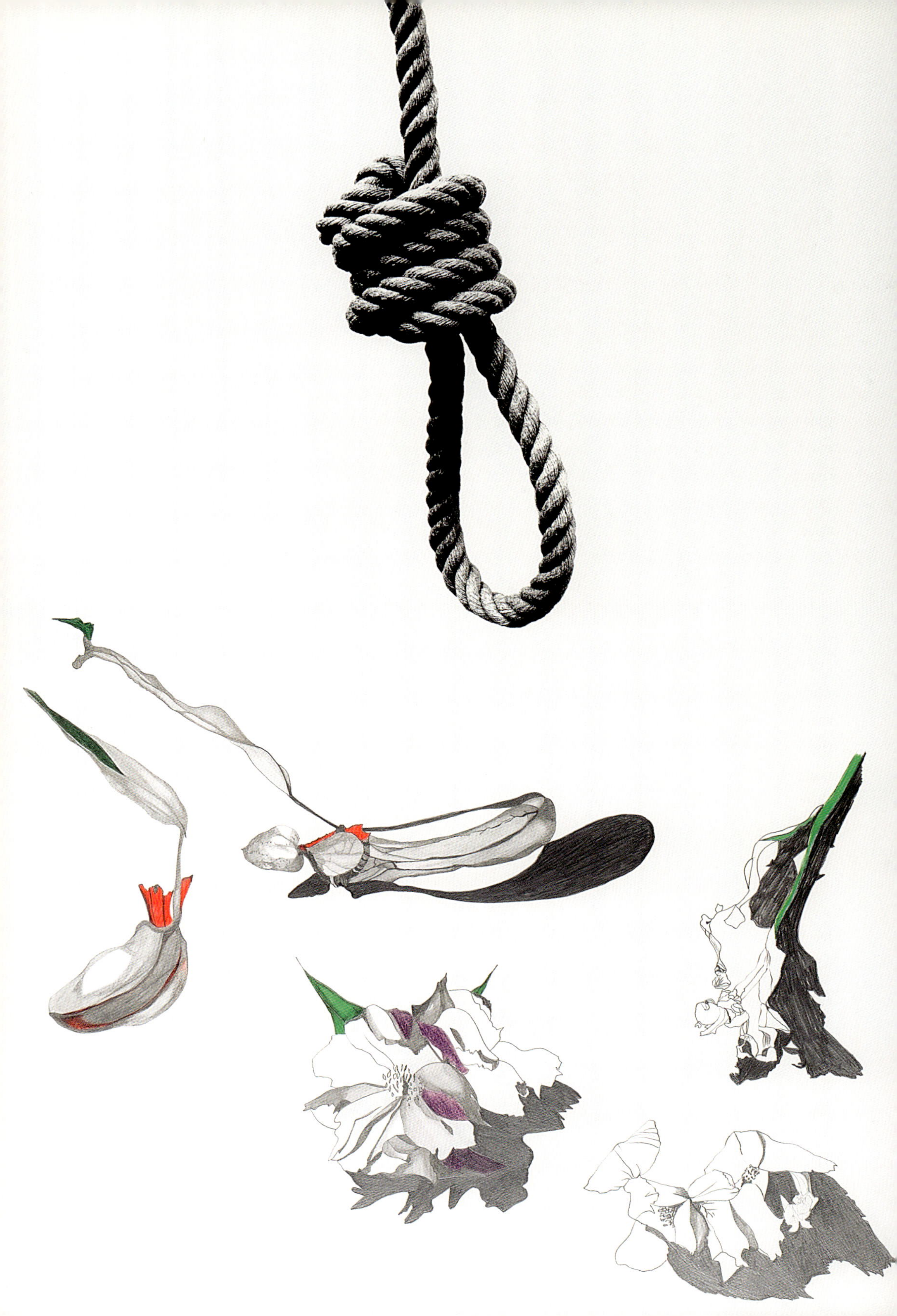

Elisabetta Longari
KEEP LOOKING.
ON THE WORK OF FAUSTA SQUATRITI

"The eye follows the routes set out for it in the painting."
Paul Klee, *Pädagogishes Skezzenbuch*

From the outset the question is inextricably linked to looking.

A drawing from her childhood that Fausta recently found already clearly presages an implacable eye. The picture from 1951 immediately draws the observer's gaze towards the sealed eyes that stitch regular ovals in a radiant face. The composition of the picture, with the face set diagonally in relation to the geometric areas of the gown and wings that form a cross, plus the exclusive use of primary colors—red, blue, and yellow—are an early sign of one of the constant features of her work: its essentiality.

Is the angel dead or just sleeping?

The aesthetic, psychological, and emotional importance of the subject is evidenced by the fact that four years later, in February 1955, Fausta wrote a poem on the back of the drawing that partially reveals its iconographic significance. The first verse in particular provides valuable information about the nature of her sensibility: "Who knows why I drew my angel weary / my Angel sleeps / he's always sleeping. And even now / that I stare at him / he doesn't hear me call / he doesn't want to open his eyes." Fausta's childhood guardian angel keeps his eyes tight shut and refuses to open them. Not on a whim, but due to a mortal wound: the world's pain is excessive, definitively unacceptable, even for his eyes, in fact especially because of them,[1] since he can see everything for eternity. And so the angel chooses eternal sleep, death, even though all of eternity could be his. In this way she introduces the idea that seeing is an unendurable activity.

Thus drawing of the angel functions as a precursor of the night.

All of Fausta Squatriti is already present in that unattainable desire to protect herself from the fatal tendency of looking too hard at the world without omitting the pain, but instead

---

1. Angels' sight is more wide-reaching and acute than that of humans; a reminder of this are the winged creatures in Wim Wender's film, *The Sky Over Berlin*, who "saw" people's silent thoughts.

With a pencil point, 1997
cm 100 x 70, silkscreen, graphite, on Fabriano paper

In punta di matita
cm 100 x 70, serigrafia, grafite, su Fabriano

«На кончике карандаша»
100 x 70 см, шелкография, графитный карандаш,
бумага «Фабриано»

holding it up to the light, registering it, nailing it to her work so as to prevent its removal.

Requiem for the Species and for the Machine (1997–1998) is perhaps the most stark and severe series. There are no individuals, no whole people, just butchered meat, human bodies cut up like cadavers; there are no objects, only the remains that have survived the flood. All the elements on display present themselves unequivocally as the leftovers of a "civilization" that grinds and crushes, sucks and picks life clean for utilitarian purposes, then abandons the remains.

The figurative elements interact on the surface in the form of two-dimensional geometric shapes that function as a "counter attraction," and as such, even though they are not, they recall the outlines of sharp instruments of torture, shadows of traps, mallets, and guillotines.

In the space reserved for the viewer in front of each "picture," a three-dimensional shape forms the ambient pole of the subject; most often an iron cube whose proportions have been calculated by dividing into six squares of equal size the portion of the surface occupied by the color black in the two-dimensional work related to it and from which it derives. Moreover, the cubes immediately acquire the "mental color" of instruments of death, as if they were blocks for beheadings, or platforms for hangings.

Blessed Solitude Unique Blessedness (2002–2005) is an installation that makes full use of an articulated polyphonic language structure that Squatriti has made her own over the years, and which results in a highly complex system of cross-references. The form the work takes is based on a rich and skilful vocabulary in which both the geometric grid and the figurative vigor play essential functions, as do the flow of lines and the astute use of color, the latter utilizing the gloomy incandescence of the expressionist palette, the poisons of mannerism, and the glacial effects of neoclassical painting.

From Fausta's knowledge of layout, gained from years of experience in book arts, comes her "directorial" ability: the well-gauged extent to which the parts are entrusted to the various "actors" (painting, photography, and sculpture), and the capacity to orchestrate their voices.

Squatriti has progressively given form to one of the most significant "invented" contemporary languages. When presenting the *Blessed Solitude Unique Blessedness* cycle in Bologna in 2005, Valerio Dehò fully grasped its salient features: "The cleverness of this sculpture-picture-photography also consisted in creating a system of mutual expectations between the various components. In this way the viewer has a kind of total, non-passive involvement. Between the photograph, the drawing, and the three-dimensional solid a game of complex relationships was, and is, set up, in which symbols and meanings are amplified but establish no single interpretation."

The heterogeneous form of *Blessed Solitude Unique Blessedness*, which also includes the diptych and triptych forms, presents a kind of catalogue of abandoned, desolate places, laden with signs of a past life, yet left neglected and derelict. They assert themselves silently as symbols of the wreck of Memory, the depressing outcome of the current *Spirit of the Time*; places devoid of human presence have the tragic flavor of "post-history" similar to *The Day After*.

The works in the *Behold the Man* series (2005–2009), which by extension provide the title for the Moscow exhibition, address vital issues for Fausta—pain, violence, and exclusion—

in an ever more precise, direct, and terrible way, through the courageous and stark choice of subject. The human beings in the photographs, "discovered" in the files of a friend who for humanitarian purposes documented the conditions of patients interned in psychiatric hospitals in Eastern Europe, introduce something even more profoundly difficult, indecent, and extreme: the mind's alienation and old age.

It is certainly not the first time that a work of art directs our attention to the dark side of humankind, banished from society, placed *off limits*, as Foucault reminds us, out of weakness and fear. There is, for example, Gericault's cycle of paintings dedicated to the alienation of those suffering from monomania, and Balla's work entitled *Polyptych of the Living: the Madwoman*. Then why does it seem that the viewer has never before felt such an intense uneasiness?

On the one hand, the effect can be explained by the fact that painting is perhaps more reassuring because it "distances" reality, whereas a photo can be rapacious and violent: it captures an imprint of reality then hurls it back in the public's face.

It should be said that in Fausta's case painting is cleverly used to modify the photo, creating a hybrid form between the two processes that acts as a detonator, making the disconcerting power of the images explode at full force. The photographs are manipulated, poisoned, made fatal while remaining beautiful, like the apple in *Snow White*.

Objects play an essential part in the tragedy, or rather what remains of them: "butts" or "stumps" of different types of implements are sealed inside metal boxes. In the economy of the story they function as the discovery of the black box after a plane accident with no survivors. They provide ephemeral indications of past lives, they allow us to conjecture on the life of each character, wresting them temporarily from their anonymity, alienation, and annihilation in order to perhaps discover a scrap of history.

The enclosed space in which the objects and people are found puts them at a remote distance that is ultimately claustrophobic; it makes them unreachable, irrevocably precluded from any other experience. The box of zinc-plated sheet metal arranged like a frame even suggests the clanging sound of heavy doors closing, marginalizing and shutting up in a cold, dark, hidden corner these lives that act as a pitiless exposure of the defenseless core of every human being. A sense of powerlessness and fragility prevails, pervading us with a pain as inescapable as it is futile, because from a secular point of view, pain is useless.

Over time Fausta Squatriti's recognition of pain has become increasingly acute. Her extreme sensitivity has presented her with the task of ensuring that her gaze is not distracted from what the eyes of "liquid" society (to use Bauman's term[2]) can only see as infinitely uncomfortable and embarrassing.

Thus she places us—the viewers—on the razor's edge, poised above the abyss. She does not allow us to avoid reality, but obliges us to assume the pain of others as our own.

This moral and civil effect plays its part in making Squatriti's work a precious rarity on the current art scene.

2. Z. Bauman, *Liquid Modernity*. Cambridge: Polity Press, 2000.

The most recent series, *Work in Black* (2009), is composed of a set of object-based works that resemble incinerated ghosts; forms that have survived a cosmic catastrophe similar to a volcano erupting (like the lava-covered bodies at Pompeii). For the most part the objects are optical instruments: spotlights, binoculars, camera flashes, etc., shattered and calcined, irretrievably damaged and ultimately useless.

Not only the instruments but also the body parts on view are in a state of decomposition. A head is mounted on a cold steel pedestal, *Portrait of the Artist as a Young Girl*. Near the eyes, indeed almost beginning from the eyes, the face seems to be disintegrating as we look, breaking up and dissolving like a figure by Bacon. A glacial stele, which we immediately associate with a funeral, is surrounded by a number of petrified items[3] set out on the floor beside it, among them a small child's school bag and a bundle of construction wood. It celebrates the loss of innocence and the possibility of seeing and building.

By drawing directly on alchemical terminology, the title of the series (a clear homage to Yourcenar's novel, *L'Oeuvre en noir*) suggests the process of transformation that leads matter from the state of *nigredo* to *albedo*, yet in Fausta's work this prospect is resolutely denied.

The darkness is definitive.

3. Petrification inevitably brings with it symbolic echoes of the annihilating power of a look. Examples are Medusa, or the story of Lot's wife who disobeyed the command not to look and was turned into a pillar of salt.

Elisabetta Longari

SOSTENERE LO SGUARDO.
SULL'OPERA DI FAUSTA SQUATRITI

> "L'occhio segue le vie che nell'opera gli sono state disposte".
> Paul Klee, *Pädagogishes Skizzenbuch*

La questione è sin dall'inizio legata, saldata allo sguardo.

Un disegno infantile, ritrovato di recente da Fausta, parla apertamente del presagio di uno sguardo implacabile. Il foglio, del 1951, attrae immediatamente lo sguardo dell'osservatore verso gli occhi sigillati che cuciono l'ovale regolare d'un volto luminoso. L'organizzazione della superficie, con il viso posto in diagonale rispetto ai campi geometrici della veste e delle ali che formano una croce, insieme all'uso esclusivo dei colori primari — rosso, blu, giallo — segnalano prematuramente una delle caratteristiche costanti del suo fare: l'essenzialità.

L'angelo è morto o dorme soltanto?

L'importanza poetica, psicologica ed emotiva che il soggetto ricopre è testimoniata dal fatto che quattro anni dopo, nel febbraio del 1955, Fausta scrive di suo pugno sul retro del disegno una poesia che ne svela parzialmente il significato iconografico. Soprattutto la prima strofa fornisce delle preziose indicazioni sullo stigma della sua sensibilità: "Chissà perché il mio Angelo io l'ho creato stanco,/ il mio Angelo dorme/ e dorme sempre. Ed ora pure/ che lo guardo fiso/ non sente il mio richiamo/ non vuole aprire gli occhi." L'angelo custode di Fausta bambina tiene gli occhi chiusi, serrati, e si rifiuta di aprirli. Non per capriccio, ma a causa di una ferita mortale: perfino, anzi specialmente per il suo sguardo[1], che potrebbe vedere tutto per sempre, il dolore del mondo è eccessivo, definitivamente inaccettabile. Perciò l'angelo sceglie il sonno perenne, la morte, nonostante abbia a disposizione l'eternità. S'introduce così l'idea che il vedere sia una funzione insostenibile.

Il disegno dell'angelo funziona quindi come anticipazione della notte.

C'è già tutta Fausta Squatriti in quel desiderio inattuabile di mettersi al riparo dalla fatale inclinazione a guardare a tutt'occhi il mondo, senza ometterne il dolore, anzi portandolo alla luce, fissandolo, inchiodandolo al lavoro visivo in modo da impedirne la rimozione.

Un Requiem per la specie e per la macchina (1997-98) è la serie forse più cruda e scarna. Non esistono individui, persone integre, solo pezzi di carne da macello, corpi umani sezionati come cadaveri; non esistono oggetti ma reperti sopravvissuti al diluvio. Tutti gli elementi mostrati si pongono inequivocabilmente come scarti di una "civiltà" che tritura e stritola, succhia e spolpa l'esistente a scopi utilitaristici, per poi abbandonarne i resti alla deriva.

Gli elementi figurativi dialogano sulla superficie con forme geometriche bidimensionali che

---

1. La vista degli Angeli è una funzione più estesa e acuita rispetto a quella umana; si ricordino le creature alate del *Cielo sopra Berlino* di Wenders, che "vedevano" i pensieri muti delle persone.

funzionano come "contraltare" e in questo contesto ricordano, anche se non lo sono, sagome di taglienti strumenti di tortura, ombre di tagliole, magli e ghigliottine.

Nello spazio reale dello spettatore, di fronte a ogni "quadro", una forma tridimensionale costituisce il polo ambientale del discorso; per lo più un cubo di ferro le cui proporzioni sono ricavate dal calcolo che divide in sei quadrati di uguale grandezza la porzione di superficie occupata dal nero nell'opera bidimensionale cui si riferisce e da cui deriva. Questi cubi acquisiscono anch'essi immediatamente la "colorazione" mentale di strumenti di morte, quasi fossero ceppi per la decollazione o supporti per l'impiccagione.

Beata solitudo sola beatitudo (2002-05) è un'installazione che si avvale appieno, dando luogo a un sistema di rimandi molto complesso, del linguaggio articolato, polifonico, che Squatriti ha fatto suo nel corso del tempo. Lo stile messo a punto poggia su un vocabolario ricco e sapiente nel quale svolgono funzioni fondamentali tanto la griglia geometrica quanto la *verve* figurativa, i percorsi delle linee come le scaltrezze del colore, che ben conosce sia le tetre incandescenze della tavolozza espressionista sia i veleni del manierismo e gli effetti algidi e glaciali della pittura neoclassica.

Dalla sapienza impaginativa maturata negli anni di dedizione all'arte del libro deriva l'abilità "registica", la misura ben calibrata nell'affidare le parti ai diversi "attori" (pittura, fotografia e scultura) e la capacità di orchestrarne le voci.

Squatriti ha progressivamente dato forma a uno dei linguaggi contemporanei significativamente più spuri. Valerio Dehò, presentando il ciclo della *Beata solitudo…* a Bologna nel 2005, ne coglieva appieno le caratteristiche salienti: "L'intelligenza di questa scultura-quadro-fotografia consisteva anche nel creare un sistema d'attese reciproche tra le varie componenti. Lo spettatore ha in questo modo una forma di coinvolgimento totale e non passiva. Tra la fotografia, il disegno, e il solido tridimensionale si determinava e si determina un gioco di relazioni complesso, in cui simboli e significati si amplificano e non determinano alcuna univocità interpretativa".

Beata solitudo…, in una forma eterogenea cui partecipano anche le figure del dittico e del trittico, porge una sorta di catalogo di luoghi abbandonati, desolati, gravidi di segni della vita passata, eppure lasciati all'incuria e al degrado. Si accampano silenti come simboli del naufragio della Memoria, deprimente esito dell'attuale *Spirito del Tempo*; i luoghi vuoti di presenze umane hanno il tragico sapore del "dopo Storia", da *The Day after*.

Le opere della serie *Ecce Homo* (2005-09), che per estensione dà il titolo all'intera esposizione moscovita, affrontano i temi imprescindibili per Fausta — il dolore la violenza l'esclusione — in modo sempre più preciso, diretto e terribile attraverso la coraggiosa e cruda scelta del soggetto. Gli esseri umani presenti nelle fotografie, "trovate" nel repertorio di un amico che documentava a scopo di denuncia umanitaria le condizioni degli internati negli ospedali psichiatrici dei paesi dell'Est, introducono qualcosa di ancora più profondamente scabroso, osceno ed estremo: l'alienazione mentale e la vecchiaia.

Non è certamente la prima volta che un'opera d'arte mette sotto gli occhi le zone oscure dell'uomo bandite dalla vita sociale, poste *off limits*, come ricorda Foucault, per debolezza e paura. Si pensi al ciclo di dipinti di Gericault dedicato agli alienati affetti da monomanie e alla tela di Balla dal titolo *Polittico dei viventi: la Pazza*; ma allora perché sembra che mai prima di adesso sia stato prodot-

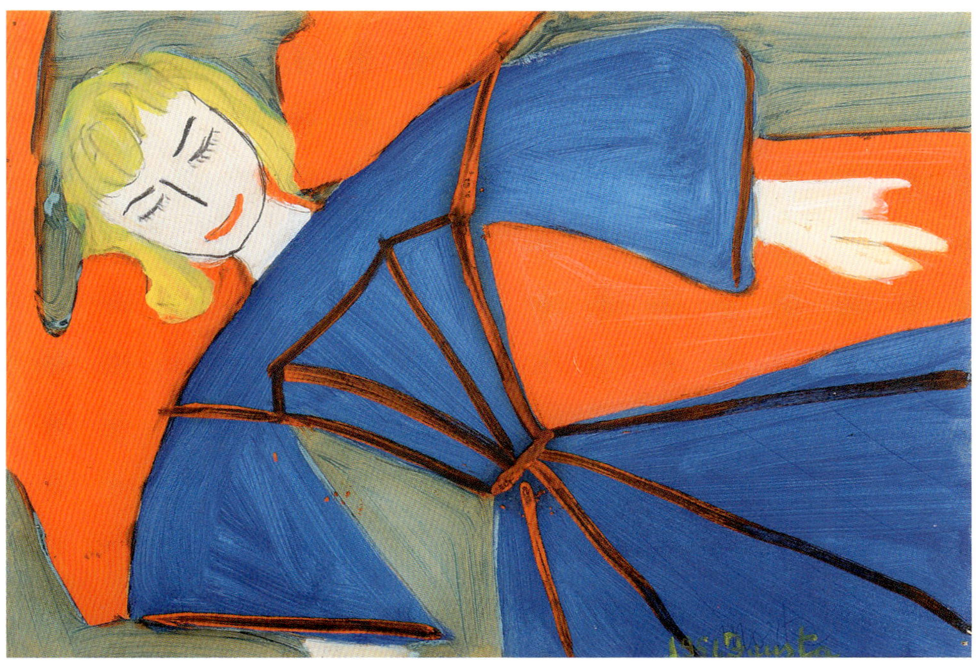

Dead angel, 1951
cm 32 x 32, oil on paper

Angelo morto
cm 32 x 22, olio su carta

«Мертвый ангел»
32 x 22 см, бумага, масло

to un disagio di tale intensità in chi guarda?

Da un lato l'effetto si può spiegare con il fatto che la pittura è forse più rassicurante poiché "allontana" la realtà, mentre la fotografia compie azioni rapaci e violente: cattura un calco del reale e lo scaglia sotto gli occhi del pubblico.

Va detto che nel caso di Fausta la pittura è sapientemente utilizzata per intervenire sull'immagine fotografica, creando una forma mista tra i due procedimenti che funziona da detonatore e fa esplodere il potere turbativo delle immagini all'ennesima potenza: le fotografie sono manipolate, invelenite, rese fatali pur restando bellissime, come la mela di Biancaneve.

Gli oggetti svolgono una parte essenziale nella tragedia, o meglio ciò che resta degli oggetti, "mozziconi", "moncherini" di utensili di diversa natura sigillati dentro scatole metalliche; essi nell'economia del racconto funzionano come il ritrovamento della scatola nera dopo un incidente aereo senza superstiti. Forniscono labili indicazioni di esistenze passate, consentono di fare congetture sul vissuto di ogni personaggio, strappandolo temporaneamente all'anonimato, all'alienazione, all'annichilimento, per rintracciarne forse un brandello di storia.

Lo spazio in cui sono rinchiusi oggetti e persone li pone in una lontananza siderale definitiva claustrofobica, li rende irraggiungibili, irrevocabilmente preclusi a ogni altra esperienza. La scatola di lamiera zincata posta come cornice suggerisce perfino il suono del clangore di pesanti porte che si chiudono per emarginare, rinserrare in un angolo nascosto freddo e cieco, queste esistenze che funzionano come impietosa messa a nudo del nòcciolo inerme di ogni essere umano. Prevale il senso d'impotenza, di fragilità, e si è pervasi da un dolore tanto ineludibile quanto inutile, poiché, in una prospettiva laica, il dolore non serve a niente.

Con il passare del tempo la cognizione del dolore di Fausta Squatriti si è fatta sempre più acuta. La sua sensibilità accesa si è incaricata di fare in modo che non si distolga lo sguardo da ciò che agli occhi della società "liquida", per dirlo con Bauman[2], non può che risultare infinitamente scomodo, imbarazzante.

Colloca così l'osservatore sul filo del rasoio, in bilico sull'abisso. Non gli consente di eludere la realtà, obbligandolo ad assumere il dolore degli altri come proprio.

Anche tale portato morale e civile partecipa a rendere il lavoro di Squatriti una preziosa rarità nel panorama dell'arte attuale.

La serie più recente, *L'Opera al nero* (2009), è composta da un'insieme di oggetti di varia provenienza che sembrano fantasmi inceneriti, forme superstiti a una catastrofe cosmica simile all'eruzione di un vulcano (si pensi ai calchi di Pompei). Sono per lo più strumenti ottici, fari, binocoli, flash… infranti e calcinati, irrimediabilmente compromessi, definitivamente inservibili.

Non solo gli strumenti, ma anche gli organi preposti alla vista sono in stato di decomposizione: su un gelido piedistallo d'acciaio è appoggiata una testa, *Ritratto dell'artista da giovane*, il cui volto sembra che, proprio in prossimità degli occhi, anzi, quasi a partire da essi, si stia disfacendo sotto i nostri occhi, destrutturandosi e sciogliendosi come una figura di Bacon. La stele glaciale, circondata da una serie di elementi, anch'essi pietrificati[3], appoggiati sul pavimento tra cui un cestino per la merenda e un fascio di legni da costruzione, è subito percepita nella sua valenza funeraria. Celebra la perdita dell'innocenza e della possibilità di vedere e di costruire.

Anche se il titolo, che è un chiaro omaggio al romanzo della Yourcenar, attingendo direttamente alla terminologia alchemica, suggerisce il processo di trasformazione che conduce la materia dallo stato di *nigredo* a quello d'*albedo*, nell'opera di Fausta questa prospettiva è decisamente negata.

Le tenebre definitive.

2. Z. Bauman, *Modernità liquida*, Laterza, Bari 2005.
3. La pietrificazione porta con sé fatalmente l'eco simbolica del potere annichilente dello sguardo, si pensi a Medusa e alla vicenda della moglie di Loth che, contravvenendo all'interdetto dello sguardo, si mutò in statua di sale.

Элизабетта Лонгари

ВЫДЕРЖАТЬ ВЗГЛЯД .
О ТВОРЧЕСТВЕ ФАУСТЫ СКУАТРИТИ

> «Глаз совершает по произведению уготованный ему путь»
> Пауль Клее, *«Педагогические этюды»*

Все дело во взгляде, с самого начала.

Уже в детском рисунке Фаусты, который она не так давно отыскала, сквозит явное предвосхищение безжалостного взгляда. Ибо взгляд того, кто смотрит на этот датированный 1951 годом лист, немедленно притягивают закрытые глаза на правильном овале излучающего свет лица. Сама организация пространства – лицо расположено по диагонали по отношению к геометрическим плоскостям одежды и крыльев, образующих крест, – вкупе с использованием лишь первичных цветов, красного, синего и желтого, выражает – столь рано! – одну из ключевых характеристик ее творчества: поиск сути.

Ангел умер или просто спит?

Поэтическое, психологическое и эмоциональное значение этого изображения подтверждается тем, что спустя четыре года, в феврале 1955-го, Фауста пишет на оборотной стороне рисунка стихотворение, частично раскрывающее его иконографический смысл. Ценные указания на знаковость остроты её восприятия содержатся прежде всего в первой строфе: «Скажи, зачем я ангела нарисовала спящим… / Устал мой ангел, / уснул навечно, я же / зову его, зову – но взглядом, / а он его не замечает, / ибо глаза открыть не хочет». Ангел-хранитель девочки Фаусты закрыл глаза, сжал веки, и открыть их не хочет. Не из каприза, а потому что смертельно ранен, а главное, из за собственного же дара видения[1] (он мог бы видеть все и сразу), ибо страдания в мире оказывается так много, что его невозможно в себя вместить. И ангел выбирает вечный сон, смерть, хотя ему принадлежит вечность. Так формируется представление, что видеть – задача невыносимая.

Так что это изображение ангела – словно предчувствие ночи.

И вся Фауста Скуатрити – уже в этом невыполнимом желании защититься от роковой тяги смотреть на мир во все глаза, не опуская их при виде страдания, и, более того – освещая, исследуя его, увязывая его с визуальной работой, чтобы уже нельзя было убрать его с дороги.

«Реквием по живым и по машинам» (1997-1998) – самый, возможно, суровый и лаконичный цикл ее инсталляций. Здесь нет отдельных индивидуумов, нет цельных фигур, а есть лишь куски мяса, пушечного мяса, есть человеческие тела, отобранные на роль трупов; здесь нет предметов, а есть уцелевшие при потопе вещдоки. Все эти продемонстрированные эле-

---

1. По сравнению с человеком ангелы обладают более широким и острым зрением; вспомним крылатые существа из фильма Вима Вендерса «Небо над Берлином», обладавшие способностью «видеть» мысли людей.

менты недвусмысленно поданы как остатки «цивилизации», что с самыми что ни есть утилитарными целями дробит, перетирает, обсасывает и обкусывает сущее, остатки которого уносит течением…

Изобразительные элементы вступают в диалог с двумерными геометрическими формами, которые ведут себя как «противовес», напоминая в этом контексте (пусть ими и не являясь) острия орудий пытки, тени капканов, петель, гильотин.

В реальном пространстве стоящего перед «картиной» зрителя средообразующий узел дискурса – трехмерный компонент. Особенно, когда это железный куб со следующими пропорциями: общая площадь шести равновеликих квадратов равна той площади, что занимает черный цвет в двухмерном коллаже, к которому этот куб относится и из которого вырастает. Кубы немедленно «окрашиваются» в нашем сознании в цвет орудий смерти, будто перед нами плахи для топора или же колоды, что выбивают из-под ног висельников.

"Beata solitudo sola beatitudo" (2002-2005) – вот цикл инсталляций, в котором максимально используется, со всей многоплановой системой отсылок, тот четкий, полифонический язык, что усвоила Скуатрити за годы работы. Отточенность стиля опирается на богатство и зрелость «лексикона», в котором особое место занимают как геометризм, так и художественный пыл, траектория линий – и искушенность красок; ему хорошо знакомы и сумрачный накал экспрессионистской палитры, и яд маньеризма, и лед и холод неоклассической живописи.

За годы, отданные искусству книги, Скуатрити выработала особое мастерство верстальщицы; вот корень ее «режиссерской» хватки и того отточенного чувства меры, с которым она раздает роли «актерам» (живописи, фотографии, скульптуре), и умения ими дирижировать. Скуатрити постоянно «лепила» один из самых знаково непринятых языков современного искусства. Валерио Дехо, показавшему в Болонье ее цикл *"Beata solitudo..."*, удалось максимально обозначить его самые значительные характеристики: «Умно также было то, что в этой скульптуре-картине-фотографии возникла система взаимных ожиданий различных элементов. То есть зритель оказывается полностью, а не пассивно вовлечен. Фотография, картина и трехмерная фигура вели и продолжают вести сложную игру взаимоотношений, благодаря которой символы и значения прирастают оттенками, не допуская однозначности в интерпретации.

"Beata solitudo...": из разнородных элементов, в том числе, живописных «вставок» диптихов и триптихов складывается своего рода каталог заброшенных, безлюдных мест, еще несущих следы прежней жизни, но уже отданных на откуп упадку и разрушению. Безмолвные, они стоят как символы кораблекрушения Памяти, как давящее порождение *Духа нашего времени*. Места, лишенные человеческого присутствия, обладают особой атмосферой: той, что будет «после истории», «после катастрофы».

В инсталляциях цикла *"Ecce homo"* (2005-2009), давшего название всей московской выставке, Фауста поднимает извечную для нее тему боли, жестокости, отторжения, решая ее в максимально четкой, открытой и безжалостной манере, чему способствует жесткий, мужественный выбор предмета изображения. Друг Фаусты, в архиве которого «нашлись» использованные ею фотографии, отснял их с целью поведать мировому сообществу о положении пациентов в психиатрических клиниках Восточной Европе. Глядя на этих людей, мы сталкиваемся с чем-то еще более щекотливым, неприличным и предельным: с психическими отклонениями и старостью.

Нет, это не первый случай, когда произведение искусства позволяет нам взглянуть на темные стороны личности, исторгнутые обществом из жизни, объявленные вне закона (по слабости и из-за страха, напоминает Фуко). Вспомним о Жерико, которому мы обязаны циклом портретов умалишенных, страдающих мономаниями; вспомним и картину «Умалишенная» из «Полиптиха живущих» Джакомо Баллы. Но откуда тогда ощущение, что никогда еще зритель не испытывал такого дискомфорта, как глядя на работы Фаусты?

В какой-то степени этот эффект объясняется тем, что живопись как таковая, воздействует на нас более мягко, поскольку «отстраняет» реальность, в то время как фотография действует жадно и решительно: схватывает слепок с реальности и предъявляет его толпе.

Остается добавить, что Фауста умело использует живопись для вторжения в сферу фотографического образа, создавая смешанную форму воздействия, что служит детонатором для мощного взрыва того, что потенциально содержалось в изображениях. Художница обрабатывает фотографии, доводит их до предела выразительности, выявляет их роковую мощь – и все равно они прекрасны, как яблоко Белоснежки.

Ключевую роль в трагедии играют предметы, точнее, то, что от них остается: «обрубки», «культяпки» самых разных инструментов, запечатанные в металлических коробках. При внешней скудости повествования они выполняют функцию черного ящика, найденного на месте авиакатастрофы, в которой никто не уцелел. Они – источник шатких сведений о прожитых жизнях, они позволяют нам строить догадки о прошлом каждого из этих людей, изымая его тем самым у безвестности, отчуждения, смерти, а, может, и находя в нем фрагменты истории.

Пространство, в котором заперты люди и предметы, задает их обжигающе ледяную, бесповоротную, клаустрофобическую отчужденность; они недосягаемы, точнее, окончательно и бесповоротно отсечены от любой иной реальности. При взгляде на эти оцинкованные коробки (задающие предметам рамку), слышишь лязг тяжелых дверей, что, захлопываясь, отрезают от жизни, запирают в холодном глухом углу этих людей, само существование которых – как безжалостное разоблачение беззащитной сути каждого живого человеческого существа. Здесь преобладает чувство беспомощности, хрупкости и все пропитано болью, столь же неизбежной, сколь бесполезной, ибо в мире, лишенном Бога, переживание боли ни к чему не приводит.

Со временем Фауста Скуатрити стала еще острее переживать страдание. Следствие ее обостренной восприимчивости – потребность добиваться, чтобы люди не отводили взгляд от того, что в глазах «жидкого» общества (в терминологии Баумана[2]) смотрится бесконечно неудобным, шокирующим. Тем самым она заставляет зрителя ходить по лезвию бритвы,

<hr>

2. Бауман, *Modernità liquida*, Laterza, Bari 2005.

стоять на краю пропасти. Она не позволяет ему уклониться от понимания реальности, но заставляет принимать боль других людей как свою. И этот моральный и гражданский вклад тоже способствует тому, что среди прочих проявлений современного искусства работы Скуатрити воспринимаются как нечто редкое и тем особенно ценное.

Самый последний цикл, «Творение в черном» (2009), – это совокупность предметных произведений, которые кажутся испепеленными призраками, голыми формами, пережившими космическую катастрофу, похожую на извержение вулкана (вспомним Помпеи). Это, в первую очередь, оптические приборы, фары, бинокли, импульсные осветители… Поломанные и обгоревшие, безнадежно выведенные из строя, окончательно непригодные к использованию.

Не только инструменты, но и части тела предлагаются взору лишь в разобранном виде. Вот, например, «Портрет художницы в юности»: на холодном стальном постаменте установлена скульптурная головка. Когда этот лик оказывается на близком расстоянии от наших глаз, и чуть ли не в них самих, он начинает распадаться, разлагаясь на части, расплываясь как фигуры на картинах Фрэнсиса Бэкона. И немедленно становится явной вся похоронная символика холодной стелы, вокруг которой на полу стоят разные предметы, тоже окаменевшие[3] (среди них корзинка для завтраков). Свершается обряд потери невинности, возможности видеть и создавать.

Название цикла содержит явную отсылку к роману М. Юрсенар (*L'Œuvre au noir*; в русском переводе – «Философский камень»), ибо оно взято из терминологии алхимиков, и указывает на процесс трансформации материи – из состояния нигредо в состояние альбедо. Но сами работы Фаусты решительно отрицают подобную перспективу.

Окончательные сумерки.

---

3. Символическое «эхо» – окаменения – возможность уничтожить взглядом, вспомним о медузе Горгоне и о жене Лота, которая, бросив запретный взгляд, застыла соляным столпом.

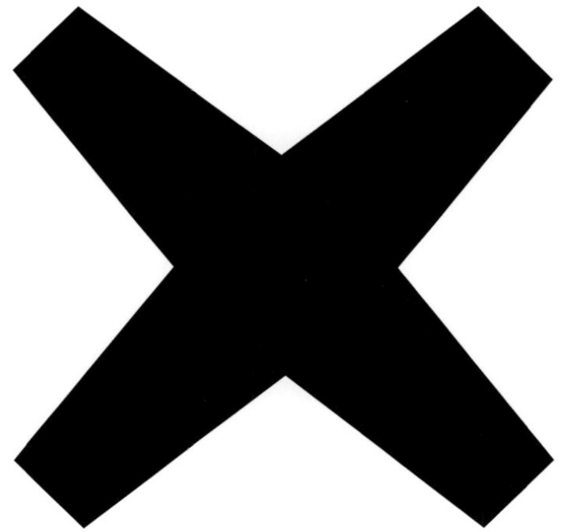

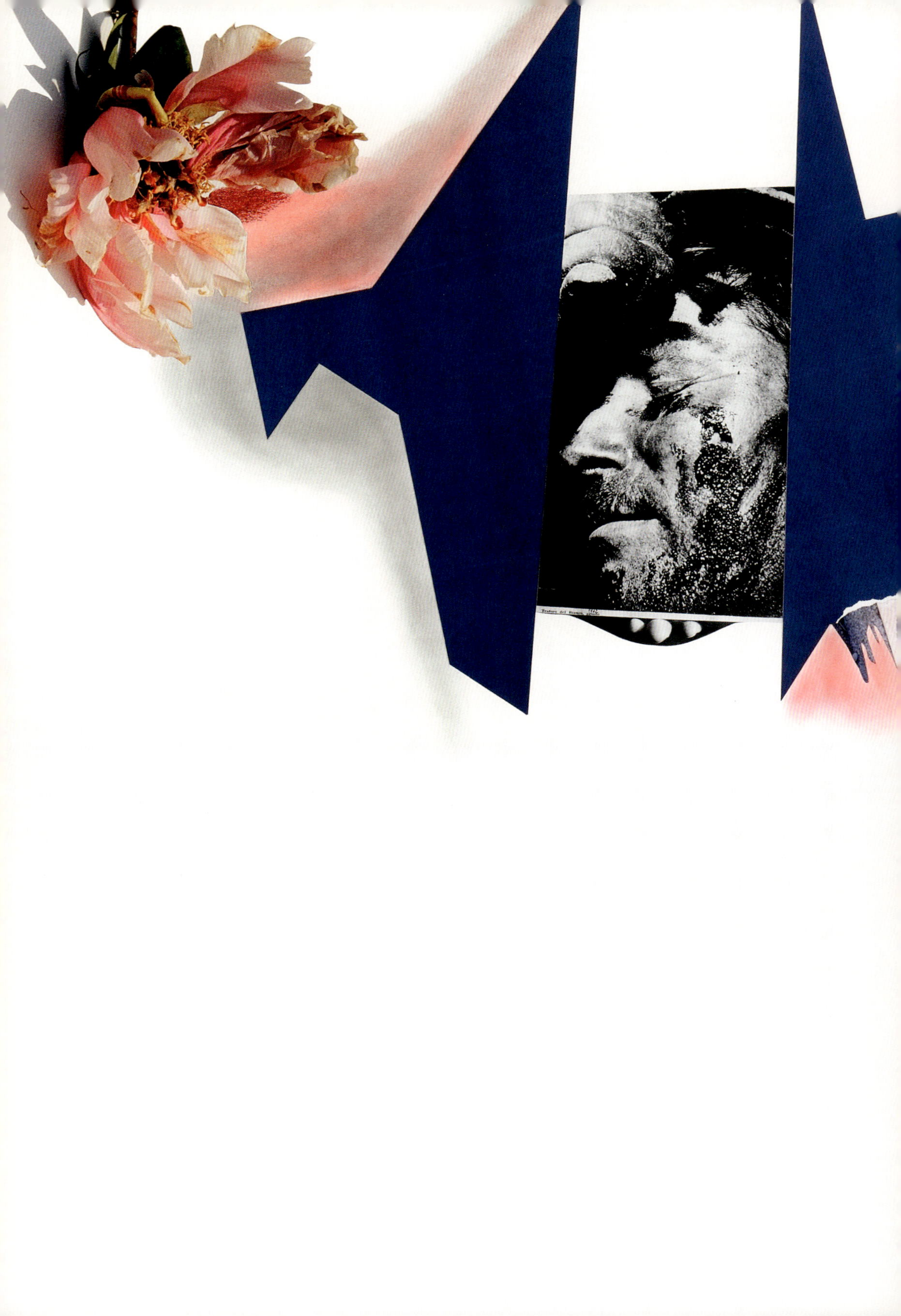

Angela Madesani

PORTRAITS OF THE ARTIST BY HERSELF

Notes on Some Recent Work by Fausta Squatriti

Fausta Squatriti's Russian exhibition is not only an important and significant occasion for presenting her work (more than ten years of work will be on show), but also a profound intellectual and existential moment of reflection. This Italian artist examines the meaning of things, of her life, of being an artist today. The exhibition contains the mature works of a special figure from the Italian art scene: artist, graphic artist, poet, writer, and events organizer. Squatriti is many things at the same time, an all-around intellectual who uses a variety of media and languages with sophistication and intelligence to suit her speculative purposes.

What we are experiencing is a particular moment in the history of art. The last ten years have seen a radical change on the art scene. By the end of the 1970s the rules of the art system as outlined by Achille Bonito Oliva in 1975 had already been completely overturned. In the 1980s the market began to occupy a prominent position, which in recent years has become all pervasive in its search for discoveries, gimmicks, and novelties that work for one season. The triumph of the transient, of consumerism in all its forms has usurped the scepter of intellectual contemplation.

Fausta Squatriti began working very young, at the end of the 1950s, and in the following decade added publishing to art. From the outset she established relationships with the most significant members of the art world, with Lucio Fontana, with Man Ray, with the French. Those were years of great euphoria, of social and political hope.

Now things have changed and the works on display represent an awareness of what is happening. Recognition, without filters or sweeteners, by a profound and intelligent artist. Works in which there are all the components of her experimentation: the linguistic, the geometric, and the symbolic, using a multimedia approach that includes photography, sculpture, and painting.

Requiem for the Species and for the Machine (1997–1998) is a work about mankind. The panels show parts of amputated hands, bruised feet—like those of the dead—and sick, emaciated bodies. Mankind is massacred, devoured, and consumed by life's events, by itself, perhaps. What can we say? What should we do? Nothing perhaps, except to say a requiem to sacralize this awareness. A prayer to help us go on. To hope that something will change. Among the bodies found on

Work well done, 2009
cm 72 x 60, photo, pigments, pastels on Schoeller paper

Lavoro ben fatto
cm 72 x 60, foto, pigmenti, pastelli su Schoeller

«Хорошая работа»
72 x 60 см, фотография, красители, пастель, бумага «Шёллер»

the panels is one of an anorexic woman, one of the most widespread ailments of our time. A period in history that condemns those who do not fit the canons of an apparent—but only apparent— perfection. It is the conformism of mediocrity. The woman here is a suffering skeleton, afraid to face the world, the total antithesis of the fertile femininity of the archetypes of Mother Earth.

In another work a vagina is set in an embarrassing parallelism with barbed wire shaped into a circle. The reference to a cruel, violent sexuality is all too obvious. Even today, women are still more or less conscious victims in a male dominated world.

Between 2002 and 2005 Fausta Squatriti produced the series *Blessed Solitude Unique Blessedness*. Here, too, we are confronted by installations made from various media. The images on display refer to the concept of solitude. The solitude of those who do not accept the rules of a world far removed from their own. It is a moment in Squatriti's career in which she is experiencing the painful recognition that loneliness, the separation between people, is the only possible condition. A positive solitude that leads to action, to creating, to observing. The problem is one of not feeling part of the context. Most of these images are devoid of action, as we commonly understand the term. Time seems to have stopped. A tuff quarry, a tunnel, an arch in Palermo. But also a pregnant woman, almost Madonna-like, with a blue hair band in her curls. How sad Mary is, perhaps she is foreseeing the death of her son. Beside her are numbered stones from an excavation in Jerusalem. The civilized world builds and demolishes, only to rebuild again, putting as much of its skill into saving as it did into destroying. Just as in the sad stroies of Iraq. But besides all this, what is there? Nothing. Questions about the meaning of life arise.

Here the solitude is a silence full of meaning in a time of empty noise. It is the indispensable concentration required in a moment of frantic cultural consumerism. It is the pause while waiting for something to change, to transform itself.

It seems to me that in the following cycle of work, *Behold the Man*, I can discern a disconsolate response to all of this. Here is the recognition of the natural, human condition. Here again are composite installations that include small iron and glass boxes. Reliquaries of her personal memories, but also of a collective memory that must be preserved at all costs. Here, too, the reflection takes an existential form: images of the mentally ill, an anorexic woman, a poor monkey subjected to vivisection. The human being, a wonderful creature able to create, to invent, to write music, poetry, to paint and sculpt is, however, violent and despotic, a wild beast towards those he considers weaker than himself. The reliquary placed below the monkey contains the shards of a vase, apparently Hellenistic. Man the great creator, the brilliant artist and inventor, is also capable of torturing a defenseless creature to death.

Squatriti presents us with *tranches de vie* without filters, more often than not upsetting ones. Who wants to look and discover that what we see is not fiction? It is highly symbolic work. Next come the mentally ill, locked away in institutions in Eastern Europe. Once again Squatriti uses no filters, which is also true of her writing. *Behold the Man* is a declaration without veils. In exactly the same way she shows she has no fear of being judged. In this cycle of works Squatriti once again demonstrates an extraordinary talent for assemblage, of knowing how to combine images, even those apparently at odds with one another.

Her life, her family, is in each panel: the brother she loved who died as a boy, her parents, recently dead. Making this has helped her to discover and read things differently, to put them in a new and unexpected dimension.

The large Russian exhibition closes with three recent works shown here for the first time. It seems a sort of solution can be read in them, a solution of Leopardi-like memory: the Giacomo Leopardi of *The Juniper*. A realization of how things are; an awareness that it is impossible to change the rhythms and rules of the world. Here Squatriti ends her season of deep pessimism. Instead, she is in a phase of consolatory acceptance. As if she had managed to accomplish a kind of catharsis.

The links with a weighty past have lessened and lightened. These are works that involve her personal history, but also the history of mankind. One entitled *Portrait of the Artist as a Young Girl*, a reference to Dylan Thomas, consists of several objects in resin. They are casts of things that belong or belonged to her. At the top is a broken head, reassembled in a new way. The head is a portrait of her made by a mediocre sculptor when she was a small child. She never recognized herself in it. Her mother had always kept it with her. Now Squatriti has destroyed it, rebuilt it differently, and then got rid of it. But before doing so she made a cast of it. She did the same with some other objects used for looking: binoculars, movie cameras, and telescopes. Time has stopped, as if everything had come to an end under the ashes of Pompeii. The objects of everyday life have become objects remembered from a distant era. Or perhaps more simply, that particular time has stopped.

Then there are two other works, one resembling a *memento mori* comprising a skull and then a door. It is the doorway to the unknown, like Antonio Canova's funeral monument to Maria Christina of Austria. We know nothing of what lies beyond. It is part of the rules of the game we all have to play. There's also a cloth; a pyre of burned wood. Destruction, elimination.

A broken lamp no longer gives light.

But perhaps at times it is better not to know, even if it is always hard to admit this, especially for someone like her, who has lived a life searching for the meaning and nature of things.

Angela Madesani

RITRATTI DELL'ARTISTA DA SÉ MEDESIMA
Note su alcuni recenti lavori di Fausta Squatriti

La mostra russa di Fausta Squatriti non è solo un'importante e significativa occasione espositiva: sono presentati oltre dieci anni di lavoro. Una riflessione intellettuale ed esistenziale profonda, l'artista italiana prende in esame il senso delle cose, della sua vita, dell'essere artista oggi.

La rassegna presenta le opere della maturità di una personalità particolare della scena artistica italiana: artista, grafica, poetessa, scrittrice, organizzatrice di eventi. Squatriti è molte cose allo stesso tempo. Un'intellettuale a tutto tondo, che utilizza diversi mezzi, diversi linguaggi, a seconda dei suoi scopi speculativi, con raffinatezza e intelligenza.

Quello che stiamo vivendo è un momento particolare della storia dell'arte. Gli ultimi dieci anni hanno segnato un radicale mutamento della scena artistica. Già con la fine degli anni Settanta le regole del sistema dell'arte, sottolineate nel 1975 da Achille Bonito Oliva, si sovvertono completamente. Negli anni Ottanta il mercato inizia a occupare una posizione preminente, che negli ultimi anni è diventata totalizzante, alla ricerca di trovate, di giochini, di ideuzze mordi e fuggi che funzionino per una stagione. Il trionfo dell'effimero, del consumismo in tutte le sue declinazioni ha usurpato lo scettro alla speculazione intellettuale.

Fausta Squatriti inizia a lavorare, giovanissima, alla fine degli anni Cinquanta e nel decennio successivo affianca all'attività artistica quella editoriale. Sin dall'inizio ha rapporti con il mondo dell'arte più significativo, con Lucio Fontana, con Man Ray, con i francesi. Sono anni di grandi euforie, di sogni anche sociali, politici.

Adesso le cose sono cambiate e i lavori in mostra sono una presa di coscienza di quanto sta accadendo. Una presa d'atto priva di filtri, di edulcorazioni, di un'artista profonda, intelligente. Lavori nei quali ci sono tutte le componenti della sua ricerca: quella linguistica, quella geometrica, quella simbolica, attraverso un approccio multimediale che va dalla fotografia alla scultura, alla pittura.

Requiem (1997-1998) è un lavoro sull'uomo. Nelle tavole parti di mani amputate, piedi lividi, come quelli dei morti, corpi magrissimi, malati. L'uomo è massacrato, divorato consunto dalle circostanze della vita, da se stesso forse. Che dire? Che fare? Nulla forse, se non pronunciare un requiem per sacralizzarne la presa di coscienza. Una prece per riuscire ad andare avanti. Per riuscire a sperare che qualcosa cambierà. Tra i corpi presenti sulle tavole quello di una donna anoressica. Una delle malattie più diffuse del nostro tempo. Un tempo in corsa che condanna chi non risponde ai canoni di un'apparente, solo apparente perfezione. È il conformismo della mediocrità. La donna qui è uno scheletro sofferente, che ha paura ad affacciarsi sul mondo, in aperta antitesi con la femminilità feconda degli archetipi della Madre Terra.

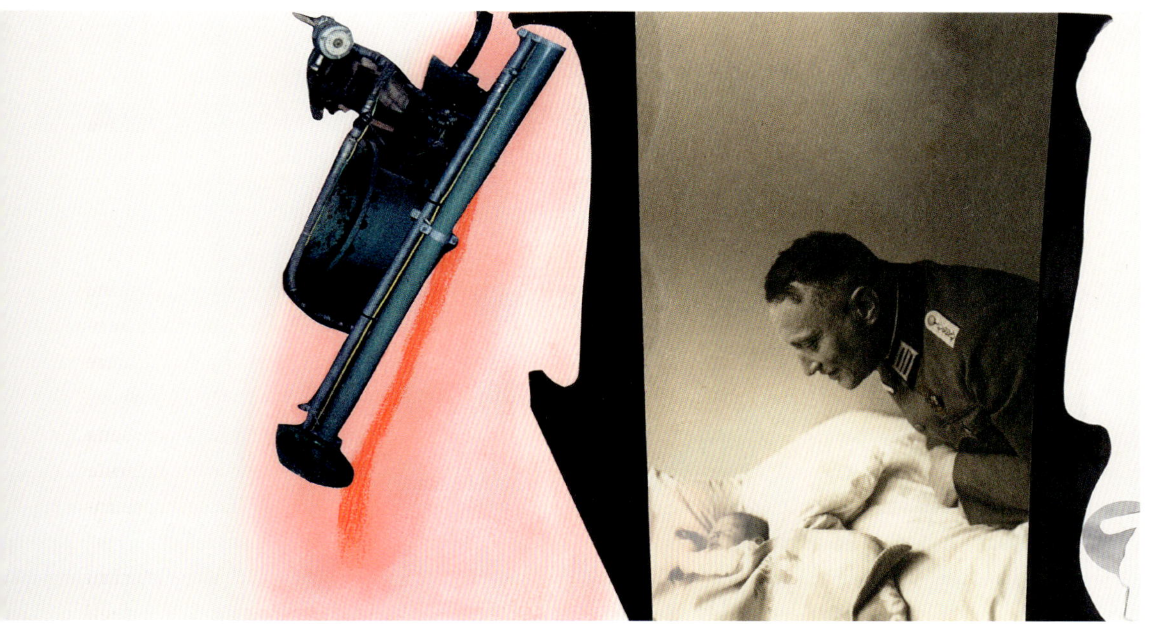

Fatherly love, 2009
cm 39 x 72, photo, pigments, pastels on Schoeller paper

Amore paterno
cm 39 x 72, foto, pigmenti, pastelli su Schoeller

«Отеческая любовь»
39 x 72 см, фотография, красители, пастель, бумага «Шёллер»

In un altro lavoro una vagina è posta in un imbarazzante parallelismo con un filo spinato, che ricostruisce una forma tonda. Il riferimento a una sessualità crudele, violenta è perfino
ovvio. A tutt'oggi le donne sono vittime più o meno consce di un mondo che tutto sommato
è ancora al maschile.

Tra il 2002 e il 2005 Fausta Squatriti dà vita a *Beata solitudo sola beatitudo*. Anche qui
ci troviamo di fronte a installazioni realizzate con mezzi diversi. Le immagini del lavoro richiamano al concetto di solitudine. La solitudine di chi non accetta le regole di un mondo
lontano dal proprio. È un momento del suo percorso in cui Squatriti vive la dolorosa presa
d'atto che la solitudine, il rimanere appartati è l'unica condizione possibile. Una solitudine
positiva, che induce a fare, a creare, a guardarsi intorno. Il problema è quello di non sentirsi
parte del contesto. Sono perlopiù immagini prive di azione, nell'accezione più comune del
termine, dove il tempo sembra essersi fermato. Una cava di tufo, un tunnel, un arco a Palermo.
Ma anche una donna incinta, quasi una Madonna, con una fascia azzurra tra i riccioli. Come
Maria è triste, forse presaga della morte del figlio. Accanto a lei stanno delle pietre numerate,
che provengono da uno scavo a Gerusalemme. Il mondo civilizzato costruisce e disfa, per

ricostruire mettendo in gioco la propria bravura nel salvare, tanto quanta ne è occorsa per distruggere. Così nelle tristi storie irachene. Ma oltre tutto questo cosa c'è? Il nulla. I quesiti sul senso della vita sorgono.

Qui la solitudine è silenzio colmo di significato in un tempo di vuoto clamore. È la concentrazione indispensabile in un momento di affannoso consumismo culturale. È la pausa, in attesa che qualcosa muti, si trasformi.

Mi pare di poter scorgere nel ciclo di lavori successivo, *Ecce homo*, una risposta sconsolata a tutto questo. Qui è una presa d'atto della condizione umana e naturale. Anche qui installazioni composite, in cui sono anche delle piccole scatole di ferro e vetro. Reliquiari della sua memoria personale, ma anche di una memoria collettiva che bisogna a tutti i costi conservare. Anche qui la riflessione è di matrice esistenziale: immagini di malati di mente, una donna anoressica, una povera scimmia sottoposta a vivisezione. L'uomo creatura meravigliosa, capace di creare, di inventare, di scrivere musica, poesie, di dipingere, di scolpire è, tuttavia, violento e dispotico, una belva con quanti ritiene più deboli di lui. Il reliquiario che sta sotto alla scimmia contiene dei cocci di un vaso, si direbbe ellenistico. L'uomo grande creatore, geniale artista e inventore è anche in grado di torturare a morte una creatura inerme.

Squatriti senza filtri ci offre *tranches de vie* il più delle volte fastidiosi. Chi di noi se la sente di guardare e di scoprire che quanto sta guardando non è finzione? È un lavoro fortemente simbolico.

Quindi i malati di mente all'interno degli istituti di ricovero in un paese dell'Est europeo. Squatriti ancora una volta non ha posto filtri, così come fa con la scrittura. *Ecce homo* è un lavoro dichiarato, senza veli. Proprio come lei, che si svela senza timore di essere giudicata.

Anche in questo ciclo di lavori Squatriti dà prova di una straordinaria capacità di assemblaggio, di saper unire immagini anche apparentemente in contrasto fra loro.

In ogni tavola c'è la sua vita, la sua famiglia, l'amato fratello morto ragazzo, i genitori, recentemente scomparsi. Farlo le è servito a scoprire, a leggere diversamente le cose, a ricollocarle in una dimensione nuova e imprevedibile.

L'ampia rassegna russa chiude con tre recenti lavori, qui esposti per la prima volta. Pare di poter leggere in essi una sorta di soluzione, una soluzione di leopardiana memoria. Il Giacomo Leopardi de *La ginestra*. Una presa d'atto delle cose, un rendersi conto che è impossibile modificare i ritmi e le regole del mondo. Squatriti pone qui fine alla stagione di profondo pessimismo. È, piuttosto, in una fase di consolata accettazione. Come se fosse riuscita a compiere una sorta di catarsi.

I legami con un passato incombente si sono assottigliati, si sono fatti più lievi. Sono questi lavori che prendono in esame la sua storia personale, ma anche la storia degli uomini. Uno, intitolato *Ritratto dell'artista da giovane*, richiamandosi a Dylan Thomas, è costituito da alcuni oggetti di resina. Sono calchi di cose che le appartengono, che le sono appartenute. In cima è una testa rotta e ricomposta in altra maniera. Si tratta di una testina ritratto, fattale da un mediocre scultore, quando era bambina. Non ci si è mai riconosciuta. La madre l'aveva sempre tenuta con sé. Ora Squatriti l'ha distrutta, l'ha ricomposta in una nuova foggia e poi l'ha eliminata. Ma prima ne ha fatto un calco. E l'ha fatto anche di alcuni oggetti che servono per vedere, binocoli, cineprese, cannocchiali: il tempo si è fermato, come se tutto fosse stato preso sotto le ceneri di Pompei. Gli oggetti della quotidianità sono diventati oggetti della memoria, di un tempo passato, lontano. O forse semplicemente quel tempo si è fermato.

E quindi altri due lavori. Uno rimanda al *Memento mori*. In esso è un teschio e quindi una porta. È la porta dell'ignoto, come quella del Monumento funebre a Maria Cristina d'Austria di Antonio Canova. Dell'oltre non si sa nulla. Fa parte delle regole del gioco d'azzardo al quale tutti siamo chiamati a giocare. E quindi un drappo, una pira di legni combusti. Distruzione, eliminazione.

Una lampada rotta non illumina più.

Ma forse a volte è meglio non sapere, anche se è sempre amaro doverlo ammettere, specialmente per chi come lei ha vissuto una vita ricercando il senso e la natura dei fenomeni.

Анджела Мадезани
ИНСТАЛЛЯЦИИ ХУДОЖНИЦЫ КАК ЕЕ АВТОПОРТРЕТ
Заметки о последних работах Фаусты Скуатрити

Выставка Фаусты Скуатрити в России не просто *«еще одна выставка»*, важная и серьезная: на ней представлены плоды более чем десятилетнего труда. Плоды глубокой интеллектуальной рефлексии о бытии… Итальянская художница стремится выявить смысл вещей, смысл собственной жизни и того, что такое быть художником в наши дни. Перед нами работы зрелого периода – зрелого периода личности, занимающей особое положение в художественном мире Италии: она художник, график, поэт, писатель, куратор. Скуатрити – это много всего одновременно! А главное, она мыслитель со всеохватным видением мира, умеющий в зависимости от преследуемых целей использовать, умно и изысканно, разные средства, разные языки.

Мы живем в особый период развития искусства. Последние десять лет свидетельствуют о радикальном изменении панорамы художественной жизни. Правила системы искусства, сформулированные в 1975 году Акилле Бонито Оливо, полностью исчерпывают себя уже к концу того же десятилетия. В восьмидесятые годы на передний план выходит значение арт-рынка; за последние годы оно стало доминирующим, что подталкивает к поиску остроумных решений, всевозможных трюков, «одноразовых» идеек – на один сезон. Недолговечность и потребительство во всех его проявлениях, торжествуя отобрали скипетр у интеллектуализма.

Фауста Скуатрити начинает писать в совсем еще юном возрасте, в конце пятидесятых годов; все последующее десятилетие она совмещает работу художницы с издательской деятельностью. С самого начала Скуатрити поддерживает отношения с самыми значительными представителями мира искусства, с Лучо Фонтана, Ман Рэем, некоторыми французскими художниками. Это годы всеобщей эйфории и мечтаний о счастливом будущем, в том числе и в социально-политическом отношении.

Теперь все изменилось; представленные на выставке работы выражают осознание происходящих процессов. Осознание, которое ничем не подслащивается и ни через что не фильтруется. И которое оказалось дано глубокой умной художнице. В инсталляциях присутствуют все пласты художественных поисков Скуатрити: лингвистический, геометрический и символический; мультимедийный подход позволил связать фотографию с живописью и скульптурой.

«Реквием» (1997-1998) – исследование о человеке. Перед нами ампутированные рук, ступни синюшного цвета, как у умерших, истощенные, больные тела. Человека изничтожают, поглощают, изнуряют обстоятельства жизни – а может быть, и он сам.

Что сказать на это? Что делать? Наверное, ничего, остается лишь пропеть реквием, дабы освятить сам факт осознавания. Помолиться – чтобы можно было идти дальше. Чтобы можно было надеяться: что-то изменится. Среди тел на панелях инсталляций есть и тело женщины, больной анорексией, одной из самых распространенных болезней нашей эпохи. Эпохи, обрекающей на муки тех, кто не отвечает канонам внешней, всего лишь внешней красоты. Это конформизм посредственности. Женщина на картине боится взглянуть на мир; этот мучающийся «скелет» противопоставлен архетипам Матери-Земли, полагающим женственность как плодовитость.

В другой инсталляции шокирующе сопоставлены вагина и моток колючей проволоки. Более чем очевиден намек на жестокость, насилие в сексуальной сфере. Ибо по сей день женщины – жертвы, осознают они это или нет, жертвы мира, который, в общем и целом, был и остается мужского рода.

В 2002-2005 годы Фауста Скуатрити создает цикл *"Beata solitudo sola beatitudo"*. Перед нами опять инсталляции, при создании которых использовались разные методы. Изображения этого цикла поднимают тему одиночества. Одиночества человека, не принимающего законы мира, далекого от его собственного. Именно в этот период своего творческого развития Скуатрити болезненно осознает, что одиночество, пребывание в уединении, – единственное возможное для нас состояние. Продуктивное одиночество, такое, что заставляет что-то делать, творить, оглядываться на то, что вокруг. Проблема же в том, чтобы не чувствовать себя частью контекста. Это, в основном, изображения, лишенные действия в самом общем смысле этого слова: кажется, что время остановилось. Туфовый карьер, туннель, арка в Палермо. А еще – беременная женщина, почти мадонна, с синей лентой на кудрявых волосах. Возможно, она печальна, потому что предчувствует смерть сына, как Мария. Рядом с ней – пронумерованные камни, привезенные с места раскопок в Иерусалиме. Цивилизованный мир строит и сносит, чтобы строить заново, прикладывая столько же усилий для того, чтобы спасти, сколько ушло на то, чтобы разрушить. Как в случае печальных событий в Ираке. Но есть ли что помимо этого? Ничто, небытие. Так встают вопросы о смысле жизни.

Здесь одиночество – это тишина, наполненная смыслом, когда кругом царит пустой шум. Это возможность сконцентрироваться, необходимая в пору утомительного культурного потребительства. Это пауза – мы ждем, когда же что-то изменится, что-то будет иначе.

Мне кажется, что горький ответ на все это таится в последующем цикле инсталляций *"Ecce homo"*, выразившим осознание условий человеческого бытия и природы. Среди компонентов этих инсталляций – железные коробки со стеклянной крышкой. Это реликварии ее собственной памяти, но еще и памяти коллективной, которую надо сохранить во что бы то ни стало. И здесь рефлексия носит экзистенциальный характер: она выражается через изображения душевнобольных, анорексичной женщины, подвергнутой вивисекции обезьянки. Человек – удивительное создание. Он способен творить, изобретать, писать стихи и музыку, рисовать и создавать скульптуры, а при этом жесток и деспотичен, настоящий зверь по отношению к тем, кого полагает слабее себя. Недаром в реликварии под бедной обезьяной хранятся осколки вазы, допустим, эллинистической: человек – великий творец, гениальный художник и изобретатель, а при этом способен до смерти замучить беззащитное существо.

Никаких фильтров! Скуатрити показывает нам обрывки чужих жизней – в основном, мучительные. У кого из нас хватит духу посмотреть на них? Чтобы обнаружить: то, на что мы смотрим, отнюдь не фикция. Эта работа глубоко символична.

А потому – вот и душевнобольные в психиатрической больнице одной из стран Восточной Европы. В очередной раз Скуатрити «не фильтрует», как и в своих литературных произведениях. *"Ecce homo"*: никаких стыдливых покровов, здесь все обнажено. Так и сама она раскрывается, не боясь, что ее будут судить.

И в этом цикле инсталляций Сквадрити проявляет свои неординарные способности к ассамбляжу, умение соединить внешне противоречащие друг другу изображения. В каждой панели инсталляции – ее собственная жизнь, ее семья, любимый брат, умерший рано, и недавно почившие родители. Она «поместила» их туда затем, чтобы открыть какие-то вещи, чтобы иначе прочитать их и поместить в новое, непредсказуемое измерение.

Эту объемную российскую экспозицию завершают три новые ее работы. Выставляются они впервые. В них чувствуется поворот к чему-то новому, в духе Леопарди периода стихотворения «Дрок». То – осознание порядка вещей, принятие того, что невозможно изменить ритм и правила этого мира. Конец сезону глубочайшего пессимизма! Скорее, Скуатрити находится в фазе смиренного принятия мира. Как если бы с ней случился своего рода катарсис.

Связи с грозно нависающим прошлым утончились и стали едва заметными. В этих работах изучается история ее собственной жизни – а еще история людей вообще. Так, «Портрет художницы в юности» (в названии отсылка к Джойсу и Дилану Томасу) составлен из нескольких слепков. Это копии предметов, которые ей принадлежат или принадлежали. Наверху – скульптурная головка девочки, разбитая и склеенная заново, но так, что ее части оказались при этом не на месте. Это скульптурный портрет самой Фаусты в детстве, выполненный одним посредственный мастером. Никогда она себя не узнавала в этой головке. Мать Фаусты держала эту скульптуру у себя. И вот Фауста разбила ее, затем соединила осколки по-новому – и уничтожила. Сняв предварительно копию. Точно также она поступила с несколькими оптическими приборами: биноклем, кинокамерой, подзорной трубой. Время остановилось, все засыпало слоем пепла, как в Помпеях. Предметы повседневного обихода стали объектами памяти, объектами далекого прошлого. Или, может, просто *то* время остановилось.

И, значит, еще две работы. Одна заставляет нас вспомнить про *Memento mori*. Череп – и дверь. Дверь в неизведанное, как в надгробии эрцгерцогини Марии Кристины австрийской работы Антонио Канова. О том, *что* за ней, мы не знаем. Это часть азартной игры, в которую мы все принуждены играть. И, значит, драпировка, прогоревший погребальный костер. Все гибнет, все разрушается.

Разбитая лампочка больше не горит.

Но иногда, может быть, лучше не знать. Как ни горько с этим соглашаться таким людям, как она, потратившая всю жизнь на поиски смысла и природы явлений.

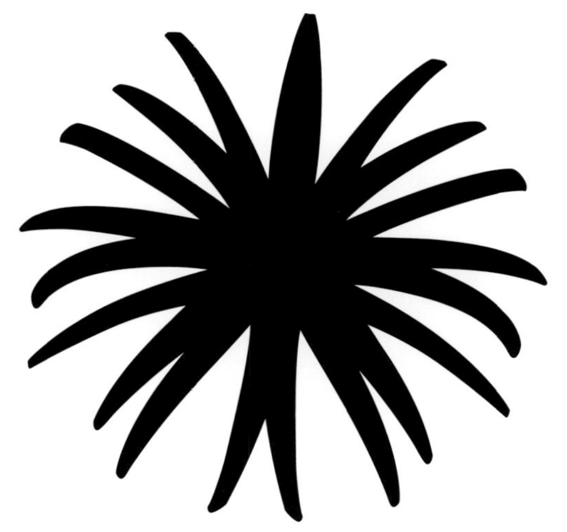

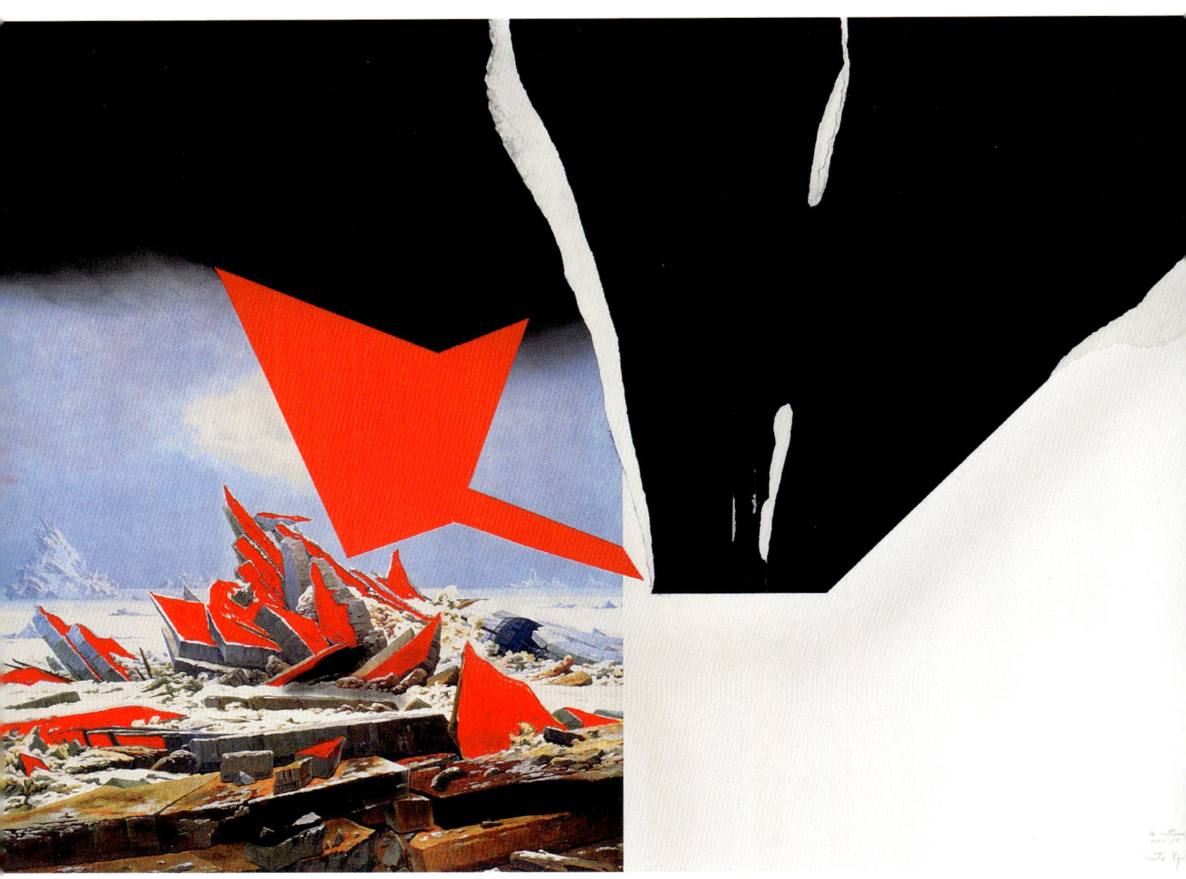

Blood on ice, 2008
cm 100 x 70, photo, pastels, on Fabriano paper

Sangue sul ghiaccio,
cm 100 x 70, foto, pastelli, su Fabriano

«Кровь на льду»
100 x 70 см, фотография, пастель, бумага «Фабриано»

Michail Pogarskij

O STAY! THOU ART SO FAIR!

"Who discovered a new world?
A madman mocked everywhere,
On the bloodsoaked cross,
A fool who dies bequeathes us a God."
Pierre Beranger

When confronted with the works of Fausta Squatriti it is impossible to remain indifferent. They are capable of awakening the most varied sensations: from meditative ecstasy to the most intense enthusiasm, from philosophical thoughtfulness or aesthetic reflection to a poetic explosion of emotions.

Take for example the series *Behold the Man* (2005–2009). Perhaps no one before Fausta Squatriti has ever exposed the inscrutable existence of the asylum in this manner. We may react in many ways to people suffering from insanity: with compassion, disgust, curiosity, or scientific interest. Cesare Lombroso in his famous book *Genio e follia* traces various characteristics that an insane person and a genius have in common. Fausta Squatriti shows us madness from the artist's standpoint. And behold the miracle! We discover that a totally surprising aesthetic dimension thrives in madness. Thus a completely new, parallel world opens up, in the face of which it is impossible to feel either pity or disgust because it is a world that exists according to *other* rules, a world for which we can only feel respect.

Fausta creates her own language of symbols, her own personal art-alphabet to describe the different facets of our reality; a language whose origins go back to prehistory, to cave paintings, to ancient magical ruins, to Egyptian hieroglyphics, and to the heavenly signs of pagan cultures. With the extraordinary insight of the artist, she juxtaposes photographs of the insane with these symbols. From one emanates a sense of loss and the inability to defend oneself; from another, a capacity for gentleness we can never know, whereas yet another transmits an infinite loneliness.

In *The Human Comedy* cycle (1999–2001), the artist uses her own alphabet of symbols to reveal the character of many well-known cultural figures. And if on a first level of perception these graphic forms are limited to emphasizing certain character traits, when we move to a more profound study, we begin to perceive the many parallels evinced between genius and madness. A slight distortion of the symbol set next to the French poet Jean Claude de Fuegas, and it turns into a pointed sign we find beside a lone madman standing upright by his bed. The forms that accompany a naked madwoman have an energy equivalent to those that accompany the laughing German gallery owner, Karin Fesel. A sordid black corner beside two depressed, mentally infirm men is deliberately located barely a step away from the ugly black stain that has spread next to the face of the Italian art critic Giuliano Serafini. The desperation of a madwom-

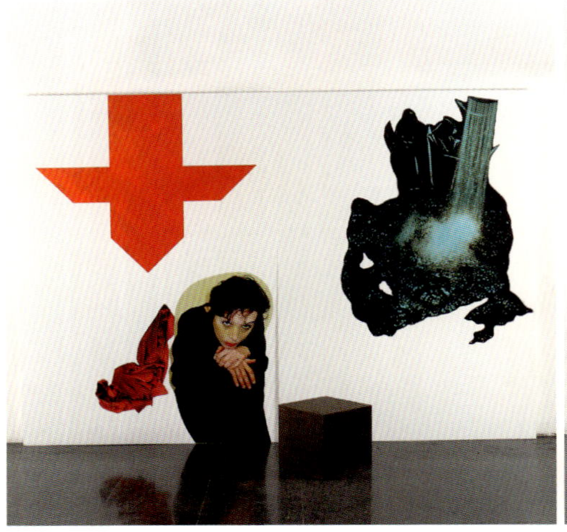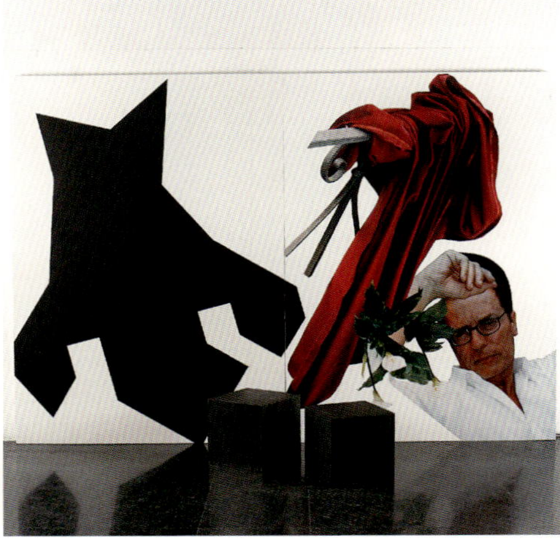

The Human Comedy: the Art Historian Jacqueline Ceresoli, 2000
La commedia umana: dello storico dell'arte Jacqueline Ceresoli
«Человеческая комедия – искусствоведа Жаклин Чересоли»

The Human Comedy: the Art Historian Giuliano Serafini, 2000
La commedia umana: dello storico dell'arte Giuliano Serafini
«Человеческая комедия – искусствоведа Джулиано Серафини»

an in a corridor that disappears in the distance is reinforced by an impetuous symbol stretching towards the unknown regions of knowledge and, undoubtedly, these refer to *The Human Comedy* cycle in which the Kabbalist Arturo Schwarz is also portrayed.

Fausta Squatriti's art reveals the fragility and instability of our inner world, poised on the edge of the abyss. But at the same time she manages to dispel a certain fear at the sight of the abyss, into which we already envision not so much an ordinary fall as the entrance to completely different "other" worlds.

In the following two projects, *Blessed Solitude Unique Blessedness* (2002–2005) and *Requiem for the Species and for the Machine* (1997–1998), the artist addresses the theme of the human body, machines, and abandoned urban spaces. And here, too, we discover a number of interrelated threads. A labyrinth of acute angles, for example, next to a pointing hand, directs a reciprocal echo from one labyrinth to the next, this time a square one, located next to a door collapsing inwards. A star spider beside two water main pipes and the crossed palms of two hands on a white shirt have an evident affinity to the little man standing next to a corridor leading nowhere.

The project *Requiem for the Species and for the Machine* clearly resonates with *The Human Comedy* cycle. This is first of all emphasized by the metal cubes, which are present in both projects and express stability, a solidity of substance in support and defence of this world of irrepressible passions and creative impulses. An infinite number of symbolic affinities are also clearly discernible between these projects, such as the sign in the shape of a "T" from *Requiem*

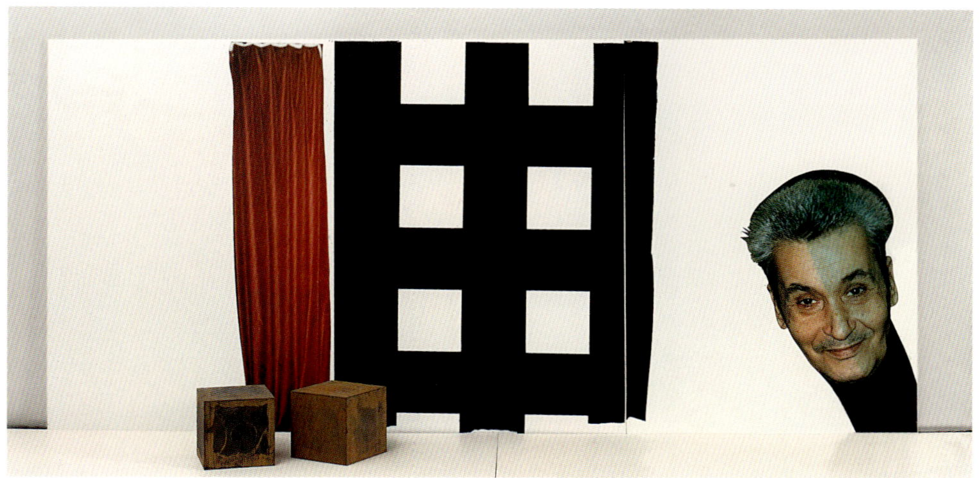

*The Human Comedy: the Poet Jean Claude de Fuegas,*1999
La commedia umana: del poeta Jean Claude de Fuegas
«Человеческая комедия – поэта Жан-Клода Фуэгаса»

for the Species and for the Machine and the serrated frame around a pair of cut-off feet, which find continuity in the symbol next to the head of the art critic Elizabeth Longari. Or how the arrow-cross laid on the figure of the art historian Jacqueline Ceresoli is in many ways similar to the arrow-labyrinth located beside a hand and two cubes. And the pincer-shaped sign that grips the historian Flavio Caroli is isomorphic with respect to the clamp fixed around a heart and a tap in another *Requiem*.

In the 1920s the poet Velimir Khlebnikov issued a proclamation to the world's artists, calling on them to create an entirely new alphabet to replace the existing, outdated, mono-signifying letters. At the beginning of the third millennium, this fundamentally new "other" alphabet, this international language made of graphic symbols that can be understood by every artist, has been created—and with success—by our sculptress of signs. And if, in his day, Khlebnikov partially opened the arcane layers of language, today Fausta Squatriti reveals the very weave of our present reality, in which tragedy and comedy are intertwined in a dense network of internal correspondences.

It is natural that in the work of any artist some things will have a closer impact than others which lodge only in the peripheral layers of consciousness. Personally, I was strongly affected by the cycle *Blessed Solitude Unique Blessedness*. It seems to me that in those wanderings through derelict landscapes, Fausta, like the medieval Dr. Faust, considers the fragile bricks of the universe and, unlike her famous namesake, constantly repeats: *Oh stay! Thou art so fair!*

Michail Pogarskij
SEI BELLO, ATTIMO. FERMATI!

Davanti ai lavori di Fausta Squatriti non si può restare indifferenti. Possono risvegliare le più varie sensazioni, dall'estasi meditativa all'entusiasmo più esaltato, dalla pensosità filosofica e riflessione estetica fino all'esplosione poetica delle emozioni.

Prendiamo la serie *Ecce Homo*: forse prima di Fausta Squatriti nessuno aveva così snudato l'esistenza imperscrutabile del manicomio. Con chi è vittima dell'insania ci si può rapportare in vario modo: con compatimento, con disgusto, con curiosità o con interesse scientifico. Cesare Lombroso nel suo celebre *Genio e follia* rintraccia diversi tratti in comune tra l'uomo insano di mente e l'uomo di genio. Fausta Squatriti ci presenta la follia dal punto di vista dell'artista. Ed ecco il miracolo! Si viene a scoprire che nella follia alligna una dimensione estetica sorprendente. Ci si apre così un mondo parallelo nuovo, nei confronti del quale non è possibile provare né pietà, né disgusto, poiché è un mondo che vive in base a regole *altre*, un mondo nei confronti del quale dobbiamo provare rispetto.

Fausta crea un proprio linguaggio di simboli, un suo personale art-alfabeto con il quale descrive le diverse sfaccettature della nostra realtà. È una lingua le cui origini risalgono alla preistoria, alle pitture rupestri, alle antiche rovine magiche, ai geroglifici egizi e ai segnali celesti delle culture pagane. Con straordinaria intuizione di artista accosta a quei simboli foto di matti. Da una traspare un senso di incapacità a difendersi e di smarrimento, da un'altra una capacità di mitezza inconoscibile per noi, un'altra ancora trasmette un'incommensurabile solitudine.

Nel ciclo *La commedia umana* facendo ricorso al proprio alfabeto di simboli, l'artista mette a nudo il carattere di molte personalità della cultura. E se a un primo strato di percezione queste strutture grafiche si limitano a sottolineare determinati tratti di una personalità, quando si passa a uno studio più profondo, allora si cominciano a percepire i tanti paralleli avvertiti tra genialità e follia. Una leggerissima deformazione del simbolo accanto al volto del poeta francese Jean Claude de Fuegas, si perpetua in un segno appuntito che ritroviamo a lato di un matto solitario ritto accanto al proprio letto. Le forme che accompagnano una pazza nuda sono di equivalente energia a quelle che accompagnano la ridente gallerista tedesca Karin Fesel. Un sordido angolo nero a lato di due matti depressi si colloca formalmente a un passo appena dalla macchia nera che si spande accanto al volto del critico d'arte italiano Giuliano Serafini. La disperazione di una folle lungo un corridoio che si perde in

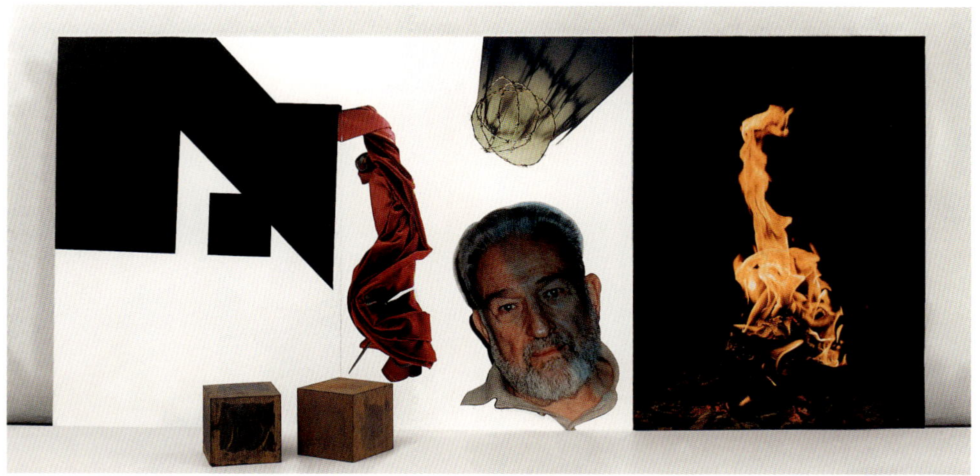

The Human Comedy: the Cabalistic Expert Arturo Schwartz, 2000
La commedia umana: dell'esperto di Kabbalah Arturo Schwartz
«Человеческая комедия – каббалиста Артуро Шварца»

lontananza è rafforzata da un simbolo impetuoso teso verso regioni sconosciute della conoscenza e, indubbiamente, si richiamano al ciclo della Commedia Umana nella quale figura anche il cabalista Arturo Schwarz.

L'arte di Fausta Squatriti rivela la fragilità e l'instabilità del nostro mondo interiore, in bilico sul limite dell'abisso, ma allo stesso tempo riesce a eliminare una certa paura al cospetto di quell'abisso, nel quale già si intravede non tanto una banale caduta, quanto il passaggio verso mondi completamente diversi, "altri".

Nei due progetti seguenti, *Requiem per la specie e per la macchina* e *Beata solitudo sola beatitudo...* l'artista si rivolge al tema del corpo umano, delle macchine e degli spazi urbani abbandonati. Anche qui percepiamo una quantità di intrecci: un labirinto di angoli acuti, per esempio accanto a una mano nell'atto di indicare, dirige il reciproco farsi eco da un labirinto all'altro, stavolta quadrato, posto accanto a una porta che frana verso l'interno. Un ragno stellare accanto a due tubi di acquedotto e i palmi di mani incrociati su una bianca camicia sono in indubbia continuità con l'omino che sta accanto a un corridoio che non va da nessuna parte.

Il progetto *Requiem per la specie e per la macchina* (1997-98) è, naturalmente, in risonanza con il ciclo della *Commedia umana* del 2009-2001. E questo è sottolineato prima di tutto dai cubi metallici, presenti in entrambi i progetti, che esprimono stabilità, solidità materica a sostegno e difesa di questo mondo di incontenibili passioni e slanci creativi. E certamente anche tra questi progetti si intravedono infinite corrispondenze simboliche, come il segno a forma di "T" del progetto *Requiem per la specie e per la macchina* e l'inquadratura dentata attorno a due piedi mozzi trova continuità nell'emblema accanto alla testa

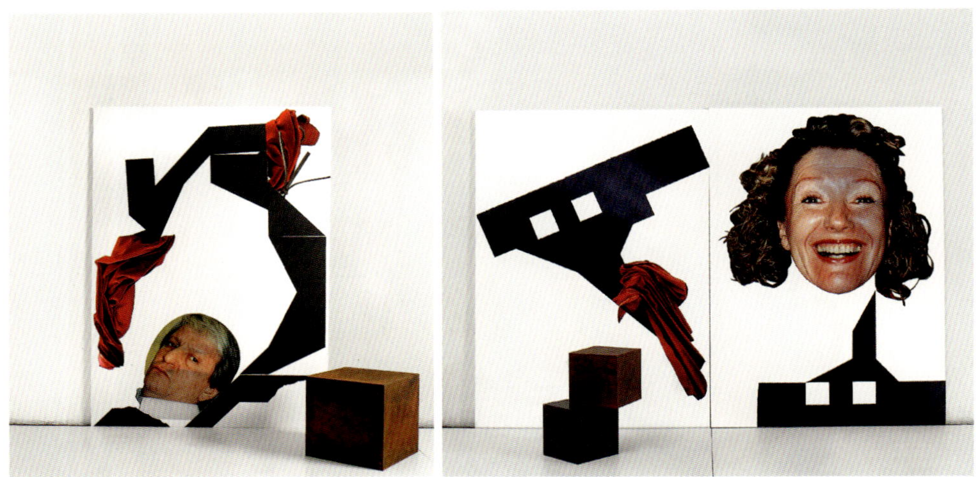

The Human Comedy: the Art Historian Flavio Caroli, 2000
La commedia umana: lo storico dell'arte Flavio Caroli
«Человеческая комедия – искусствоведа Флавио Кароли»

The Human Comedy: the Gallerist Karin Fesel, 2000
La commedia umana: la gallerista Karin Fesel
«Человеческая комедия – галеристки Карин Фезель»

dello storico dell'arte Elisabetta Longari, o come la freccia-croce che incombe sulla figura dello storico dell'arte Jacqueline Ceresoli è simile, in molte cose, alla freccia-labirinto collocata accanto a una mano e a due cubi, mentre il segno a tenaglia che stringe lo storico Flavio Caroli è isomorfo rispetto alla morsa applicata attorno al cuore e a un rubinetto di un altro Requiem.

Negli anni Venti il poeta Velimir Chlebnikov lanciò un proclama agli artisti di tutto il mondo affinché dessero vita a un alfabeto completamente nuovo in sostituzione delle mono-significanti lettere esistenti, ormai tramontate. All'inizio del terzo millennio questo fondamentalmente nuovo, "altro", alfabeto, questa lingua internazionale fatta di simboli grafici, accessibile alla comprensione di ogni artista, è stato - e con successo - creato dalla nostra scultrice del segno. E se allora Chlebnikov schiuse le arcane stratificazioni del linguaggio, oggi Fausta Squatriti svela la trama stessa della nostra realtà, dove tragedia e commedia si intrecciano in una fitta rete di relazioni interne.

È naturale che nell'operare di qualunque artista qualcosa sembri più vicino, e qualcos'altro, collocandosi solo negli strati periferici della coscienza. Personalmente sono stato molto più colpito dal ciclo *Beata solitudo sola beatitudo... Mi sembra che in quelle peregrinazioni in territori abbandonati Fausta, come il medievale Dottor Faust, soppesi i fragili mattoncini dell'universo e, a differenza del suo celeberrimo omonimo, ribadisca costantemente: *Sei bello, attimo. Fermati!*

Михаил Погарский
ОСТАНОВИСЬ МГНОВЕНИЕ - ТЫ ПРЕКРАСНО!

Работы Фаусты Скуатрити никого не могут оставить равнодушным. Они могут вызывать самые разные ощущения в диапазоне от медитативного созерцания до бурного восторга, от философской задумчивости и эстетических размышлений до поэтического взрыва эмоций.

Вот серия работ Ecce Homo: пожалуй, до Фаусты Скуатрити никто так глубоко не вскрывал загадочное бытие сумасшедшего дома. К сумасшедшим можно относиться по-разному: с жалостью, с отвращением, с любопытством или с научным интересом. Чезаре Ломброзо написал свой знаменитый труд «Гениальность и помешательство», в котором выделил много общего между сумасшедшими и гениями. Фауста Скуатрити представляет нам сумасшествие с художественной точки зрения. И происходит чудо! Оказывается, в безумии есть потрясающей силы эстетика. Нам открывается совершенно новый параллельный мир, к которому уже невозможно испытывать ни жалость, ни отвращение, поскольку этот мир живёт по совершенно иным законам, и мы обязаны относиться к ним с уважением.

Фауста создаёт свой собственный язык символов, индивидуальный арт-алфавит, которым она описывает разные грани нашей действительности. Этот язык уходит своими корнями в доисторические времена к наскальным рисункам, древним магическим рунам, египетским иероглифам и сакральным знакам языческих культур. С потрясающим художественным чутьём она сопровождает фотографии сумасшедших этими символами, в одном из которых прочитывается беззащитность и растерянность, в другом незнакомая нам умиротворённость, а в третьем безграничное одиночество.

В цикле «Человеческая комедия» художник при помощи своей символьной азбуки раскрывает характеры многих известных деятелей культуры. И если в первом пласте восприятия эти графические построения просто подчёркивают те или иные черты личности, то при более глубоком изучении творчества Фаусты Скуатрити мы обнаружимы многочисленные параллели между гениальностью и сумасшествием. Всего небольшая деформация символа рядом с французским поэтом Жан-Клодом Фуегасом – и он превращается в заострившийся знак около одинокого сумасшедшего, стоящего около своей кровати. Рисунок, сопровождающий обнаженную сумасшедшую, по своей энергетике близок к коллажу рядом с жизнерадостной галеристкой из Германии Карин Фесел. Скупой чёрный угол, подле двух удручённых безумцев всего лишь в шаге от угловатого расплывающегося пятна рядом итальянским арт-критиком

Джулиано Серафини. Безнадёжность уходящего вдаль коридора сумасшедшего нивелируется стремительным символом, направленным к неизвестным областям познания, и, безусловно, перекликающегося со знаками вокруг кабаллиста Артура Шварца.

Творчество Фаусты Скуатрити проявляет хрупкость и неустойчивость нашего внутреннего мира, балансирующего на краю пропасти. Но в тоже время она снимает определённый страх перед этой пропастью, в которой уже видится не банальное падение, но переход в совершенно иные миры.

В следующих двух проектах «О блаженное одиночество, о единственное блаженство...» и «Реквием по живым и машинам» художник обращается к теме человеческого тела, механизмов и заброшенных городских пространств. И здесь мы также обнаружим множество пересечений. Остроугольный лабиринт около указующей кисти руки ведёт графическую перекличку с квадратным лабиринтом рядом с дверью внутрь осыпавшейся стены. Звёздокрылый паук подле двух водопроводных труб и скрещенных на белой рубашке ладоней в несомненном родстве со звёздообразным человечком около уводящего в никуда коридора.

Проект «Реквием по живым и машинам» конечно же, перекликается и с циклом «Человеческая комедия». Это, прежде всего, подчёркивают металлические кубы, участвующие в обоих проекта и символизирующие определённую стабильность, земную твердь, опору и защиту в нашем безудержном мире страстей и творческих метаний. И, разумеется, между этими проектами также можно увидеть множество символьных соответствий. Т-образный знак над головой итальянской писательницы Марозии Кастальди словно дописывают три руки из проекта «Реквием по живым и машинам». Зубчатая окантовка вокруг ступней ног находит своё инверсивное отражение в эмблеме подле головы арт-критика Элизабеты Лонгари. Стрела-крест, нависшая над фигурой историка искусства Джаколине Церезоли во многом подобна стреле-лабиринту рядом с кистью руки и двумя кубами, а клещи, зажимающие историка Флавио Кароли практически изоморфны с тисками вокруг сердца и водопроводного вентиля.

В 20-е годы прошлого века поэт Велимир Хлебников обратился с призывом к художникам мира создать совершенно новый алфавит в замену устаревшим обозначениям существующих букв. В начале третьего тысячелетия этот принципиально иной алфавит, международный язык графических символов, доступный понимаю всех художников, был с успехом создан скульптором знака Фаустой Скуатрити. И если Хлебникову удалось вскрыть потаённые пласты языка, то Скуатрити вскрывает саму ткань нашей современной действительности, в которой трагедия и комедия переплетены густой сетью внутренних соответствий.

Разумеется, в творчестве любого художника что-то кажется более близким, а что-то оседает лишь на периферии сознания. И лично на меня наиболее сильное впечатление произвёл цикл «О блаженное одиночество, о единственное блаженство...» Мне кажется, что в этих странствиях по заброшенным территориям Фауста подобно средневековому доктору Фаусту перебирает хрупкие кирпичики мироздания, но в отличие от своего знаменитого тёзки постоянно утверждает: «Остановись мгновение – ты прекрасно!»

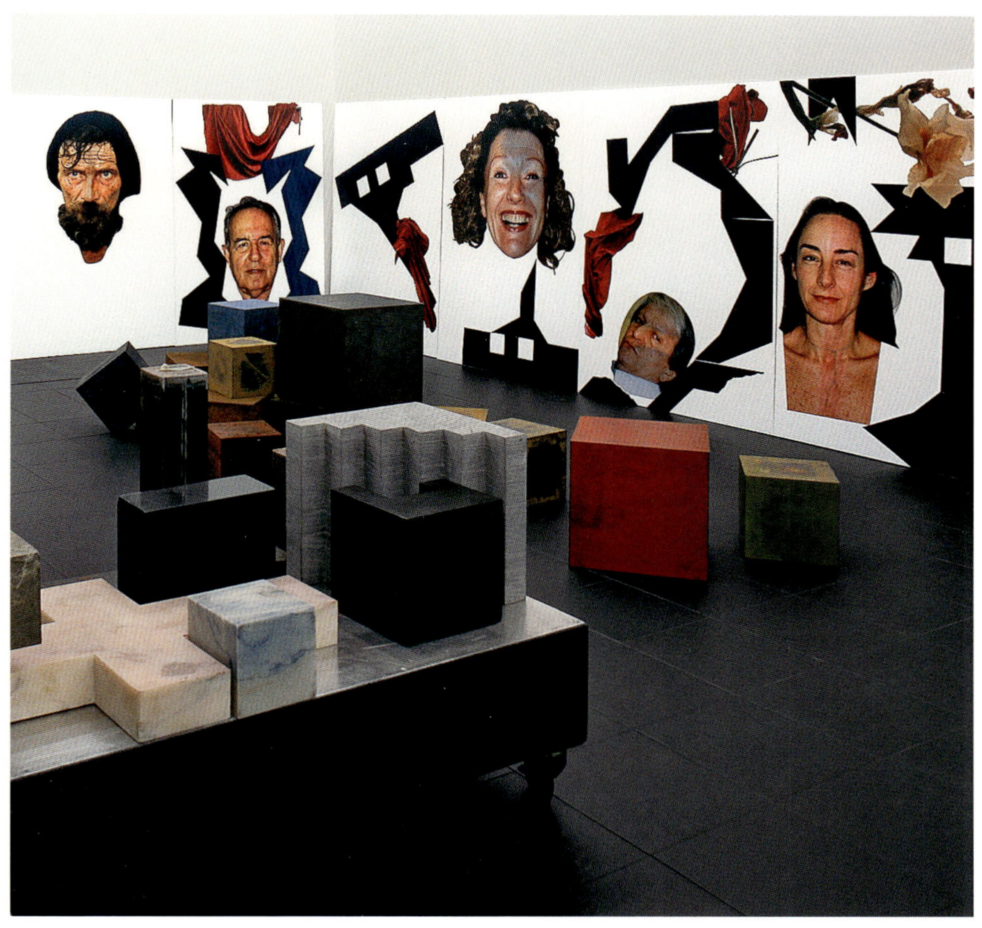

Some characters from the Human Comedy in the studio. On the right, Elisabetta Longari
Alcuni personaggi della *Commedia Umana* nello studio. A destra, Elisabetta Longari
Некоторые персонажи «Человеческой комедии» в мастерской художницы.
Справа – Элизабетта Лонгари

WORKS

OPERE

РАБОТЫ

Didascalie complete delle opere in italiano vedi pag. 168
См. титры на ст. 169

L'OPERA AL NERO

2009

I. RITRATTO DELL'ARTISTA DA GIOVANE
2. ALTER EGO
3. SUDARIO

Work in Black[*]. This is the epilogue of an investigation into pain, developed in the course of three installations. The title pays homage to Zeno, a character created by Marguerite Yourcenar, who commits suicide as a scientist to avoid dying as a victim of ignorance. In these three works the artist solemnizes her dismay at the partial defeat of the struggle to make the human world more just. Pity seems to be dead, and men do not want to help themselves any more, not even a little. What is called progress finds it very hard to remain so.

[*] The artist prefers to use this more literal translation of the title of Yourcenar's novel, *L'Oeuvre en noir* than the title of the published English translation, *The Abyss*.

L'opera al nero. È l'epilogo dell'indagine sul dolore, che si sviluppa in tre installazioni.
Nel titolo si rende omaggio a Zenone, il personaggio di Marguerite Yourcenar
che si suicida da scienziato per non morire da vittima dell'ignoranza.
In questi tre lavori l'artista solennizza il proprio sgomento per la parziale sconfitta della
lotta per rendere più equo il mondo dell'umanità. Parrebbe che la pietà
sia morta, che gli uomini non si vogliano più aiutare, neppure poco.
Che quello che si chiamava progresso, faccia molta fatica a rimanere tale.

Творение в черном. Цикл представляет собой заключительную часть
художественного исследования природы боли и состоит из трех инсталляций.
Его название восходит к одному из романов Маргерит Юрсенар*, главный
герой которого, ученый Зенон, кончает жизнь самоубийством, чтобы не пасть
от руки тех, кто находится на стороне невежества. Инсталляции выражают ужас
художницы, осознавшей частичное поражение в борьбе за то, чтобы мир стал
лучше. Кажется, что люди забыли о том, что такое жалость и больше не хотят
помогать друг другу, хотя бы немного. Кажется, что еще чуть-чуть –
и то, что мы называли прогрессом, перестанет быть таковым.

* Имеется в виду роман L'Euvre au noir, получивший в русском переводе название
«Философский камень»

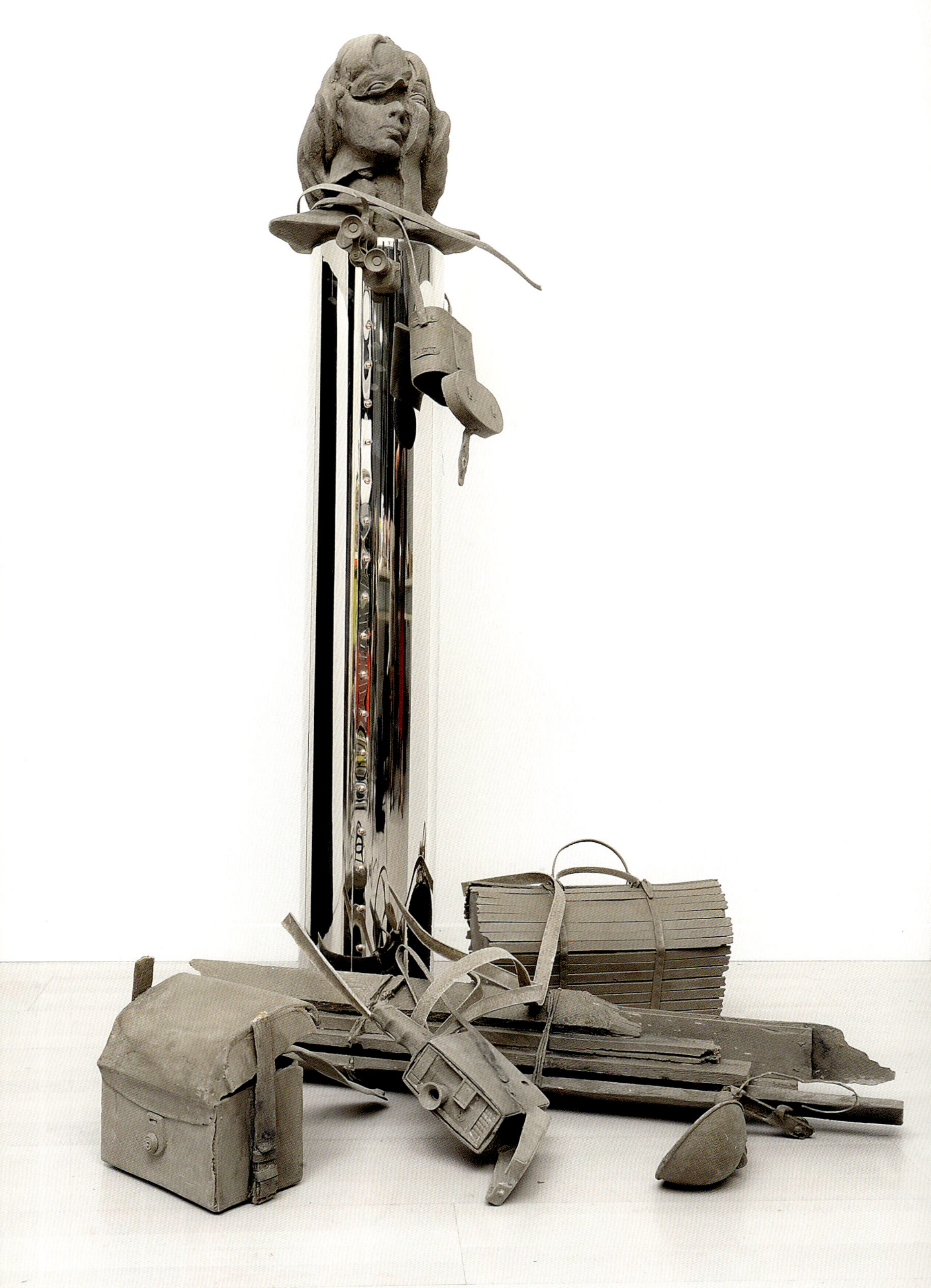

Portrait of the Artist as a Young Girl. The artist's head is broken, the simple instruments
for seeing lovingly, for understanding the world better and created by man himself,
binoculars, cine-camera, flash, with their cases, are reduced to gray casts,
petrified, together with the innocence that remains: a small child's school bag from
the early twentieth century and the desire to build, represented by a bundle
of broken pieces of wood, torn out from where they once served,
complete with their nails. Kept in a bundle, perhaps they may still be useful.
These objects surround a stele of polished steel, as sterile as a mortuary shelf.
Stuck on top is the head of the artist as a young girl, surrounded by useless objects,
relics of a time when it was acceptable to look, to build.

h. 140 x 100 x 120 cm (dimensions variable); mirror finish stainless steel, polyurethane resin, copper

Ritratto dell'artista da giovane. La testa dell'artista si è rotta, gli strumenti ingenui
per vedere amorevolmente, per capire meglio il mondo da lui stesso creato, binocolo,
cinepresa, flash, con i loro astucci, ridotti a calchi grigi, pietrificati, insieme
alla residua innocenza, un cestino dell'asilo di un bambino del primo Novecento,
e alla voglia di costruire, rappresentata da un fascio di legni spezzati, divelti da dove
servivano, ancora con i loro chiodi. Conservati in una fascina, forse serviranno ancora.
Questi oggetti circondano la stele d'acciaio lucido, asettica come un appoggio
da obitorio, sulla quale sta infissa la testa dell'artista, da giovane, circondata dagli oggetti
inservibili, relitti del tempo in cui era lecito guardare, costruire.

Портрет художницы в юности. Скульптурную головку – портрет художницы –
разбили. Бинокль, кинокамеру, импульсивный осветитель – невинные оптические
приборы, помогающие видеть, помогающие лучше понимать мир, самой
же художницей и созданный – заменили серыми, окаменевшими муляжами.
Окаменевшими, как и – сама наивность в остаточном своем проявлении! – корзинка
вроде тех, что носили дети в начале двадцатого века. Как и – выражение желания
строить! – связка поломанных, ставших бесполезными досок, из которых торчат
гвозди. Впрочем, доски могут еще пригодиться … Скульптурная головка установлена
на постаменте, блестящем и стерильном, словно стол в морге; все остальные предметы
лежат у его подножья. Таков портрет художницы в юности, окруженный непригодными
к использованию предметами: осколками времени, когда дозволено было и смотреть,
и строить.

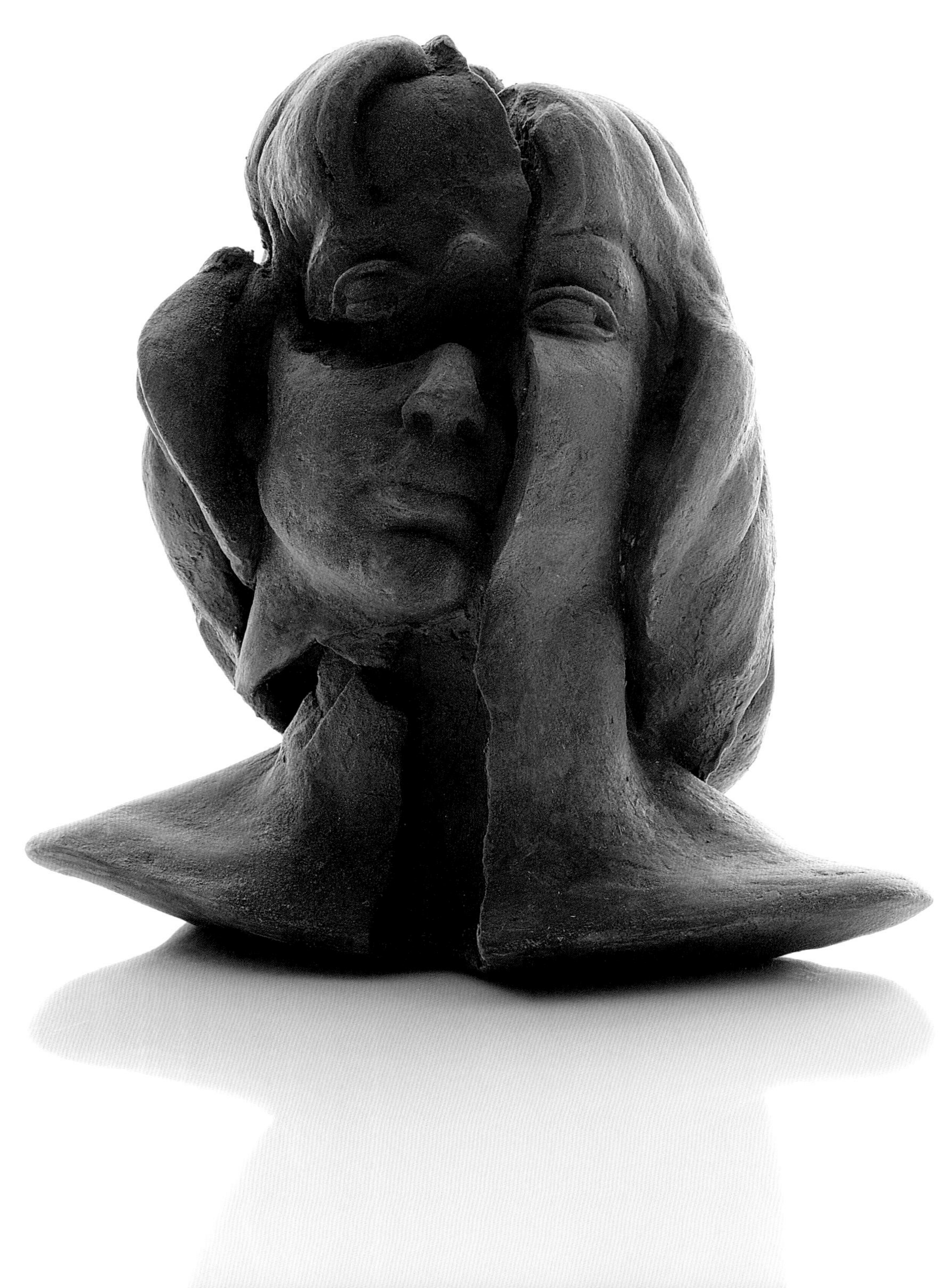

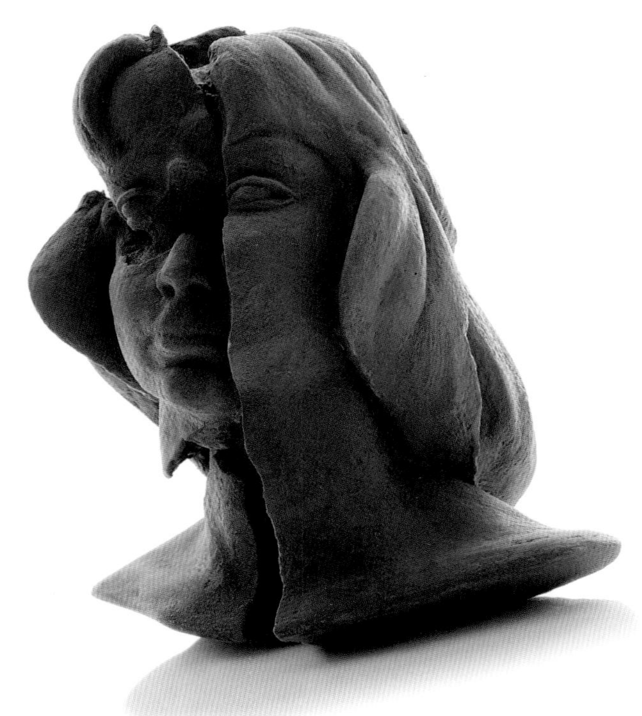

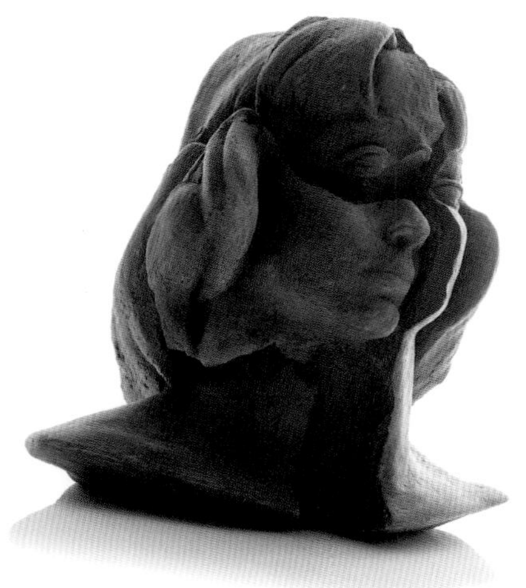

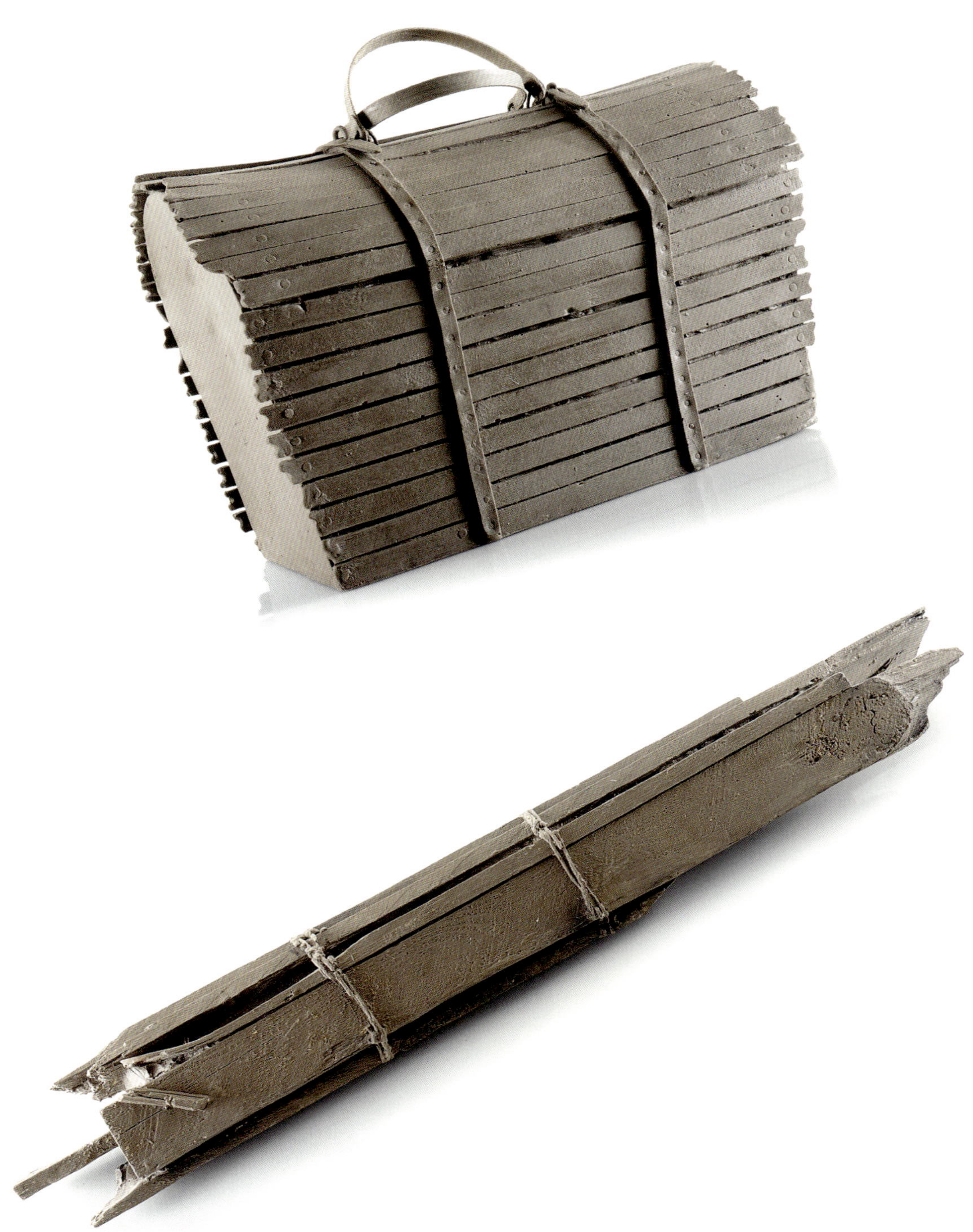

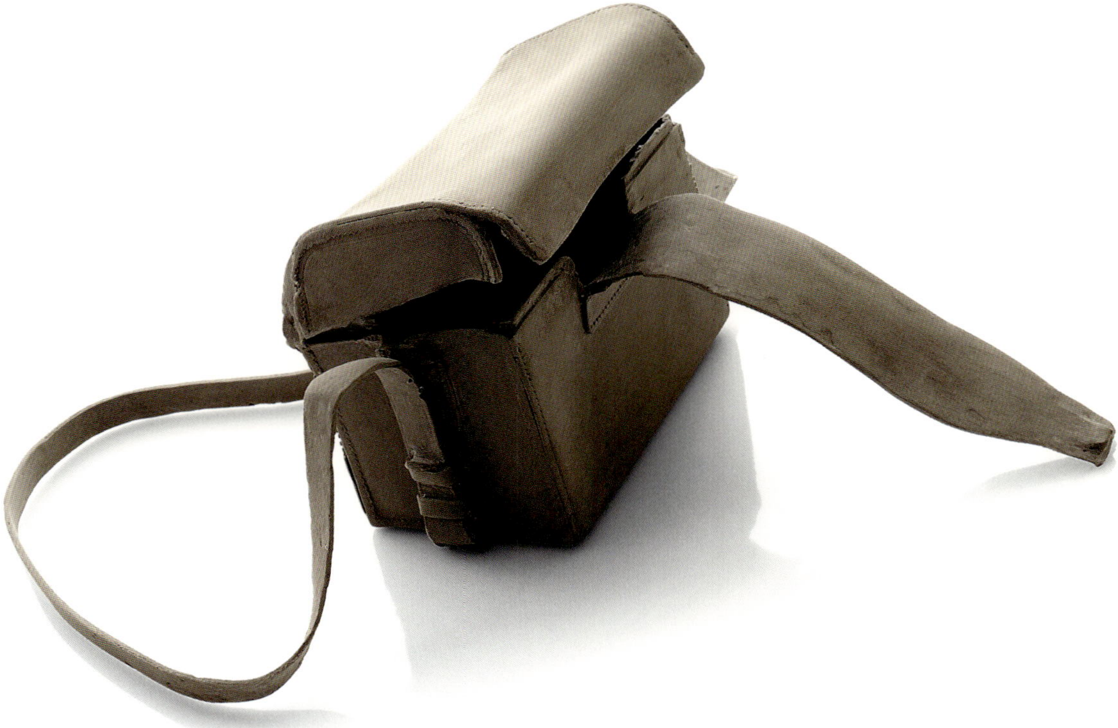

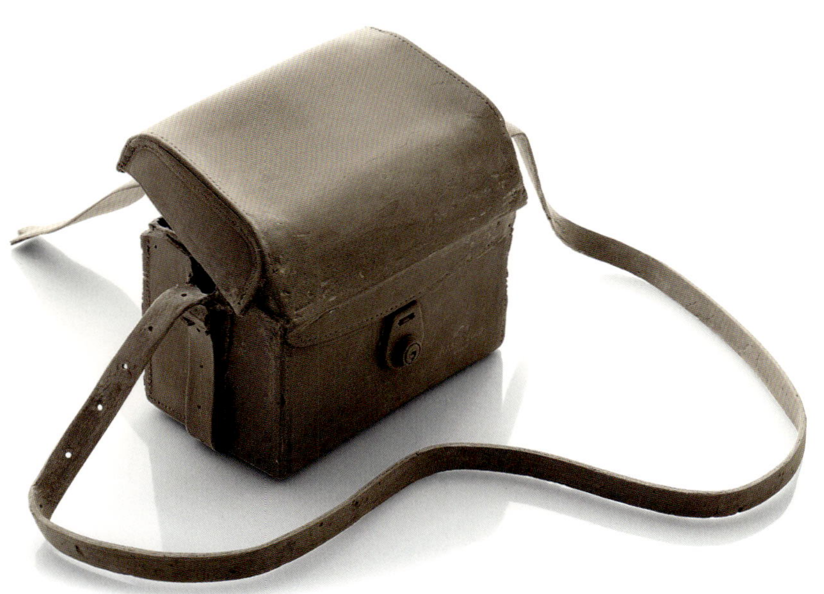

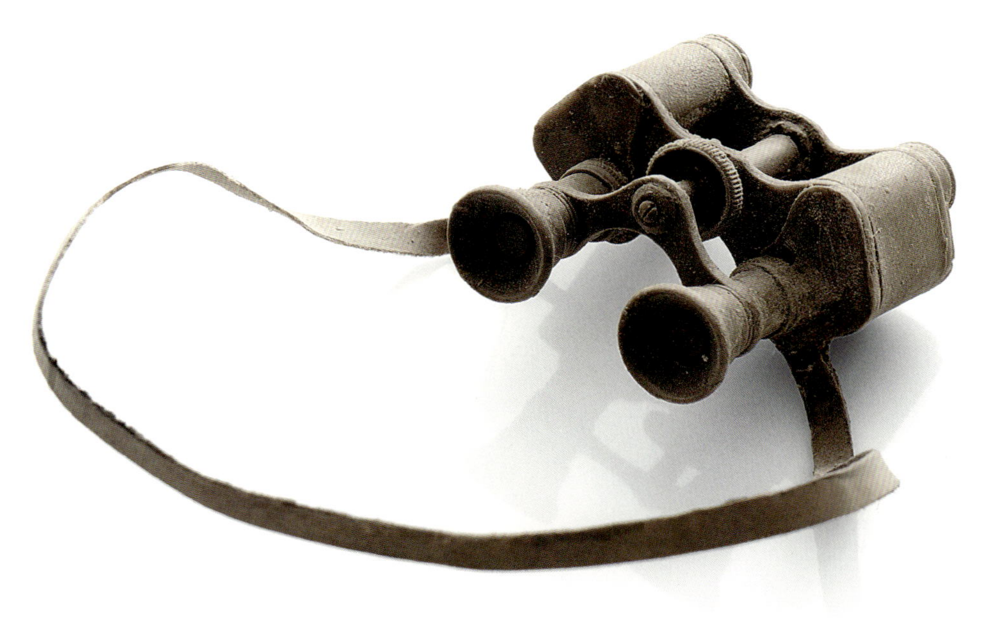

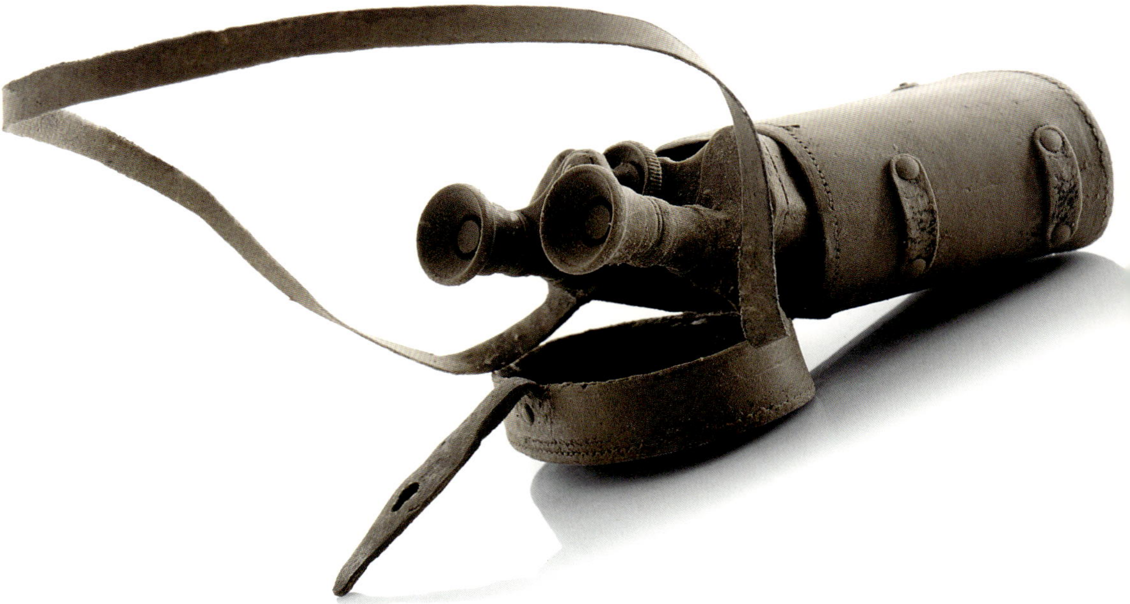

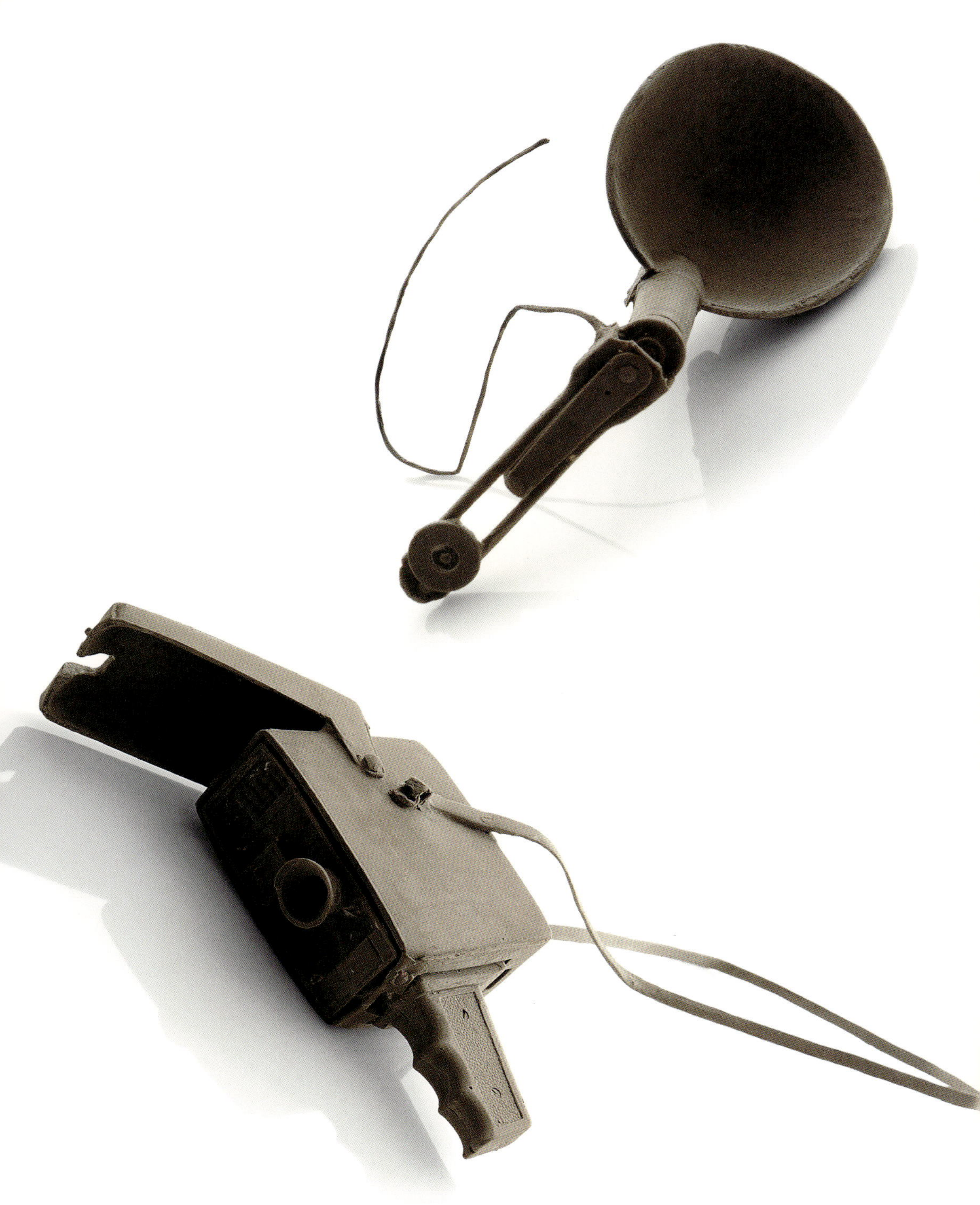

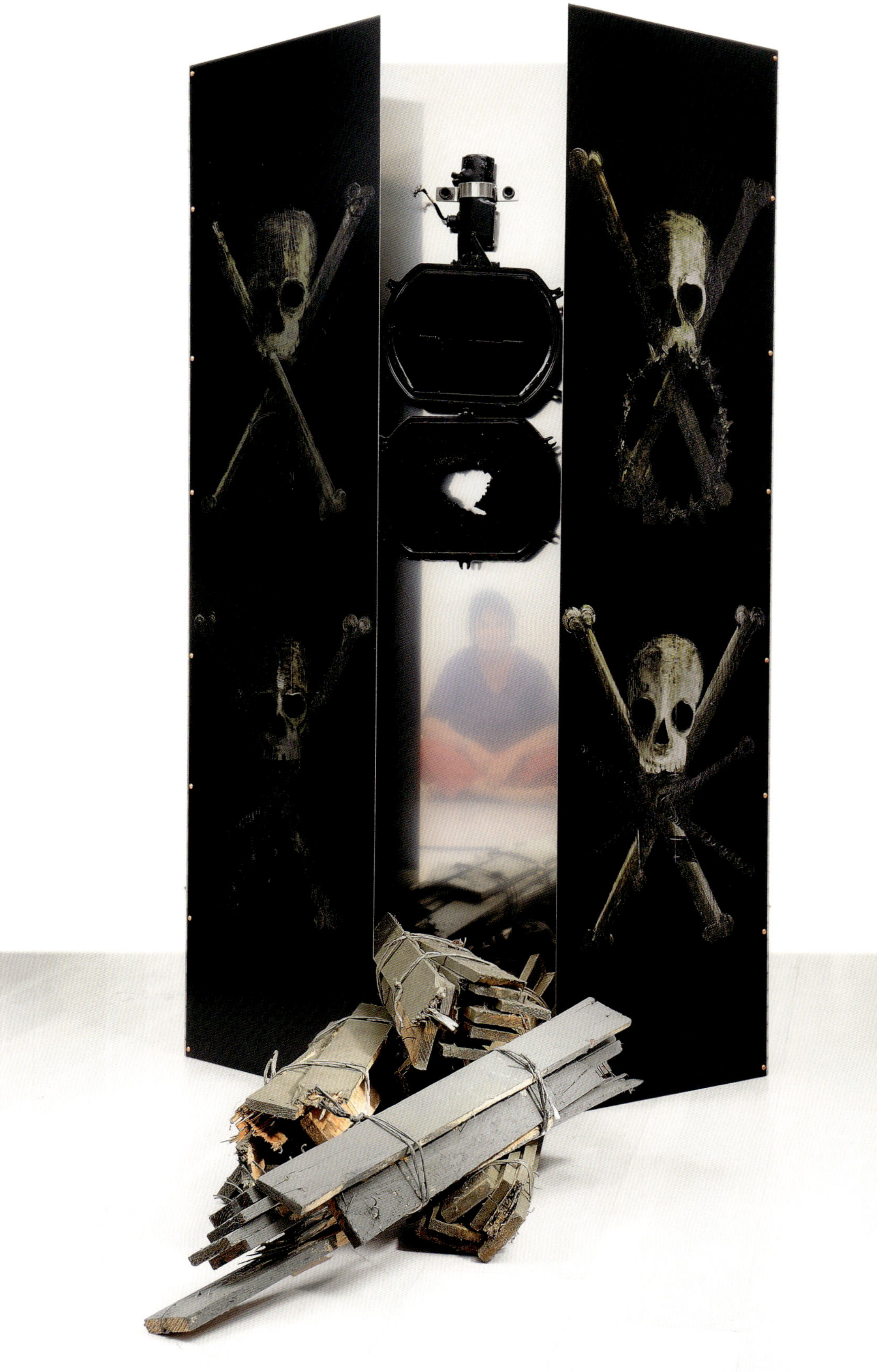

Alter Ego. The structure of our body, its bones, if not linked to the concept of death, has its own beauty. The *memento mori* created by the ancients use skulls woven with wreaths of ivy, with sickles, as holy water sprinklers. The skulls are often placed on books that in turn lie on scholars' desks. Almost as if death in its aesthetic were reserved for them while the bones of the poor soon disintegrated in mass graves. In this work elegant skulls adorn the steel door of an underworld of our day. Semi-closed, they let us glimpse a spotlight designed to produce a powerful light, but now broken and immersed in a flow of bitumen. Darkness is respected. Whoever looks at the semi-reflective plate on the floor can see himself and be absorbed into the semi-darkness, which here is physical, but only because the language of art is not solely symbolic but also metaphoric. Access, however, is hindered by bundles of construction wood, piled up and now useless.

h. 179 x 160 x 100 cm; mirror finish stainless steel, digitally printed steel, painted wood, die-cast aluminum coated with bitumen

---

Alter Ego. La struttura del nostro corpo, le ossa, se non identificate con il concetto stesso di morte, ha la sua bellezza. I *memento mori* creati dagli antichi, usano teschi intrecciati a coroncine d'edera, a falci, aspersori per l'acqua santa, sono spesso posati, i teschi, su libri che stanno a loro volta sul tavolo dello studioso. Quasi che la morte, nella sua estetica, fosse loro riservata, mentre le ossa dei poveri si scioglievano presto nelle fosse comuni. In questo lavoro teschi eleganti decorano le porte di acciaio di un oltretomba dell'oggi che, semichiuse, lasciano intravedere un faro concepito per illuminare potentemente, che ora è rotto, immerso in una colata di bitume. Il buio è rispettato. Nella lastra semispecchiante del fondo, chi guarda vi si può riconoscere e assimilare alla semioscurità, qui fisica ma solo perché il linguaggio dell'arte è simbolico ma anche metaforico. L'accesso è però impedito da fascine di legni da costruzione, ammucchiate e ormai inservibili.

Alter Ego. Скелет, кости, если не идентифицировать их самим понятием смерти, имеют свою красоту. При создании оссуариев – *memento mori!* – наши предки перевязывали черепа побегами плюща; их использовали в качестве кропила – или клали на книги, а книги эти, в свою очередь, лежали на столах у ученых. Как если бы им принадлежала сама эстетика смерти, в то время как кости бедных людей обречены были гнить в общих могилах.

В этой инсталляции элегантные черепа украшают стальную дверь в загробный мир – такой, каким представляет себе его современный человек. В проеме полуоткрытых створок двери висит фонарь. Такие фонари светят ярко – но этот сломан, этот залит битумом. Тьма остается тьмой. Зритель может разглядеть смутное свое отражение в тусклом зеркале, установленном за дверью, и тем самым адаптироваться к полутьме, физической, но не только, ибо язык искусства – язык символов и метафор. При этом вход в загробный мир завален связками строительных досок, непригодных к использованию.

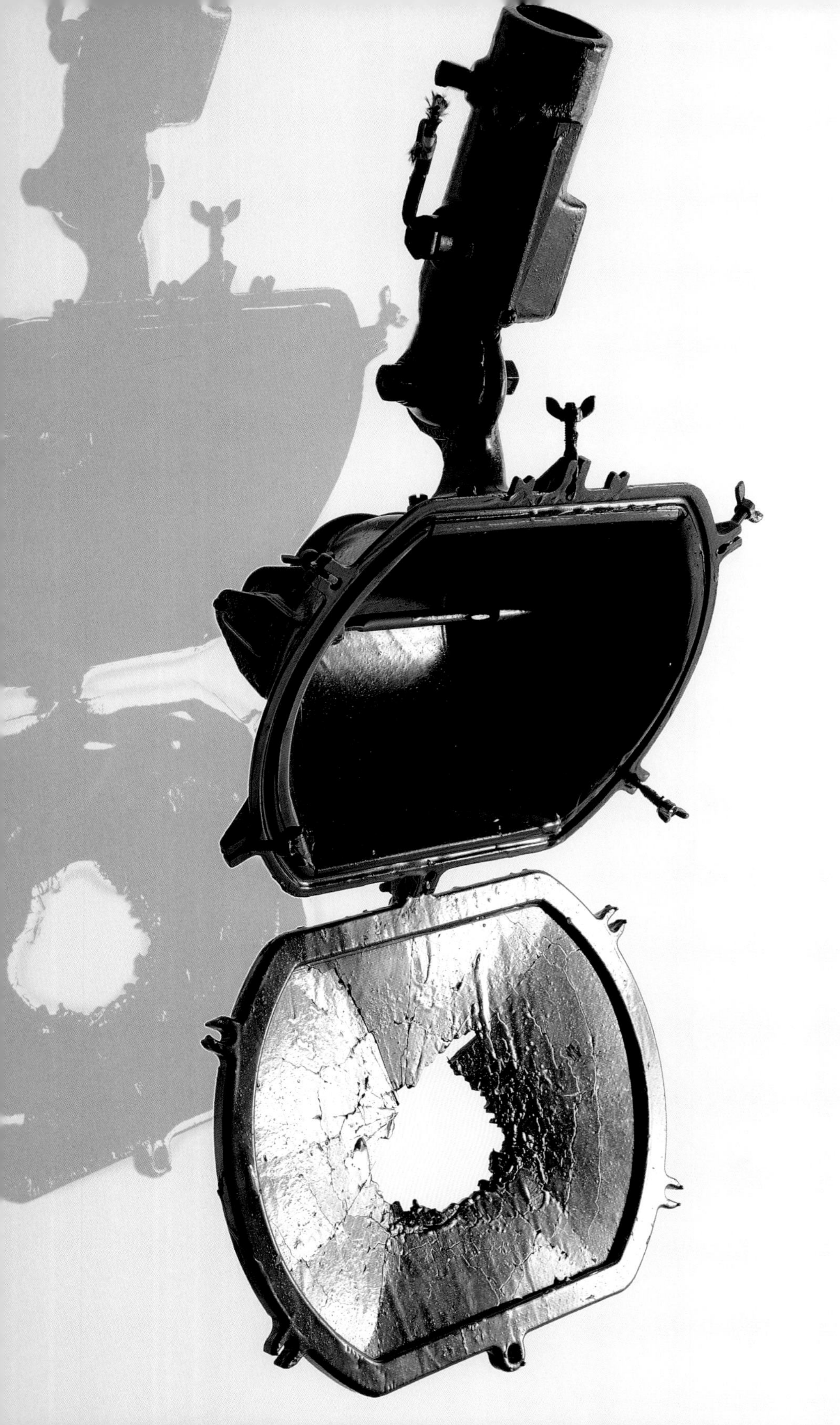

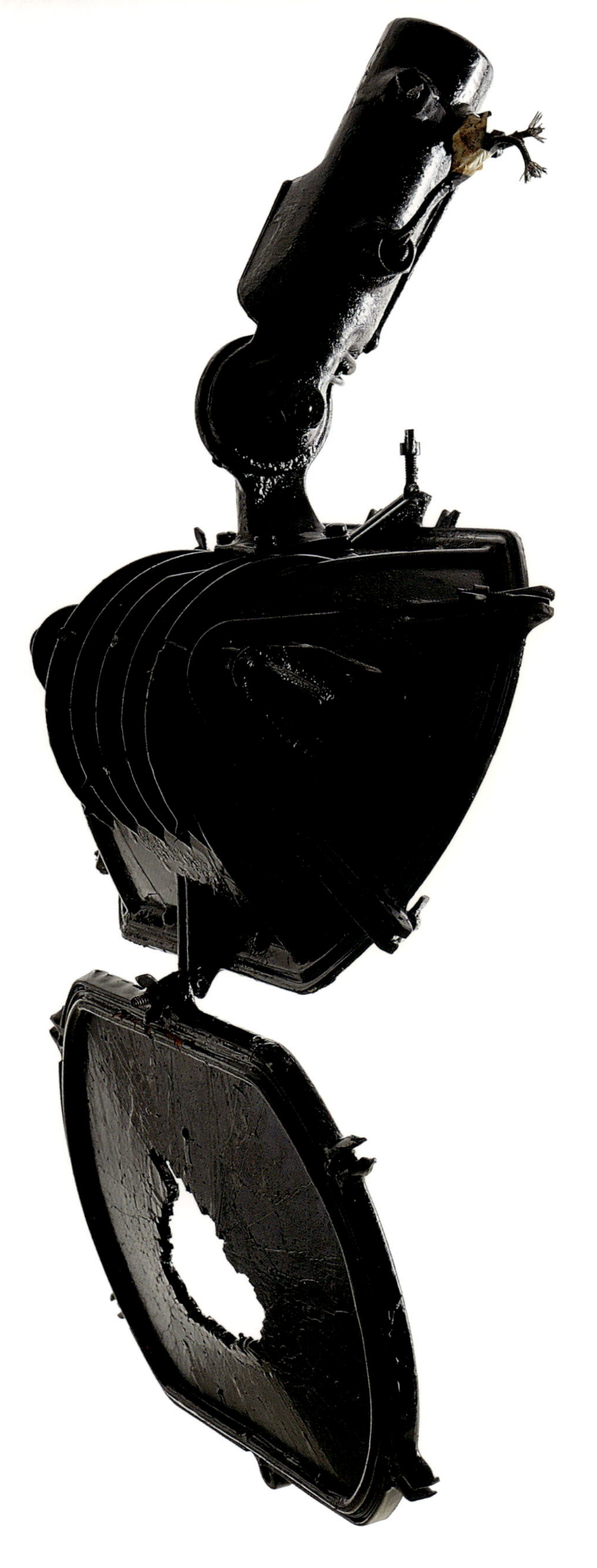

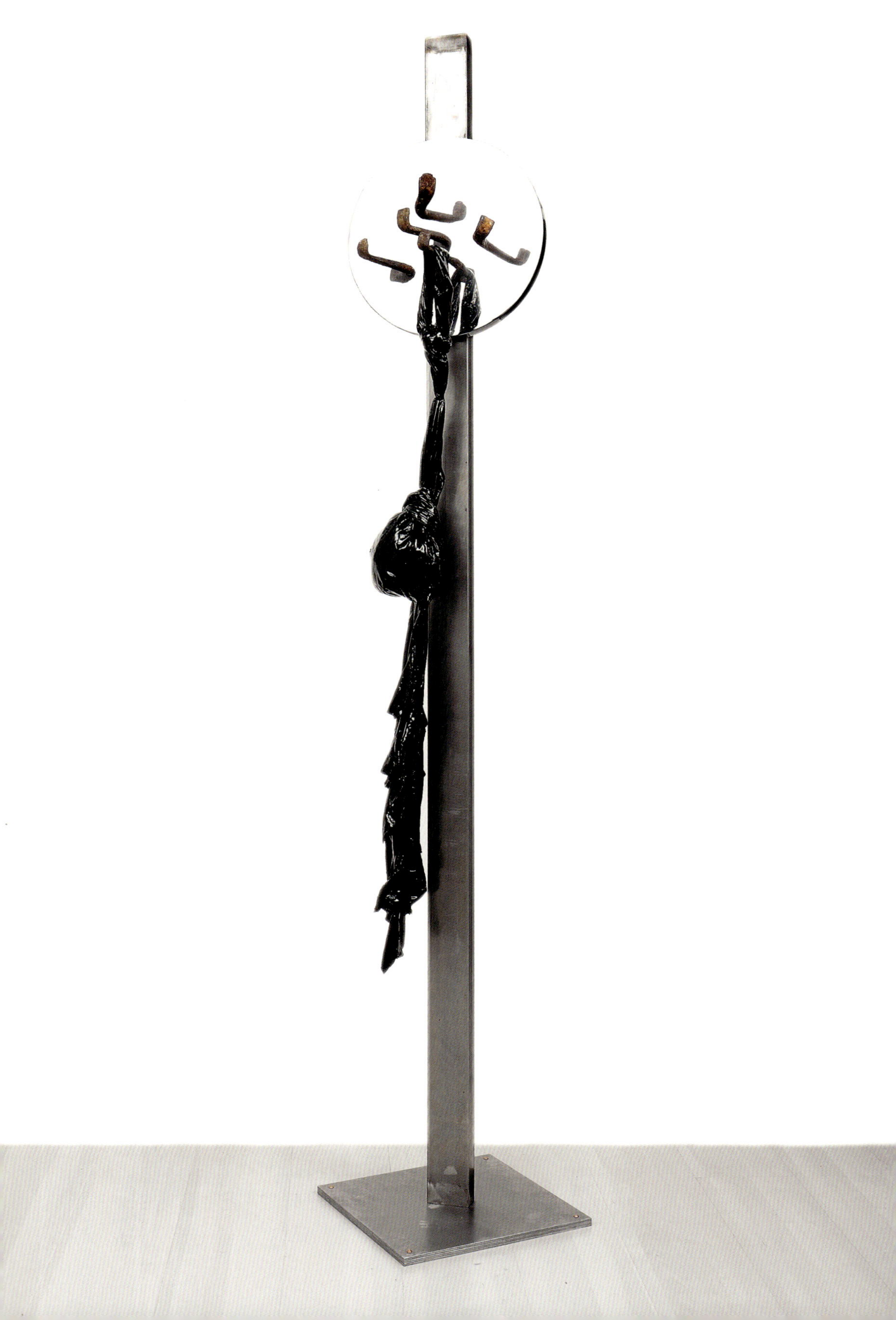

Shroud. The clot of congealed blood with its rivulets has drained forever from the veins of Zeno, the scientist and philosopher. The wretched remains hang from one of the rusty hooks set into in a shiny disc—a shield or target—where other hooks await other remains. The whole display, presented on a high bar so as to be visible, to serve as a warning, acquires in this way its own "beauty" as a macabre trophy.

h. 220 x 55 x 55 cm; steel, iron, polyurethane resin, epoxy paint

---

Sudario. Il grumo di sangue rappreso, con le sue sfilacciature, è colato per sempre dalle vene dello scienziato e filosofo Zenone. I miseri resti stanno appesi ad uno dei ganci arrugginiti, infissi in un disco lucido, scudo o bersaglio, dove altri ganci attendono altri resti.
Il tutto, esibito su un alta barra, perché sia visto, preso a monito, acquistando così una sua bellezza di trofeo macabro.

Саван. Комок запекшейся крови – крови, вытекшей из жил Зенона, ученого и философа. Жалкий этот остаток подвешен на ржавый крюк, вбитый в блестящий диск (не то щит, не то мишень), вместе с другими крюками, что ждут своего часа.
В свою очередь, диск закреплен на высоком штативе – чтобы все видели это грозное предупреждение, обретающее особую красоту грозного трофея смерти.

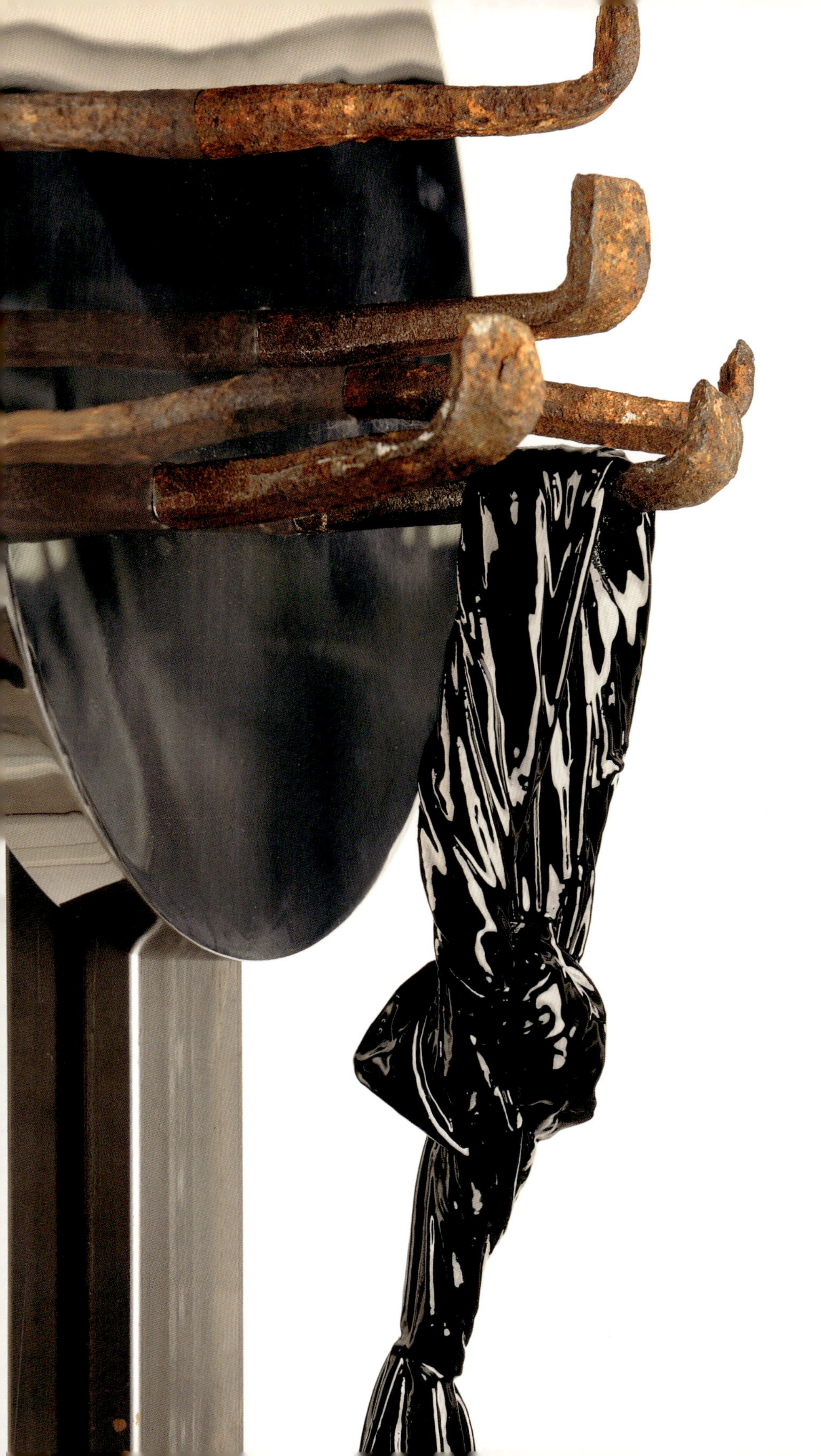

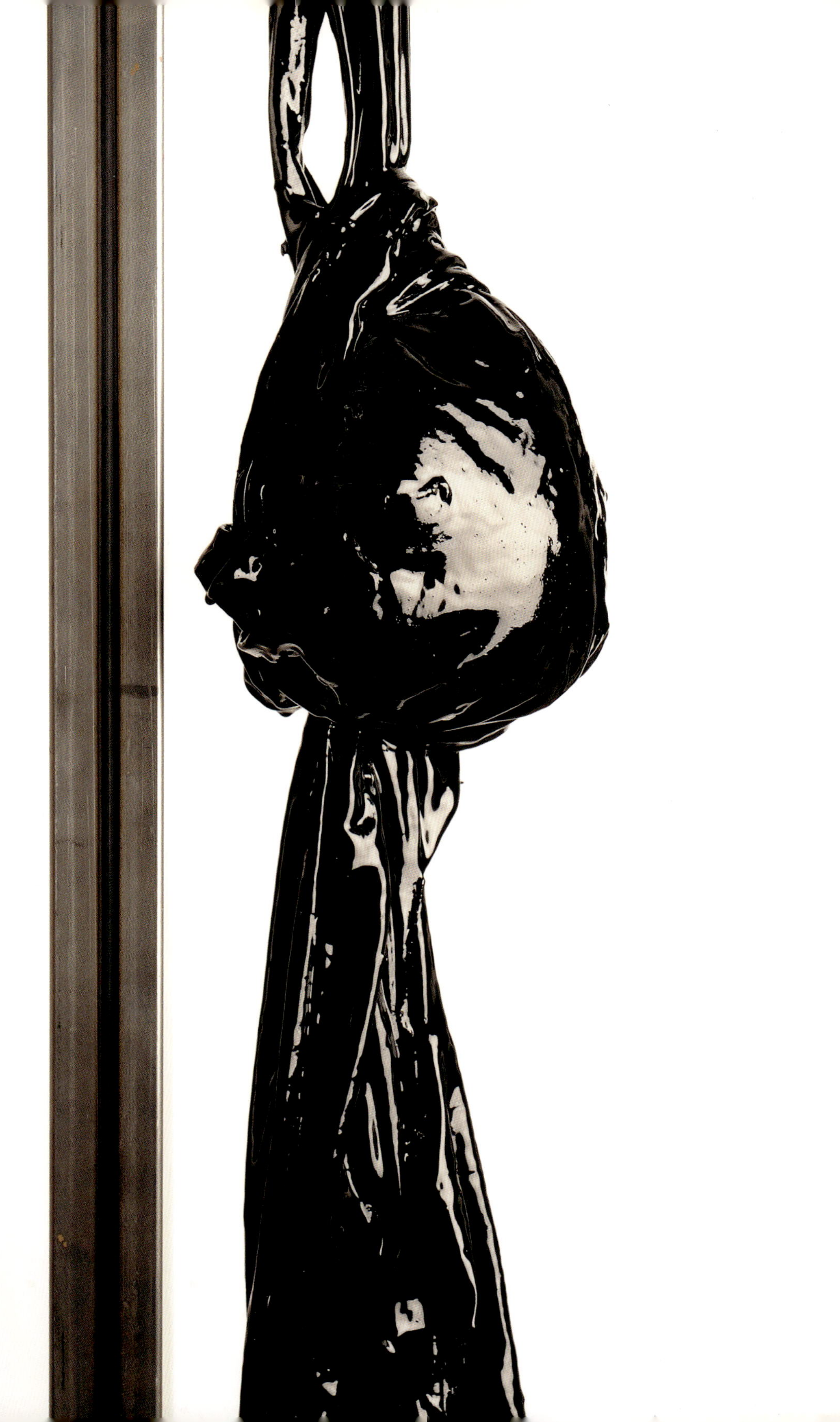

ECCE HOMO

2005–2009

The threshold between reason and madness, the worst loneliness. The bodies of the sick are useless wrecks, cared for as little as possible. Yet the sick in this cycle maintain an amazing dignity, heads bowed, they have nothing to look at. On behalf of them, the gaze of a monkey tortured in scientific experiments says everything, touching us profoundly. Its almost human face contains the immense pain of those who do not know why they are suffering.

The photos come from a present-day mental asylum in a European country, while that of the monkey is from a newspaper article. The use of geometry, which through arithmetical calculation could always be related to the six faces of the cube, no longer has any reason to exist here. There is no possible logic for portraying the condition of a person who is, or is considered to be, mentally ill. The images are presented in an opening in space where the vanishing points are disconnected from any logical perspective. However, the artist has created zinc boxes that contain the last relics of lives now lost in the impenetrability of their detention—first and foremost the prison of the mind. The woman, who still retains the modesty to pull down her nightgown, has two broken bricks from her home in the box. The two women entwined with one another on the sagging bed have a sample of their hair; the half-naked woman slowly dressing herself has a wreath of bronze flowers; the woman dressed as if in a concentration camp has tourniquet cords; the man with the bowed head listening to the sound of his own thoughts, or to nothing, has a box of shells; the beautiful woman lying under a table, where only her buttocks can be seen, has some twigs cast in lead. And there are gambling chips, pieces of puzzle that can no longer be put together; there is sheet metal from the rolling door that has been pulled down in front of these lives. The monkey has fragments of an Etruscan vase because it is the same desire to know that produces both art and cruel experimentation at all costs.

"St. Andrew's cross" in galvanized sheet metal containing firewood and cotton wool (h. 165 x 100 x 16 cm).
The other ten works are composed of photographic images elaborated and digitally printed on Fabriano paper mounted on forex, then retouched with pastels, pigments, collage. Aluminum, zinc, wood, bronze, sheet metal, latex, lead, bakelite, terracotta.

Woman under the Table, h. 100 x 210 x 45 cm (variable dimensions) + zinc and lead box
Two Women Lying on a Bed, h. 100 x 210 x 45 cm (variable dimensions) + zinc box and wire
Woman Dressed in Stripes with Shaved Head, h. 100 x 210 x 45 cm (variables dimensions) + zinc box and latex
A Man Intent On His Own Voice, h. 155 x 106 x 20 cm +zinc box with shells
Modest Woman, h. 102 x 153 x 20 cm + zinc box and bricks
Mutilated Man Inside a Cage, h. 155 x 106 x 20 cm + zinc cross, wood, paper, small engine
Two Men in the Open Air, h. 75 x 131 x 15 cm (variable dimensions) + zinc box with gambling chips
Woman With a Bare Back, h. 54 x 131 x 15 cm (variable dimensions) + zinc box and sheet metal
Bare-chested Woman Making the Bed, h. 54 x 131 x 15 cm (variable dimensions) + zinc box with bronze
Monkey, h. 103 x 153 x 20 cm + zinc box and terracotta

La soglia tra ragione e follia, la peggiore solitudine. I corpi dei malati sono relitti
inservibili, accuditi il meno possibile. Eppure gli ammalati presenti conservano,
in questo ciclo, una dignità stupefacente, a testa bassa, non hanno nulla da guardare.
Per loro, dice tutto lo sguardo, che scende nel nostro profondo, di una scimmia torturata
da esperimenti scientifici. In quel muso/volto quasi umano, sta il dolore immenso di chi
non sa perché sta soffrendo.
Le foto provengono da un manicomio in un paese europeo, ai nostri giorni,
mentre quella della scimmia da un articolo di giornale.
L'utilizzo della geometria che, con calcolo aritmetico, si poteva sempre ricondurre
alle sei facce del cubo, qui non ha più ragione di esistere. Non c'è logica possibile
che deve raffigurare la condizione di chi è, oppure viene considerato, malato di mente.
Le immagini sono introdotte in una imboccatura di spazio con i punti di fuga alienati da
ogni logica prospettica.
L'artista ha invece creato delle scatolette in zinco, contenenti le ultime reliquie
di vite ormai perdute nell'impenetrabilità della detenzione, dentro alla propria mente,
innanzitutto.
La donna che ha ancora il pudore di tirarsi giù la camicia da notte, ha nella scatola due
mattoni rotti, della sua casa. Le due donne incastrate l'una all'altra, sulla branda sfondata,
hanno un campione dei loro capelli, la donna seminuda che si veste lenta,
ha un serto di fiori di bronzo, la donna vestita come nel campo di concentramento,
ha dei lacci emostatici, l'uomo che a capo chino ascolta il rumore dei propri pensieri,
o del nulla, ha una scatola di conchiglie, la donna bellissima buttata sotto un tavolo,
se ne intravede solo il sedere, ha dei rametti fusi in piombo, e ci sono *fiches*, pezzi
di puzzle ormai non ricostruibile, c'è la lamiera proveniente dalla saracinesca
che si è chiusa davanti a queste vite. La scimmia ha frammenti di vaso etrusco,
perché è la stessa voglia di sapere che produce sia l'arte che la crudele sperimentazione,
ad ogni costo.

"Croce di Sant'Andrea" in lamiera zincata contenente legni combusti e ovatta (cm 165 x 100 x 16).
Le altre dieci opere si compongono di immagini fotografiche elaborate e stampate in digitale, su carta Fabriano
montata su forex, quindi ritoccate a pastello. Pigmenti, collage.
Alluminio, zinco, legno, bronzo, lamiera, lattice, piombo, bachelite, terracotta.

На грани между разумом и безумием – вот где самое страшное одиночество. Тела
больных – как непригодные более к использованию реликты, за которыми уже никто
не ухаживает. И все же больные на фотографиях, использованных при создании
цикла, сохраняют невероятное достоинство. Почти у всех у них – опущенная голова,
ибо смотреть им не на что.

За них говорит пронизывающий нас до самых наших глубин взгляд обезьяны,
замученной в научных целях. На этом почти человеческом лице – бесконечная боль
того, кто обречен страдать и не знает, за что.

Фотографии больных были сделаны в наши дни в психиатрической лечебнице одной
европейской страны; фотография обезьяны взята из печатного издания.

Здесь нет места геометрии и арифметическим подсчетам, позволявшим свести все
соотношения к размерам шести граней куба. Никакая логика не поможет выразить
условия бытия психически больных или тех, кого считают психически больными.

Изображения расположены в пространстве таким образом, что точки схода в
перспективе лишены самой этой перспективы.

Художница включила в инсталляции оцинкованные коробки с последними
реликвиями жизни этих людей. Жизни, оставшейся по ту сторону отделившей их от
мира стены, – стены собственного безумия, в первую очередь.

В коробке женщины, не решающейся одернуть ночную рубашку, лежат битые
кирпичи – кирпичи ее бывшего дома. В коробке женщин, стиснутых разбитой
кроватью, лежат срезанные пряди их собственных волос. А вот не спеша одевается
полуголая женщина: ей принадлежит отлитый из бронзы венец цветов. Вот женщина
в одежде из концлагеря: ей достались кровоостанавливающие жгуты. Мужчине,
который, склонив голову, слушает гул собственных мыслей, достались ракушки.

В коробке прекрасной женщины, забившейся под стол (нам виден лишь ее зад),
лежат свинцовые веточки. А вот коробка с жетонами – кусочками мозаики, которую
уже не собрать, вот кусочек металлических ставней, оставивших этих людей без
света. В коробке обезьяны – осколки этрусской вазы: жажда знания побуждает
людей создавать произведения искусства – и она же толкает их на путь жестоких
экспериментов.

«Андреевский крест» из оцинкованного металла, внутри – обгорелая древесина и вата. (165 x 100 x 16 см).
Остальные десять инсталляций представляют собой композиции из фотографий, в цифровой обработке;
цифровая печать на бумаге «Фабриано», подретушировано пастелью. Красители, бумага «Фабриано»,
коллаж. Пастель, алюминий, цинк, дерево, бронза, металл, латекс, свинец, бакелит, терракота.

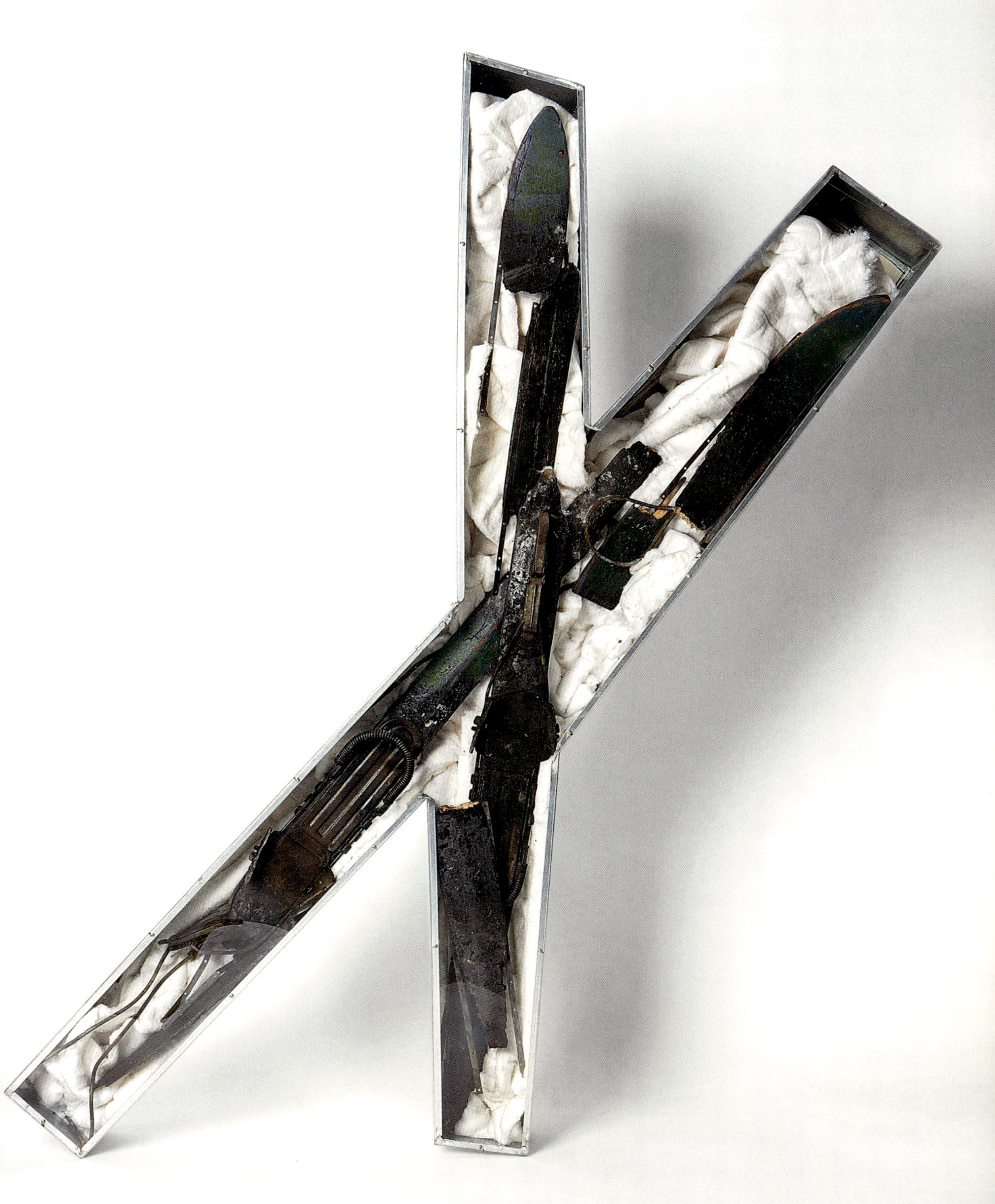

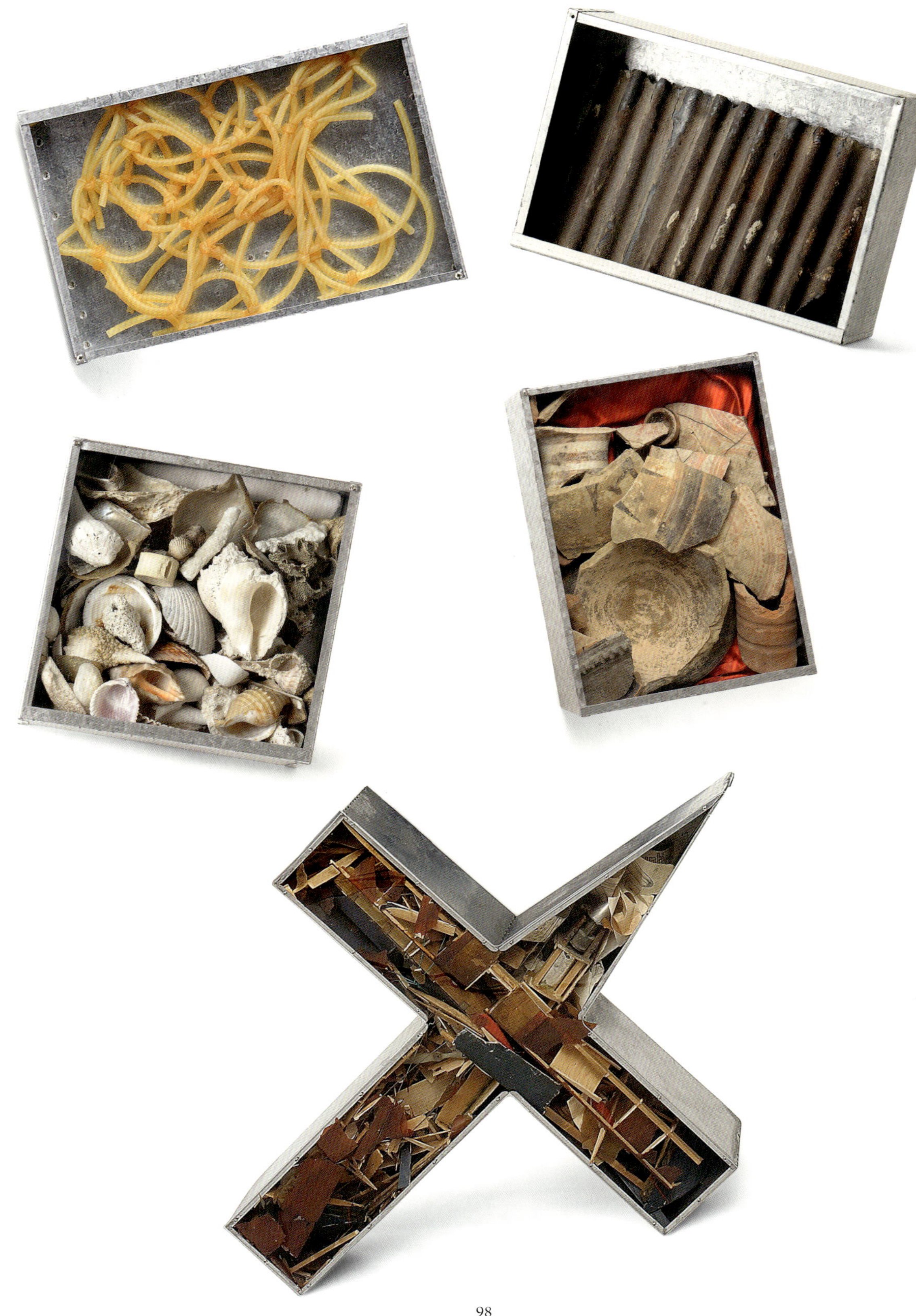

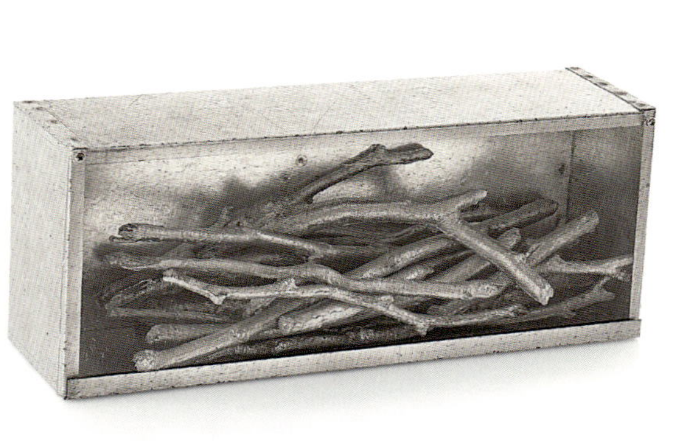
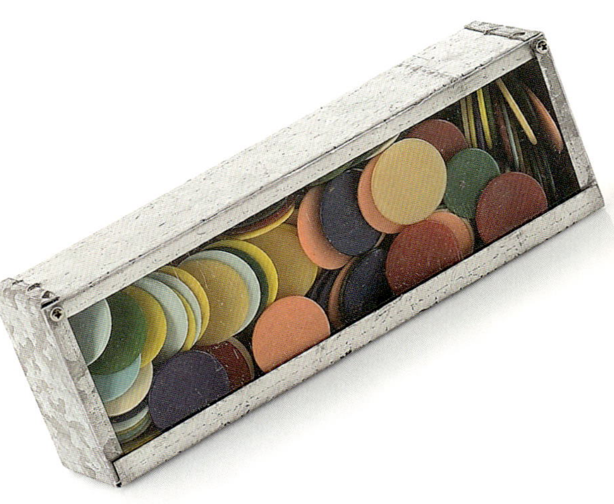
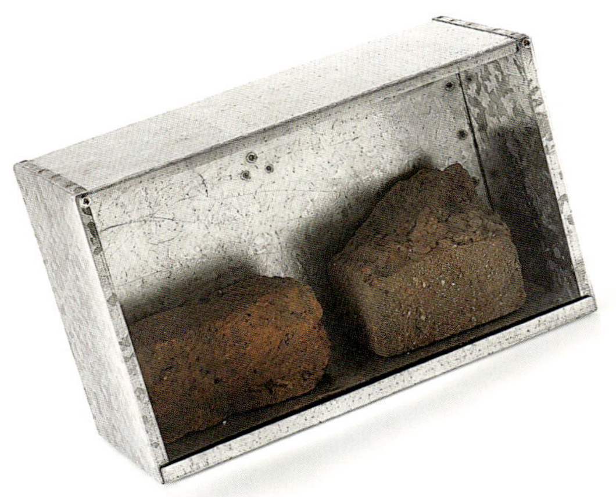
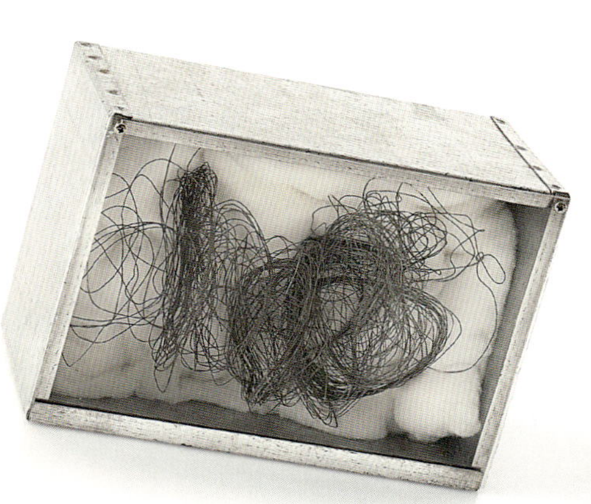
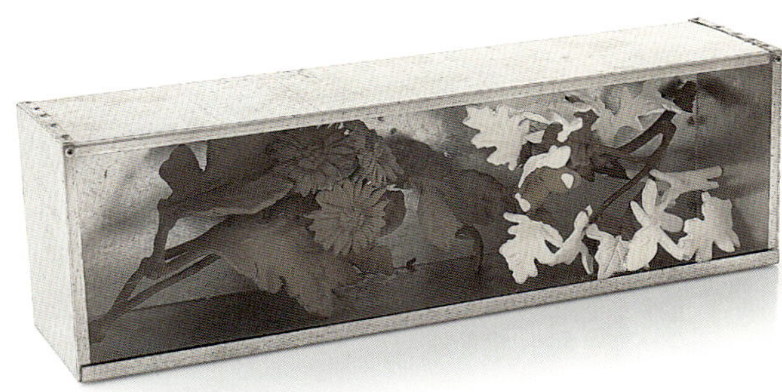

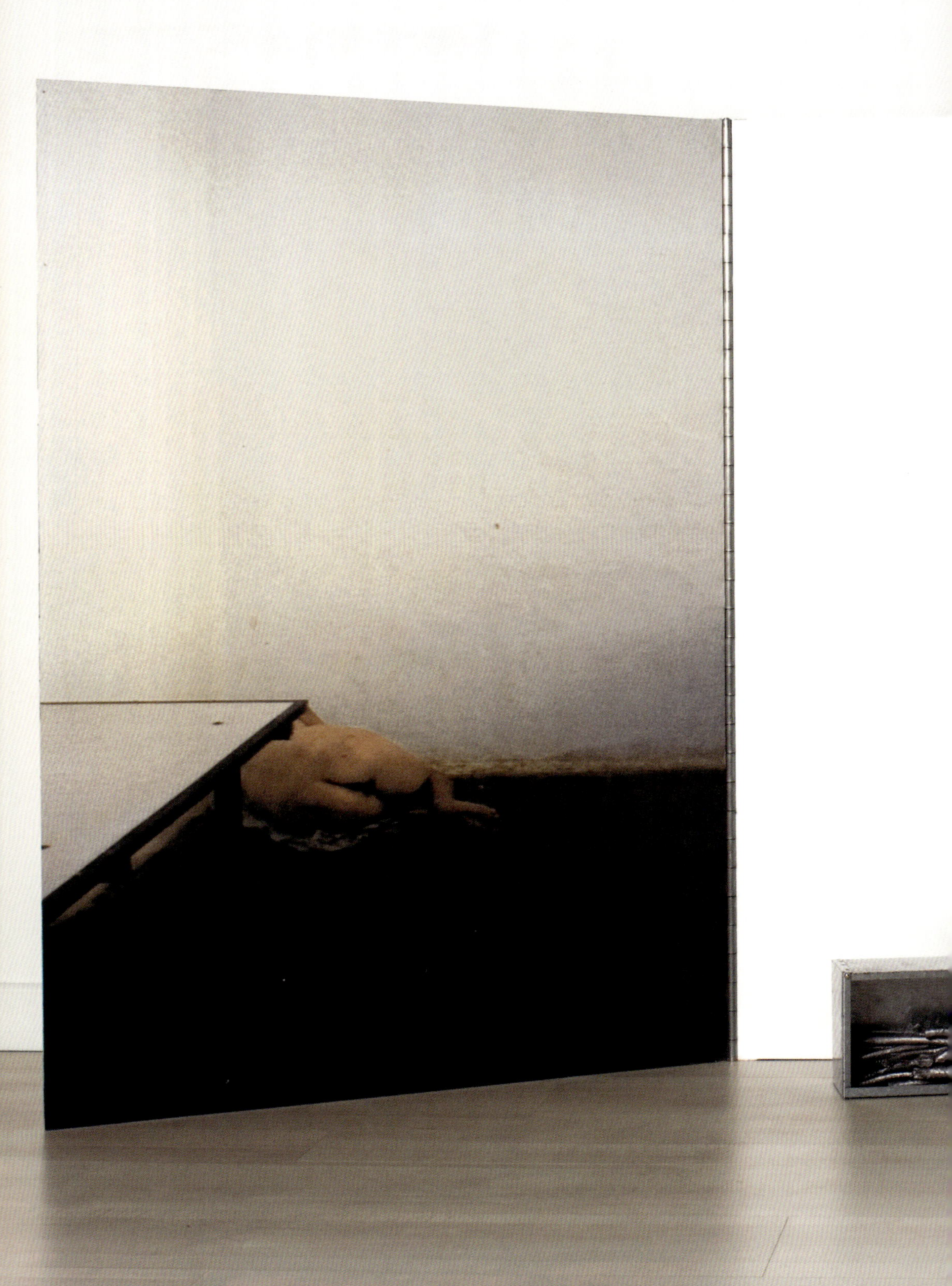

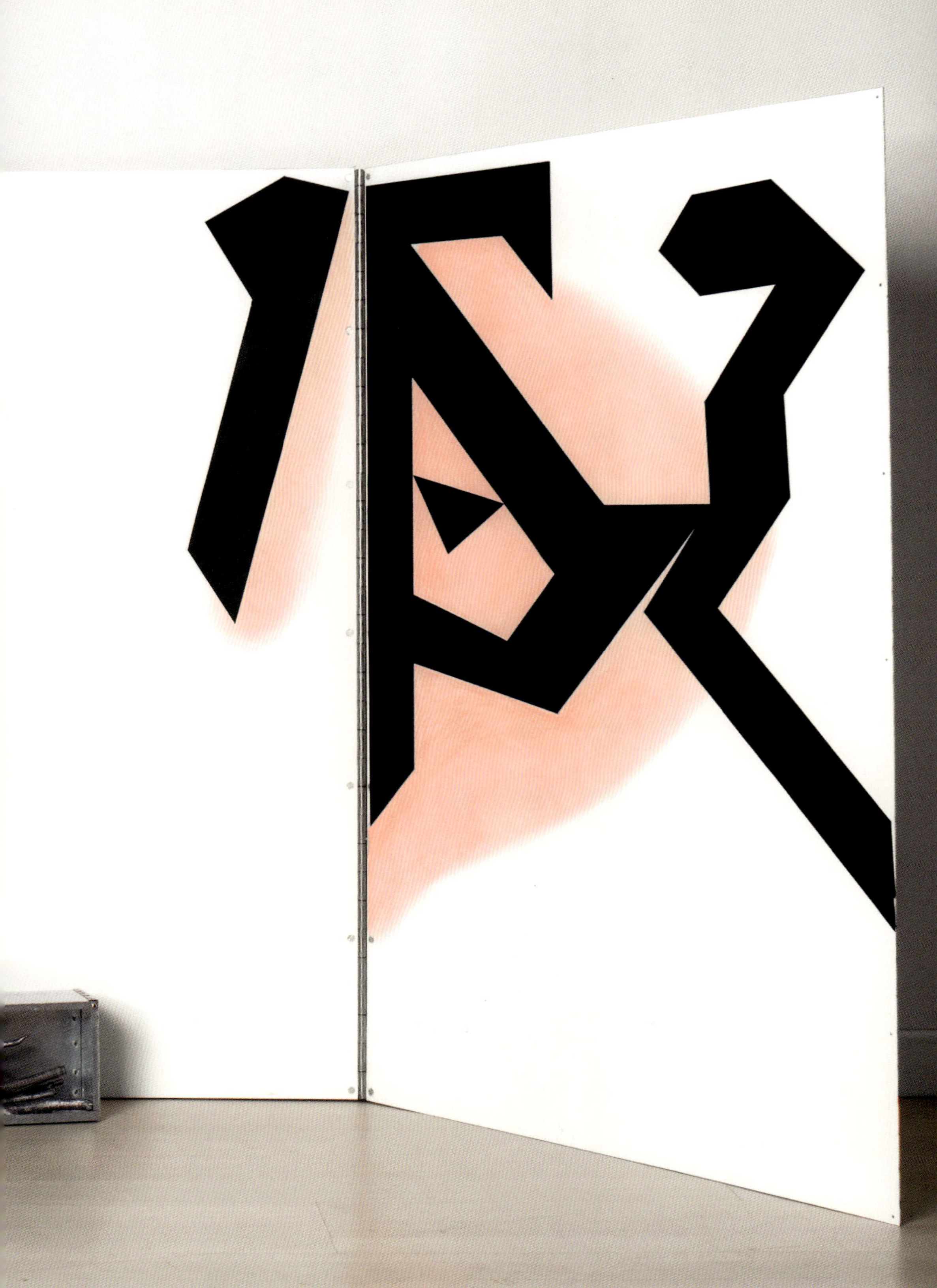

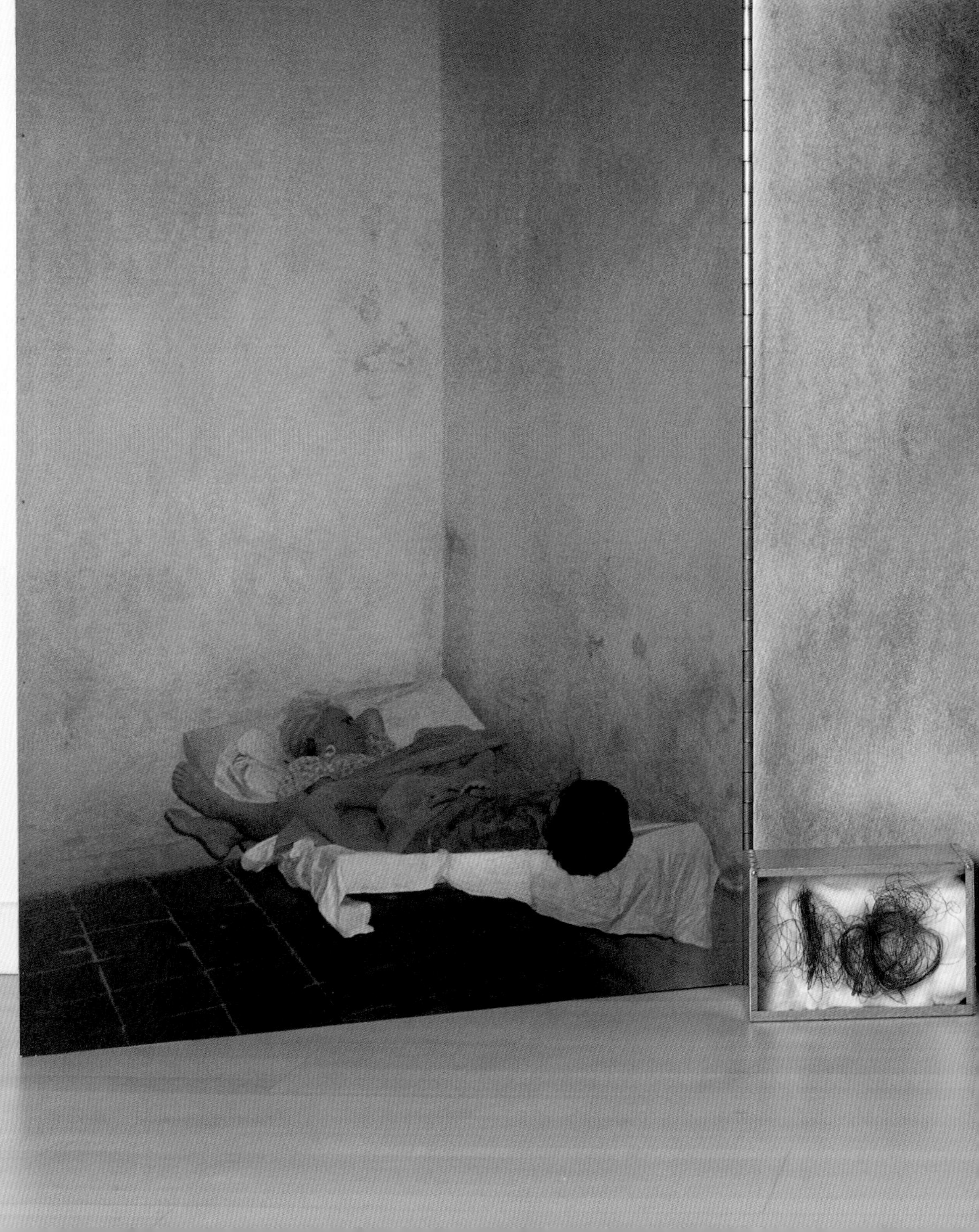

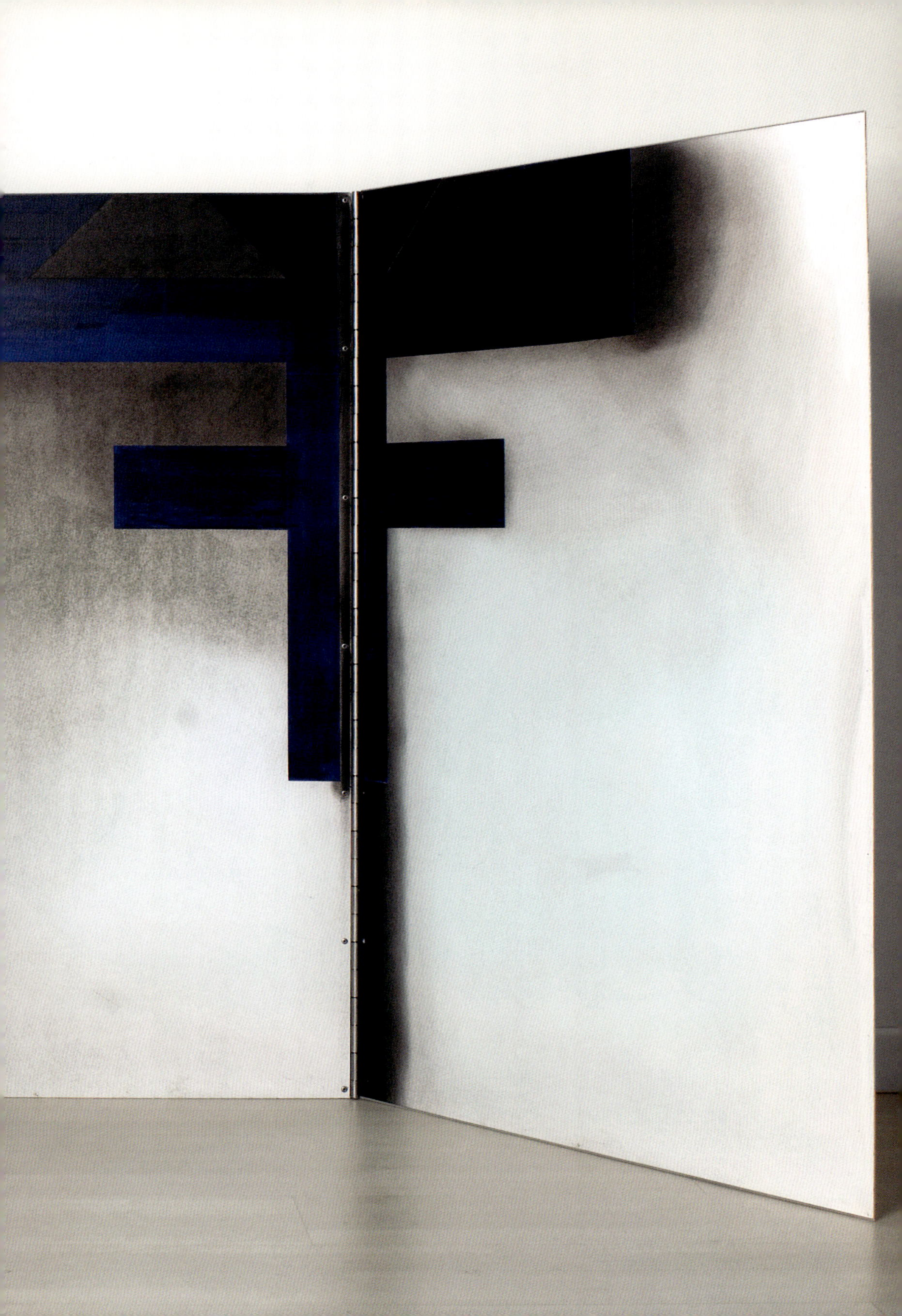

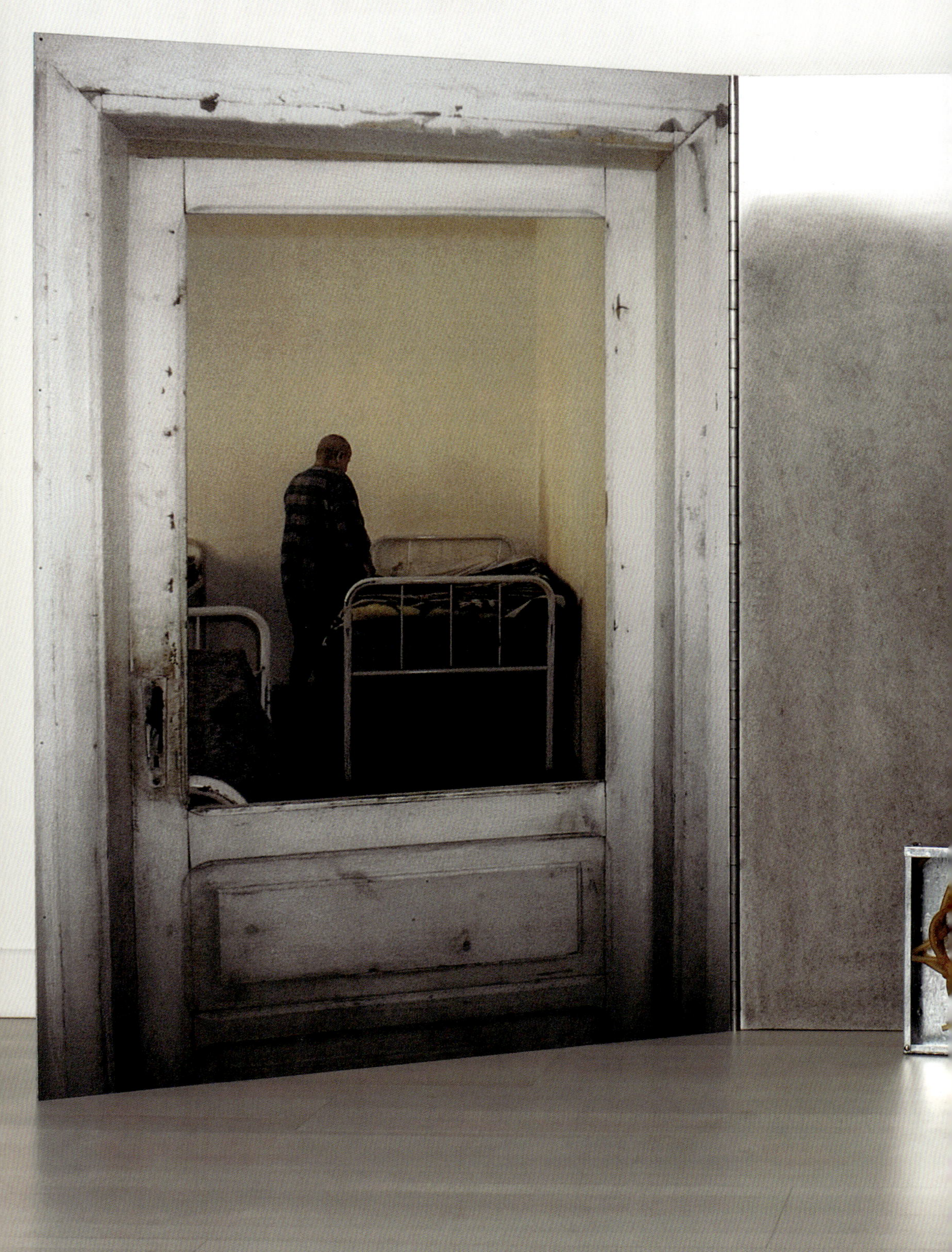

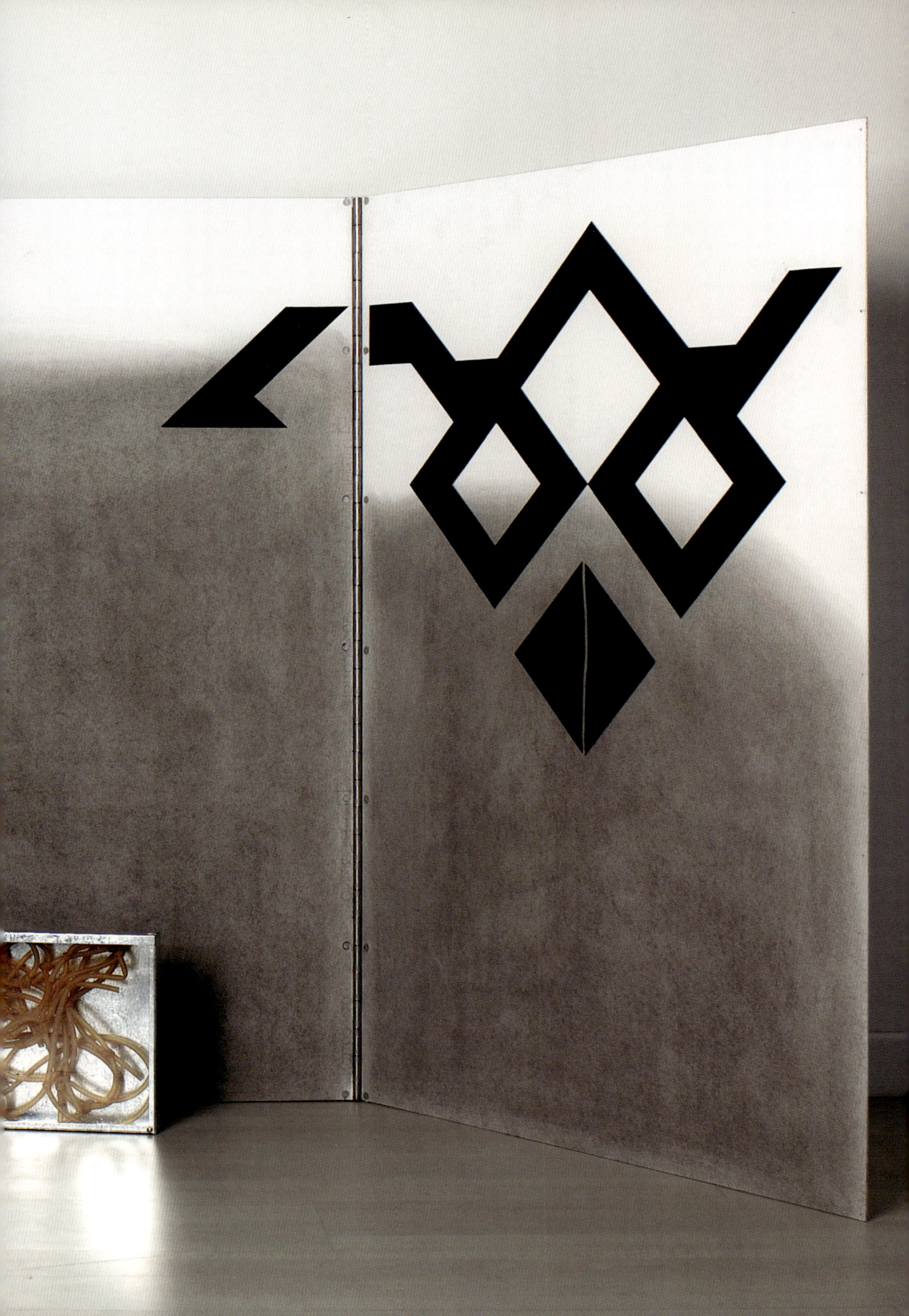

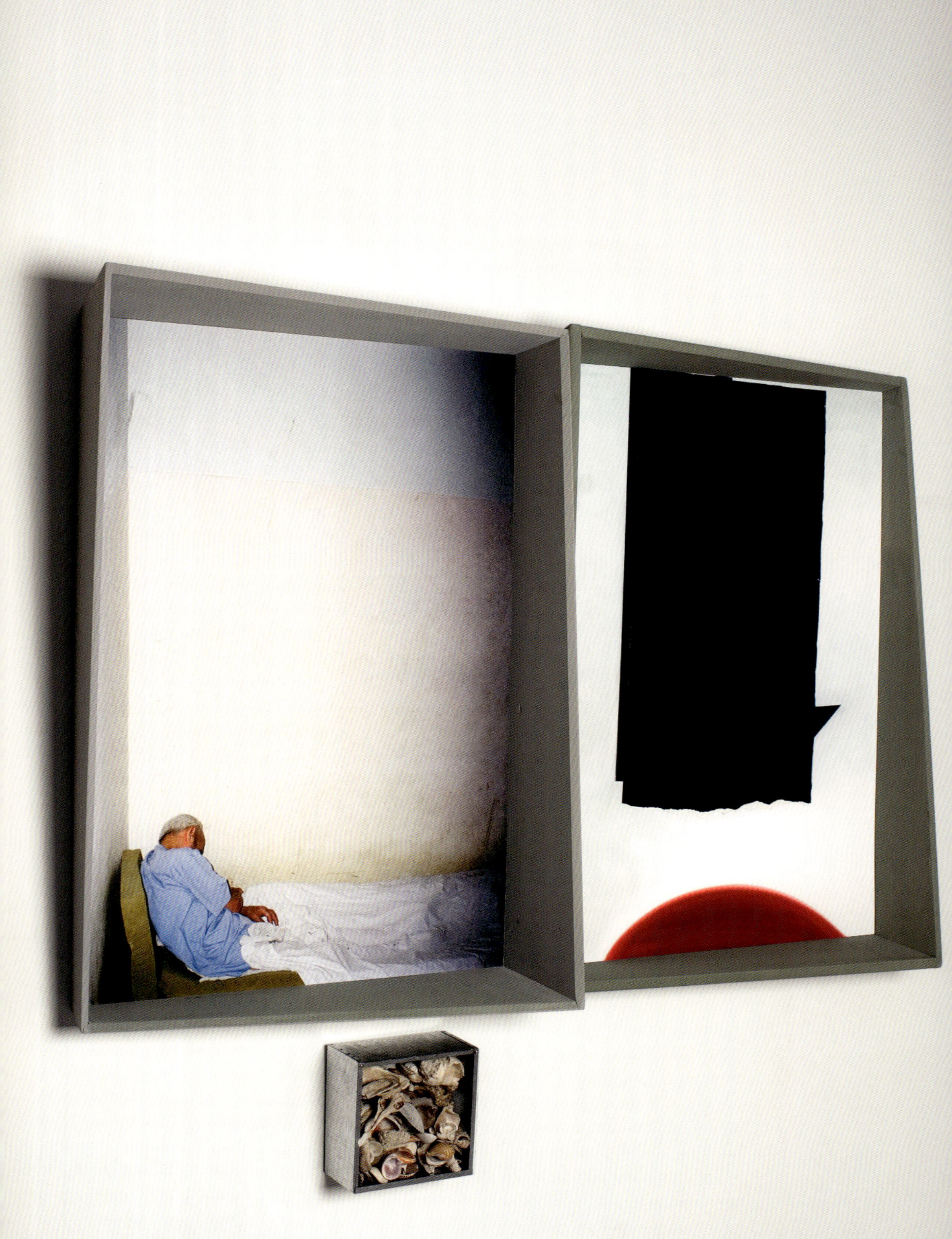

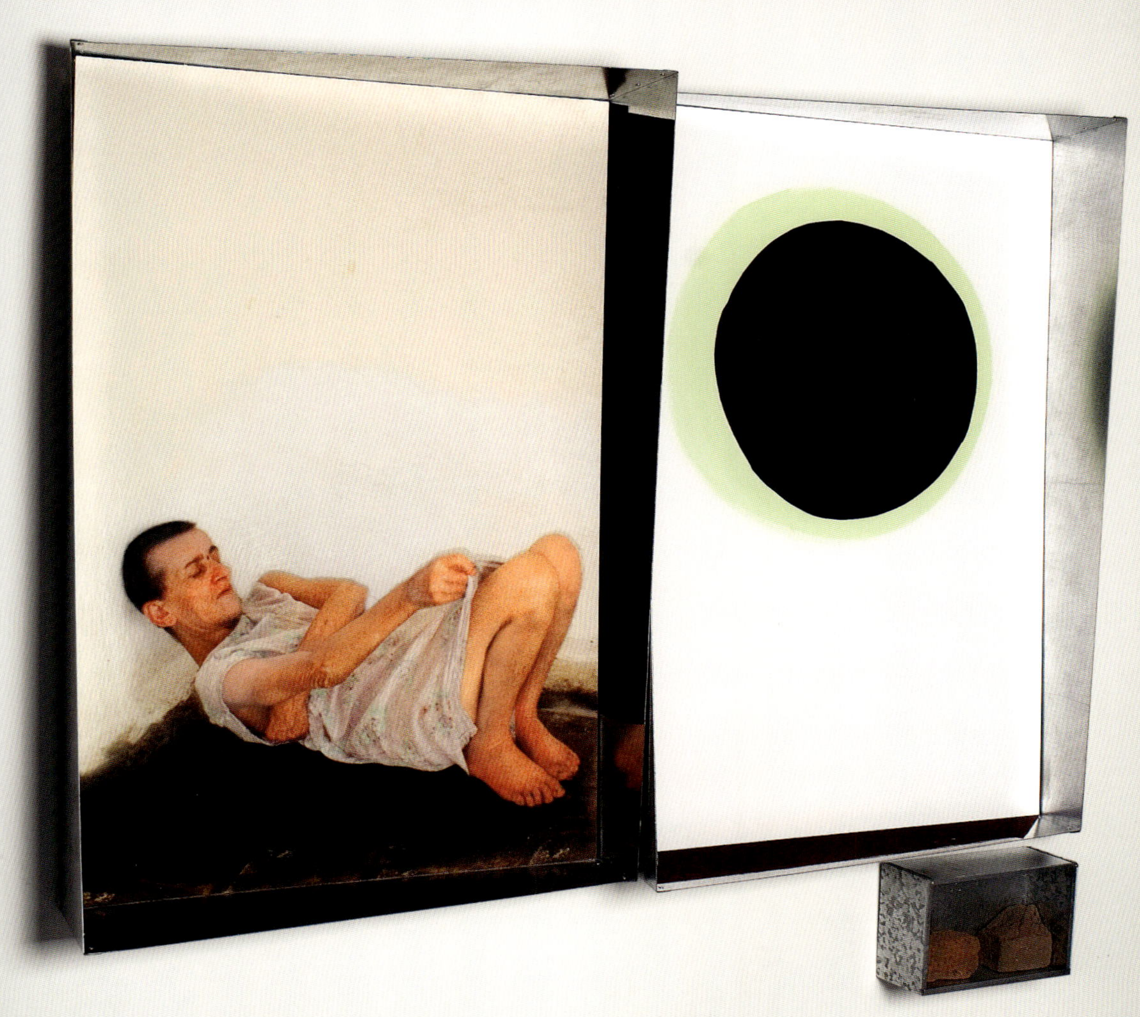

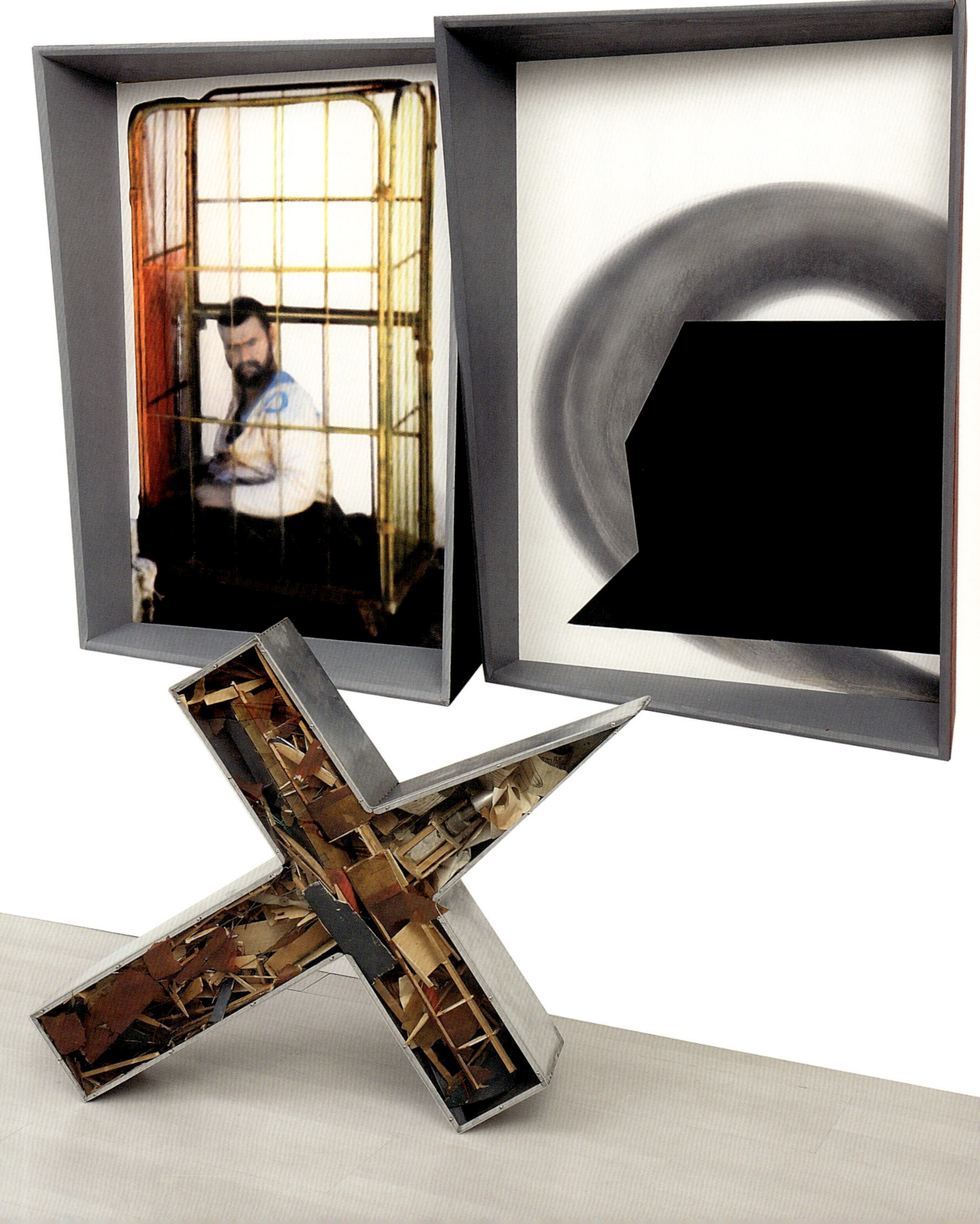

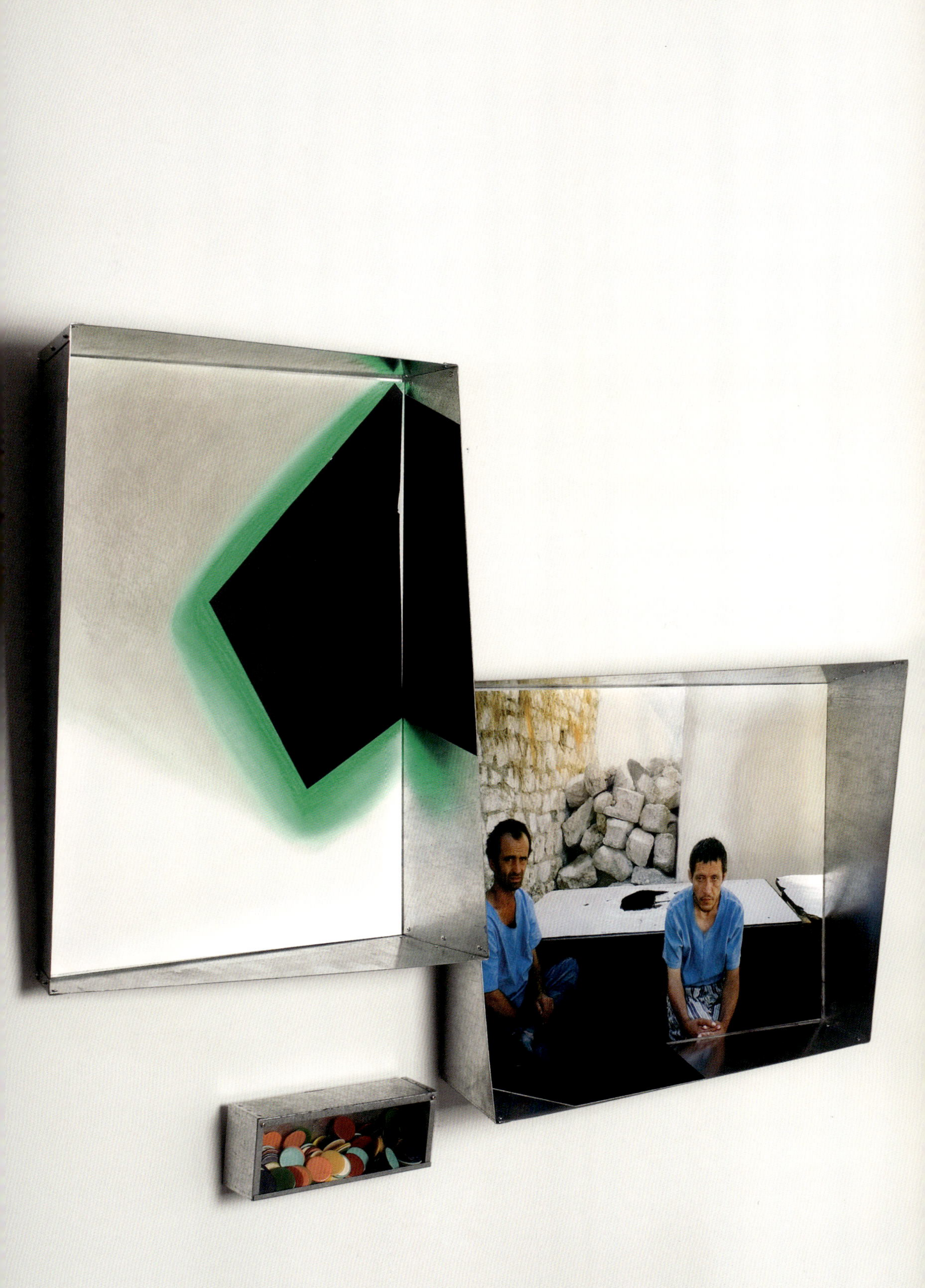

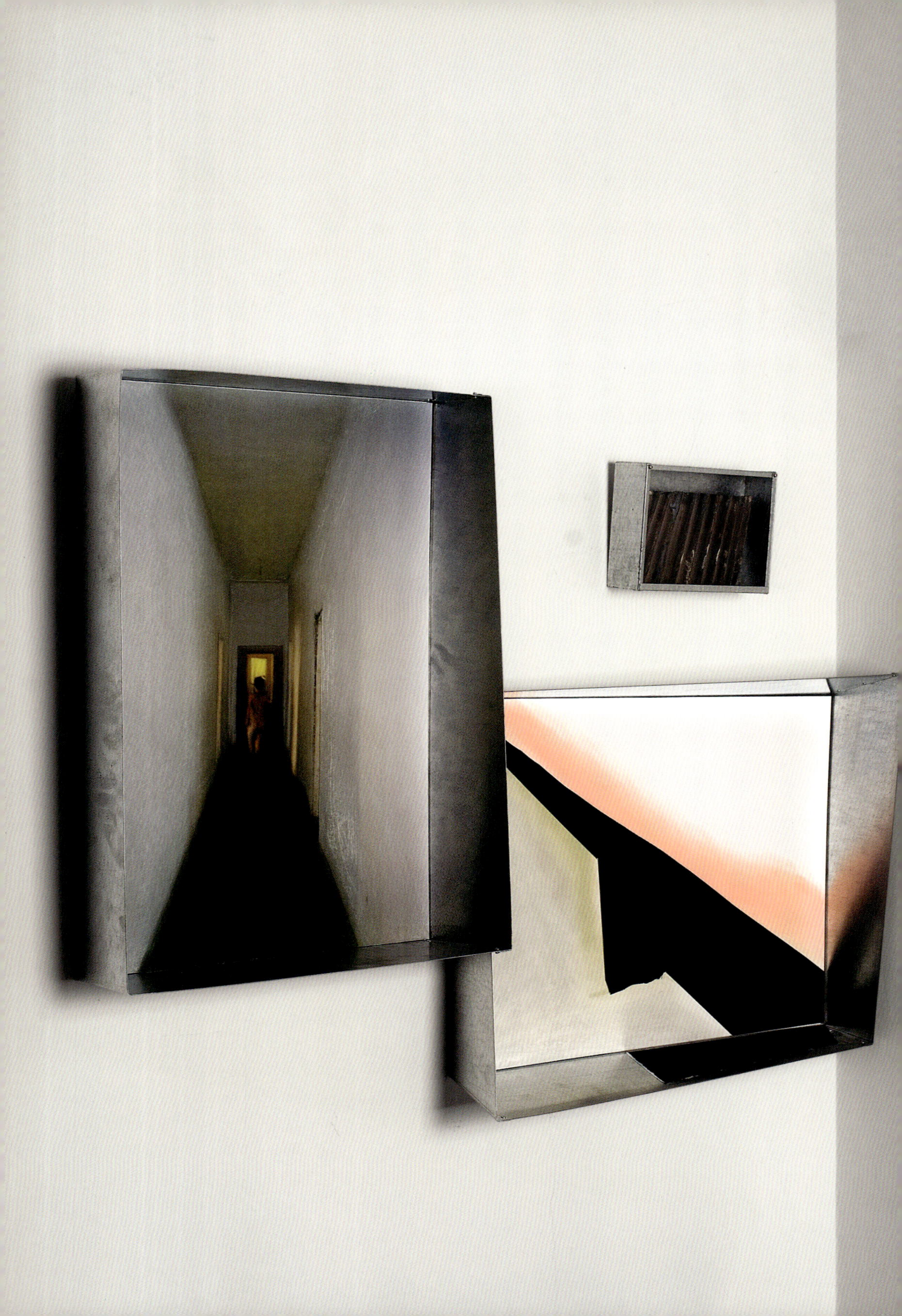

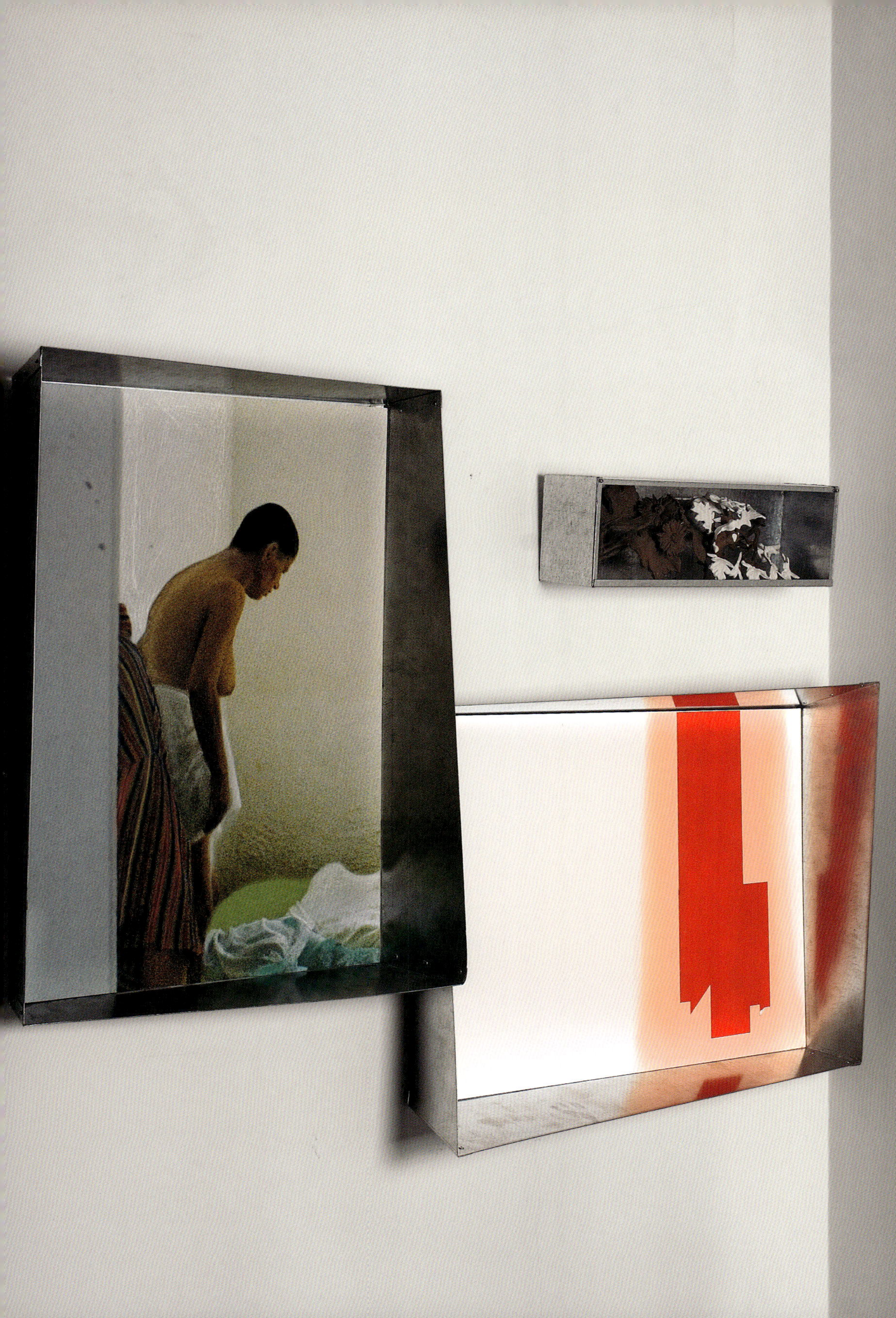

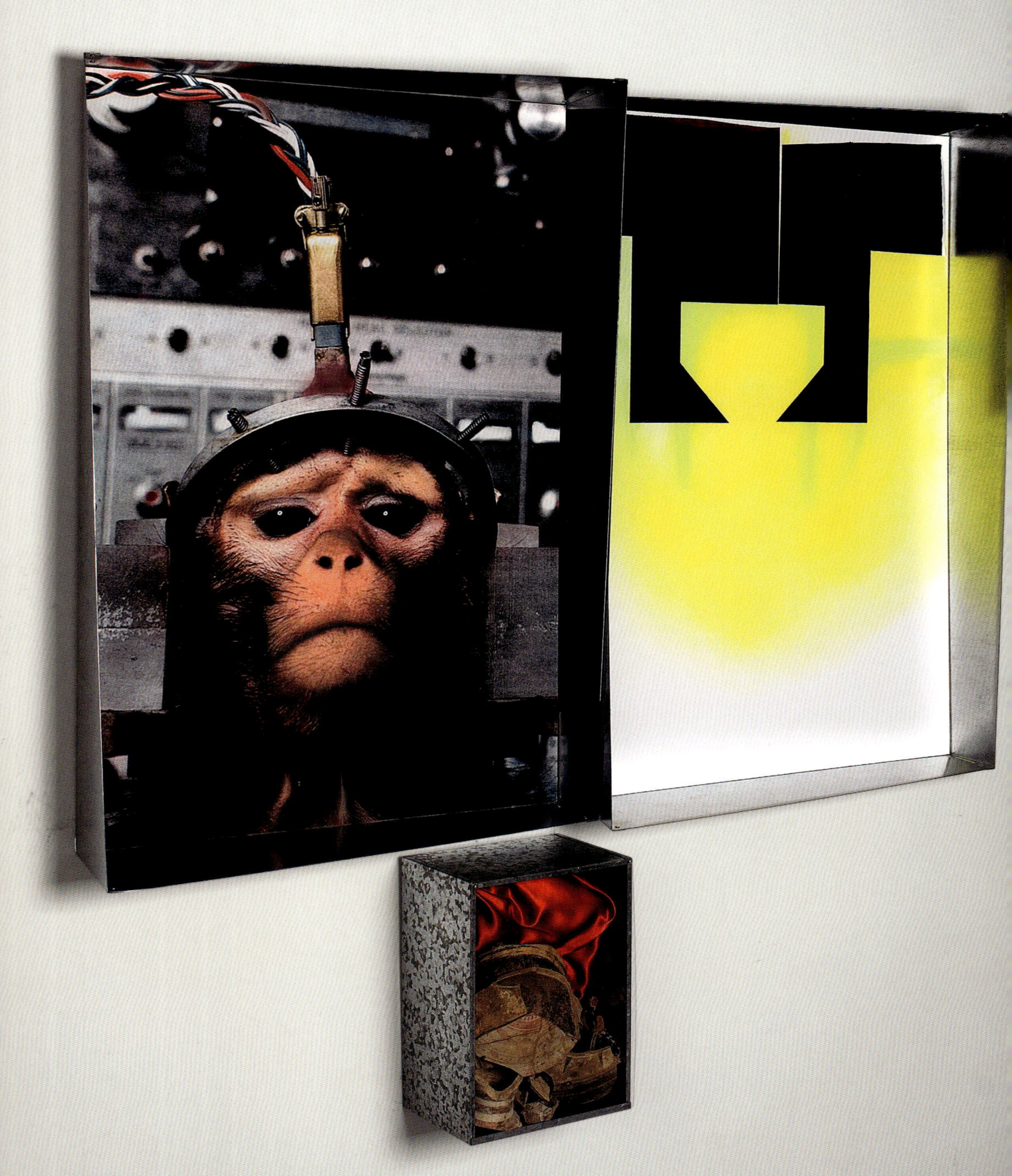

la pensée visuelle
la conscience
sont

un gaz rare

l'œuvre de Fausta Squatriti
est   a été
l'avant garde

de l'expension contemporaine
du mal

Jean-Yves Mock

24.10.09

BEATA SOLITUDO SOLA BEATITUDO

2002–2005

Blessed Solitude Unique Blessedness. This is the motto of the monastic life. Solitude is sublimation or defeat. Places built to be lived in by groups of people become pathetic if abandoned, they show their lifeless entrails; they reveal the trick. But nature, too, is impoverished, manipulated, ridiculed: if it hinders human projects, if it is ruined by natural events that upset it, it no longer arouses sweet thoughts and admiration, but horror and fear. Like Caspar David Friedrich's romantic man. To make space for mankind's needs, nature has been changed, gutted. In return for making himself its master, man tames nature by creating the garden. This cycle of work dedicated to loneliness begins with a pink light inside an abandoned place and continues with images of abandoned tuff quarries, the shattered windows of buildings, derelict buildings left to slowly decay, and details of functional but completely empty buildings. Also trees split by lightning, threatening ponds, grain silos left empty, and pieces of bodies.

Fifteen diptychs and triptychs in photos printed on Fabriano paper retouched with pastels, pigment, collage on aluminum, tuff cubes, steel, iron

Purple Cloth, h. 140 x 200 cm + cube
Dawn Light, h. 140 x 200 cm + cube
Palermo Window, h. 210 x 210 x 30 cm + cube
Tuff Quarries on Favignano, h. 210 x 210 x 40 cm + cube
Tuff Quarry on Favignano, h. 100 x 140 x 25 cm + cube
Quarry Submerged by the Sea on Favignano, h. 100 x 140 x 40 cm + cube
Abandoned Amusement Park, 100 x 140 cm, photo, pigments on Fabriano
Abandoned Factory Chimney, 70 x 100 cm, photo, pigments on Fabriano
Abandoned Tuff Quarry on Favignano, h. 70 x 100 cm
Demolition and Human Body, h. 71 x 100 cm
Male Foot and Split Trunk, h. 50 x 149 cm
Pond and Headless Body, h. 50 x 149 cm
Broken Trunk and Blue Sky, h. 71 x 102 cm
Fungi, Moulds and Rope, h. 71 x 103 cm
Pregnant Woman and Archaeological Remains, h. 70 x 100 cm

Beata Solitudo Sola Beatitudo. È il motto della vita monastica. La solitudine è sublimazione
oppure sconfitta. I luoghi costruiti per essere vissuti da più esseri viventi, se abbandonati,
diventano patetici, mostrano le viscere senza vita, rivelano il trucco. Ma anche la natura
è impoverita, manipolata, ridicolizzata, se intralcia i progetti dell'uomo,
se si rovina per eventi naturali che la sconvolgono, non provoca più dolci
pensieri e ammirazione ma sgomento e paura. Come l'uomo romantico di Caspar David
Friedrich. Per dare spazio alle necessità dell'uomo, la natura è stata cambiata, sventrata.
In compenso, per farsi padrone, l'uomo addomestica la natura creando il giardino.
Il ciclo del lavoro dedicato alla solitudine, inizia con una luce rosa dentro
ad un luogo abbandonato, e prosegue con immagini di cave di tufo abbandonate,
di finestre di palazzi ora sgretolati, di edifici crollanti e lasciati lì a consumarsi lentamente,
di dettagli di edifici razionali, ma assolutamente vuoti. E ci sono alberi spezzati dal fulmine,
minacciosi stagni, silos per il grano lasciati vuoti, pezzi di corpi.

**15 dittici e trittici in fotografia stampata su Fabriano ritoccate a pastello, pigmenti,
collage su alluminio, cubi in tufo, acciaio, ferro.**

Блаженно одиночество, одиноко блаженство. – вот квинтэссенция монашеской
жизни. Одиночество ведет к сублимации – или же к поражению. Какими жалкими
становятся заброшенные дома, поселки, города, как же они являют нам изнанку жизни,
без всяких прикрас! И насколько же беднее становится сама природа, какой смешной
и несвободной она кажется, когда вмешивается в дела человека, когда – о, природные
катаклизмы! – губит саму себя. И вот уже нет места приятным переживаниям и
восхищению, остались лишь недоумение и страх. Как у художника-романтика Давида
Фридриха Каспара. Добиваясь реализации своих практических целей, человек
вмешивается в природу, «подгоняет» ее под себя. Но и приручает ее, как настоящий
хозяин, желая разбить прекрасный сад …
Цикл инсталляций на тему одиночества открывает фотография забытого всеми
уголка, залитого розовыми лучами солнца; затем следуют изображения заброшенных
туфовых карьеров, старых окон, ветхих зданий, которые рано или поздно обрушатся,
помещений – продуманных, но совершенно пустых. И – деревьев, расщепленных
ударом молнии, пугающих своей заболоченностью прудов, пустых силосов для зерна,
наконец, кусков тел.

**15 диптихов и триптихов: фотографии на бумаге «Фабриано», пастель, красители,
коллаж на алюминии, кубы из туфа, стали, железа.**

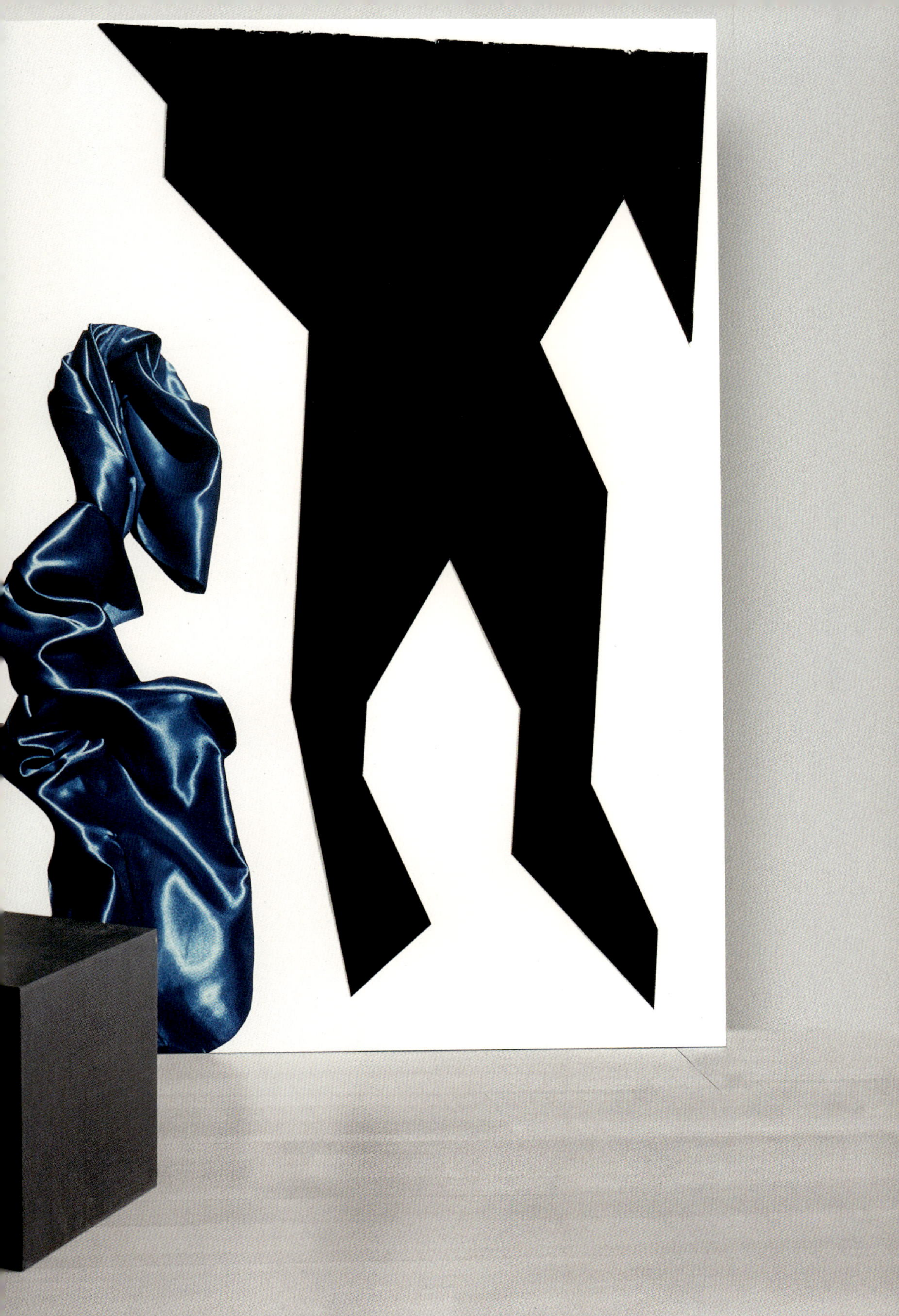

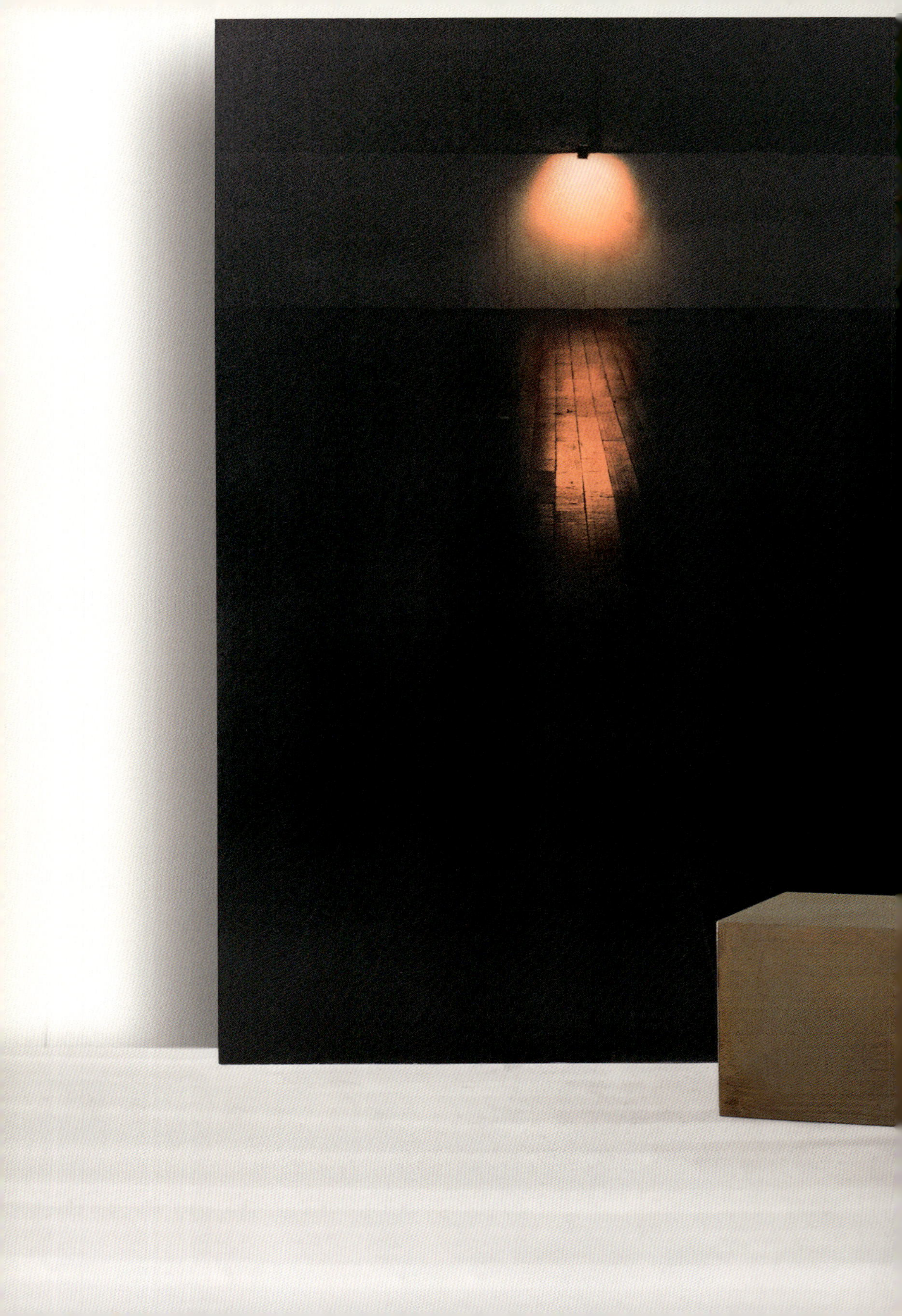

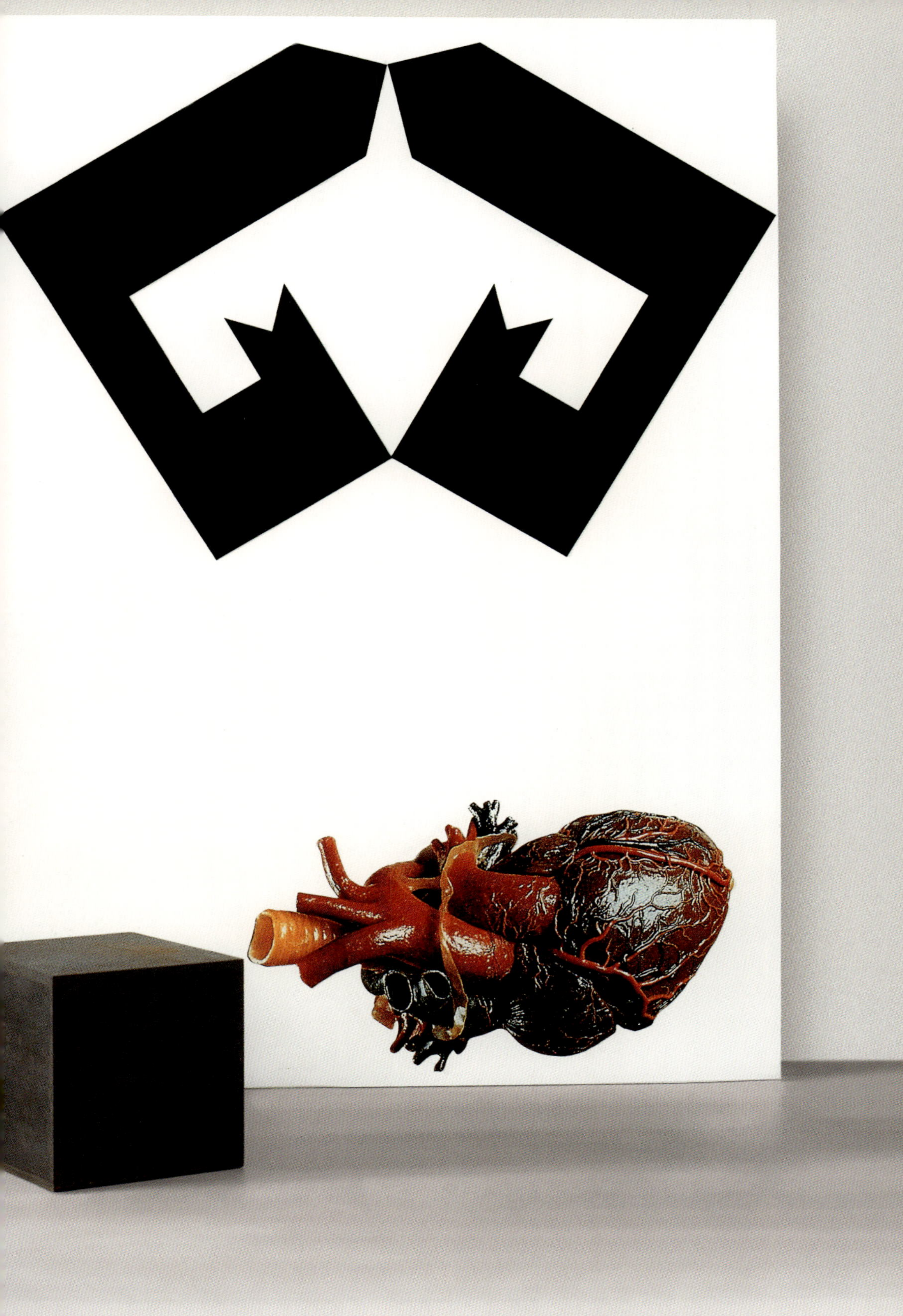

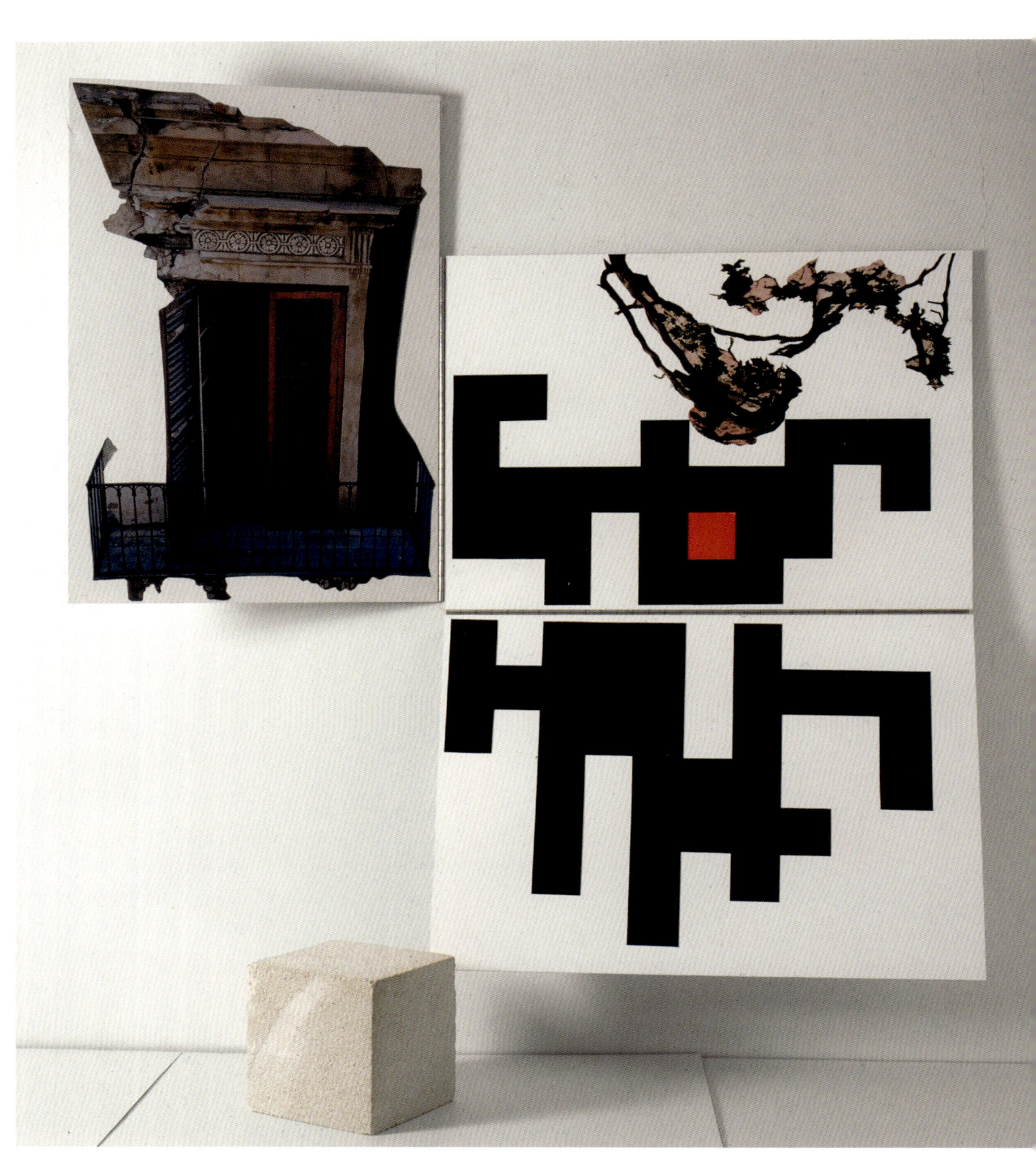

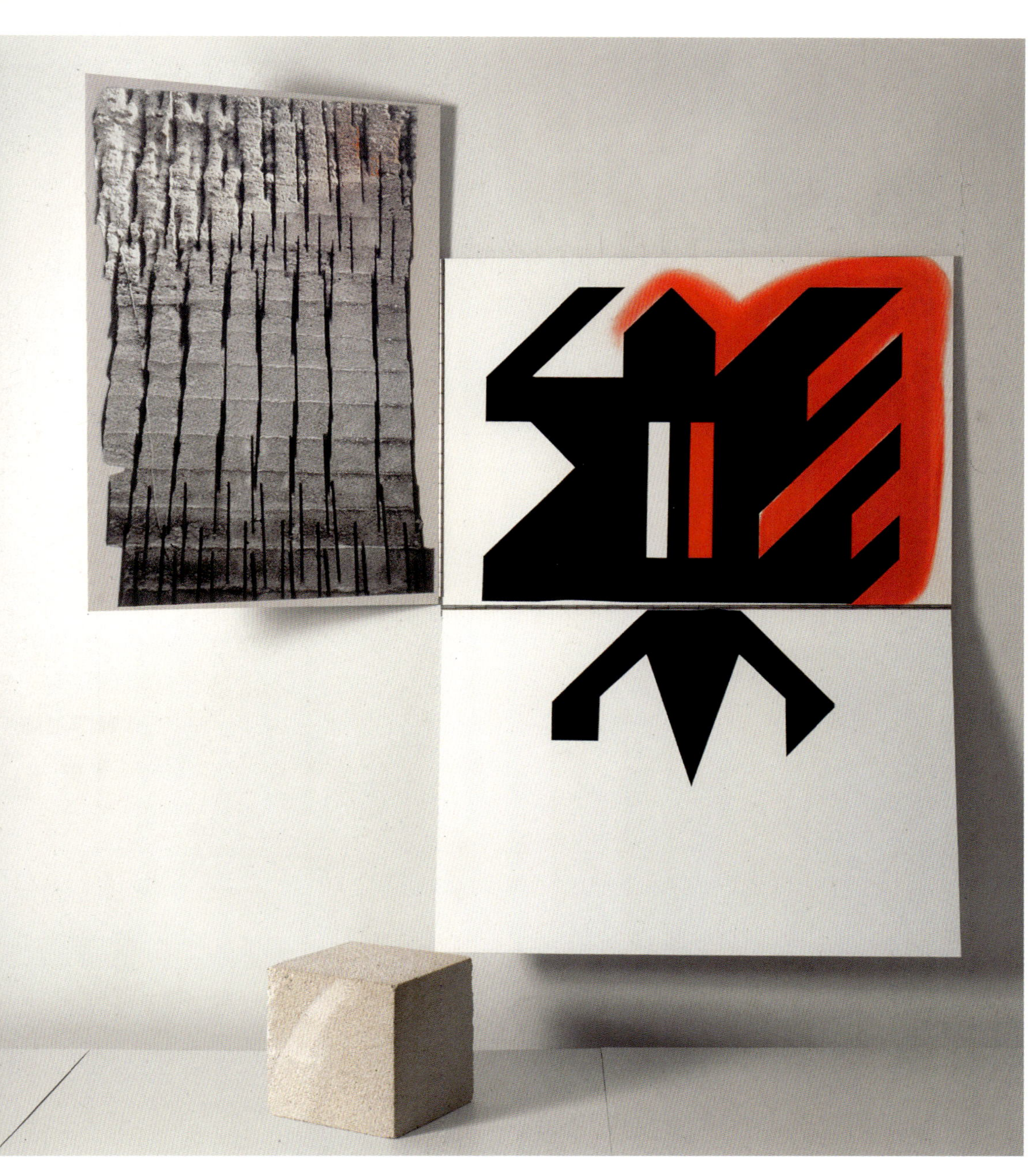

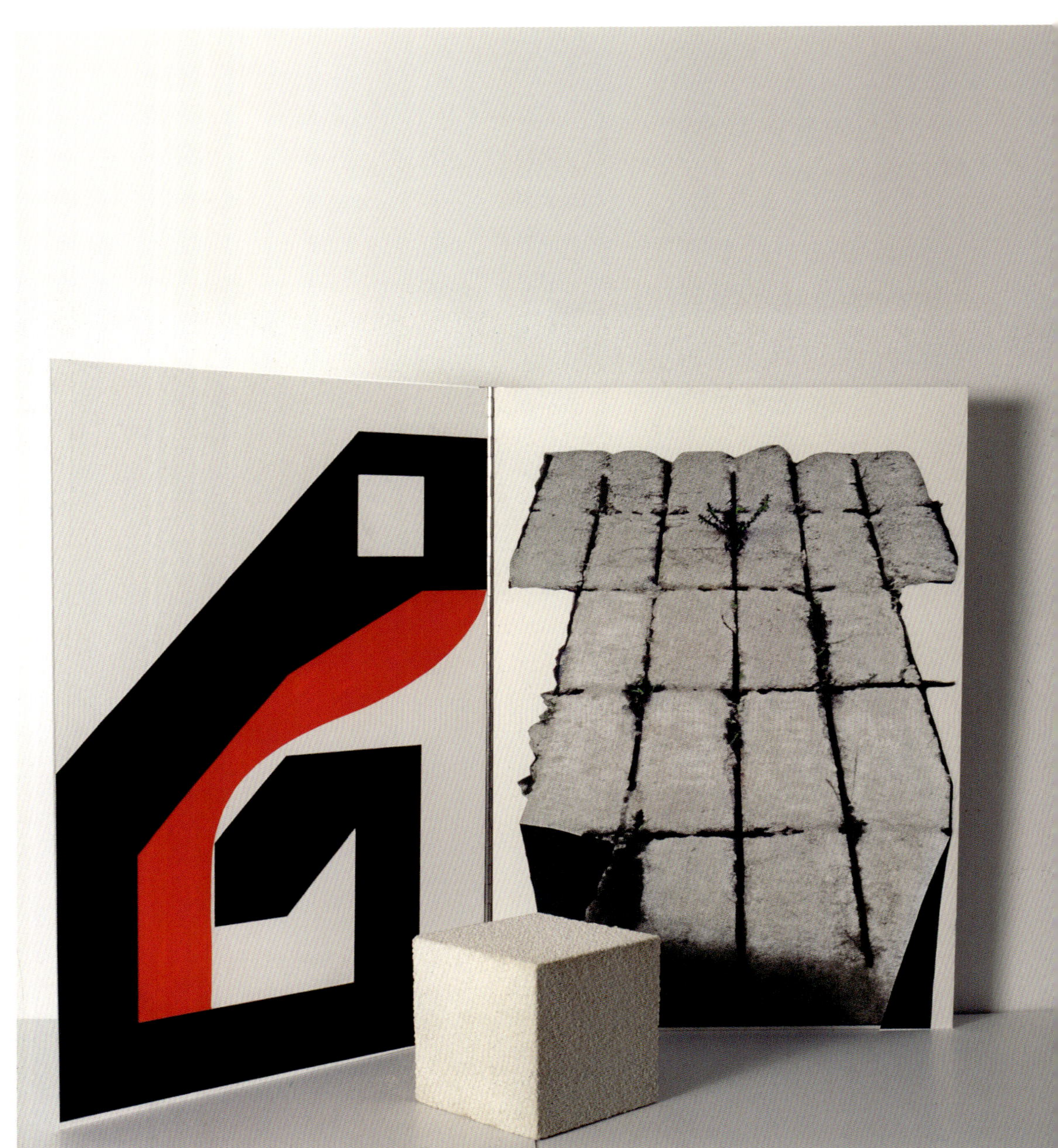

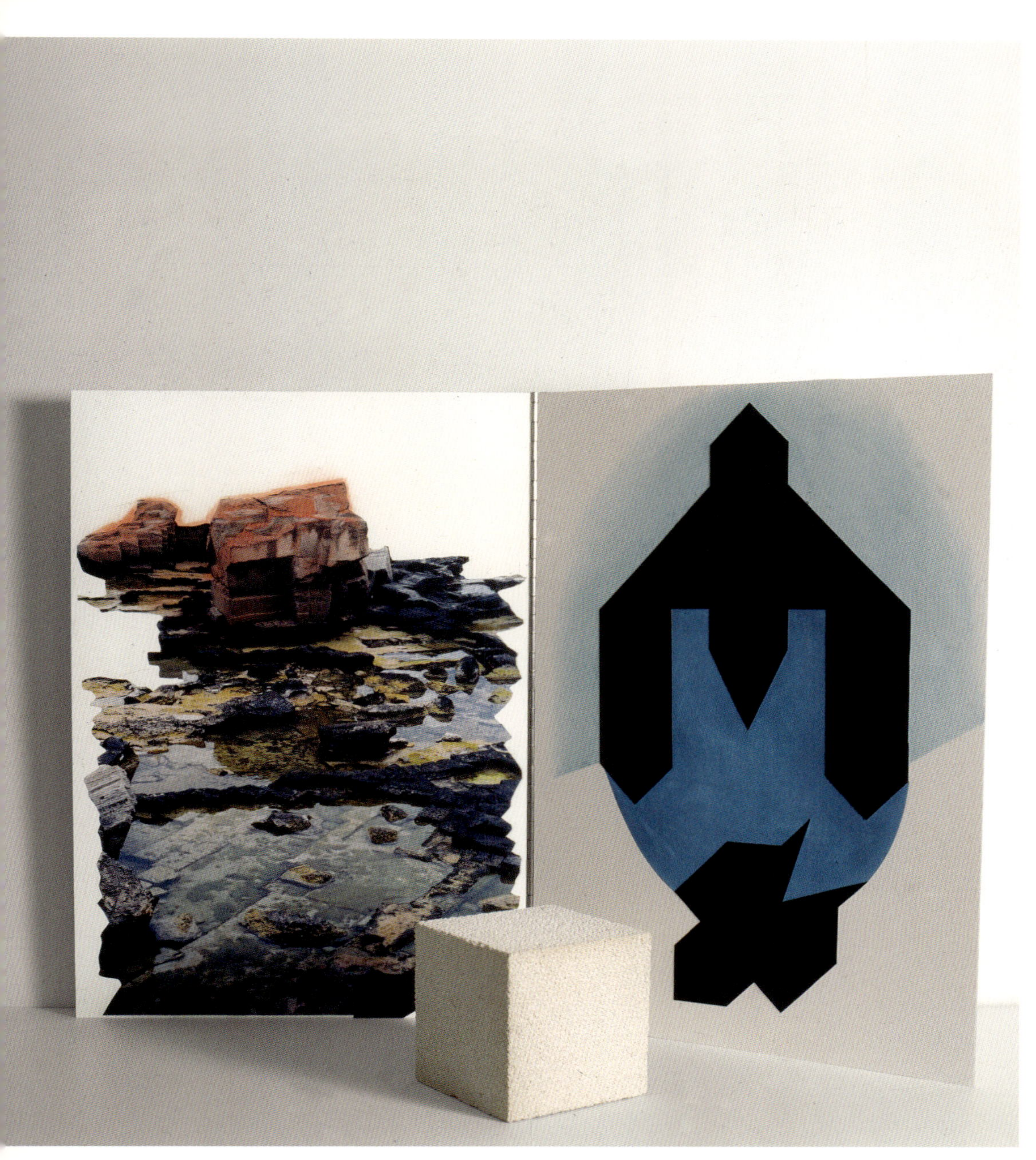

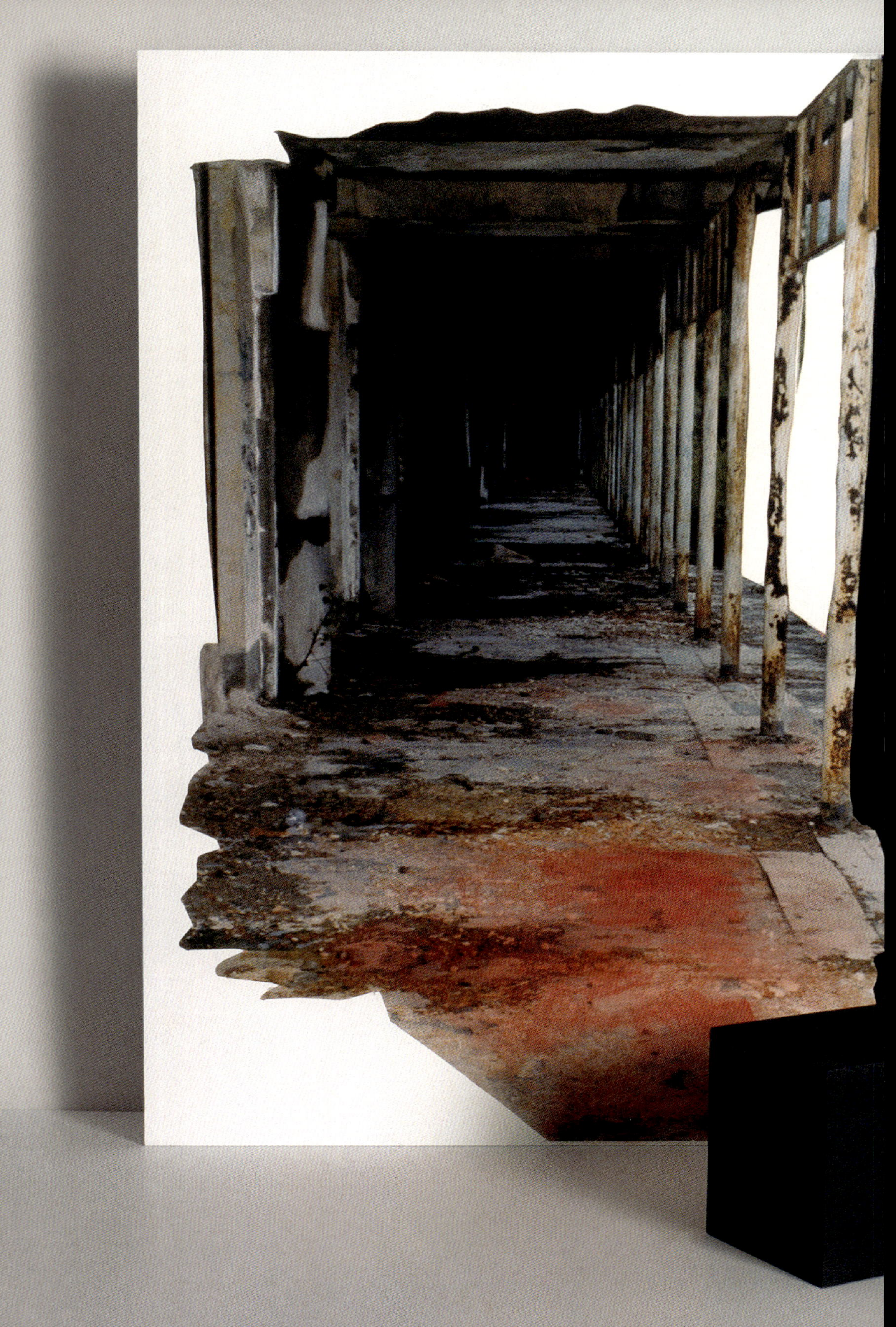

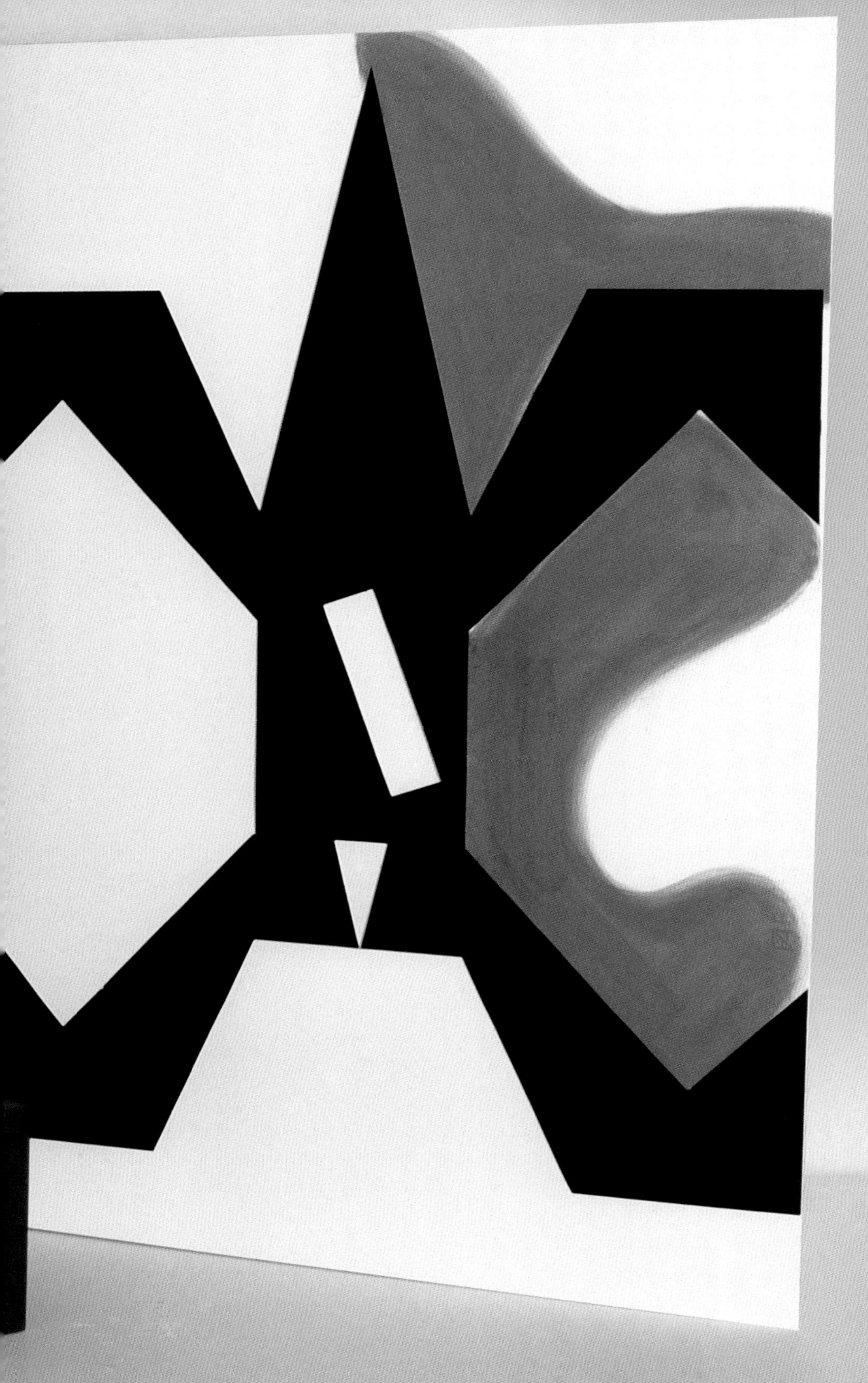

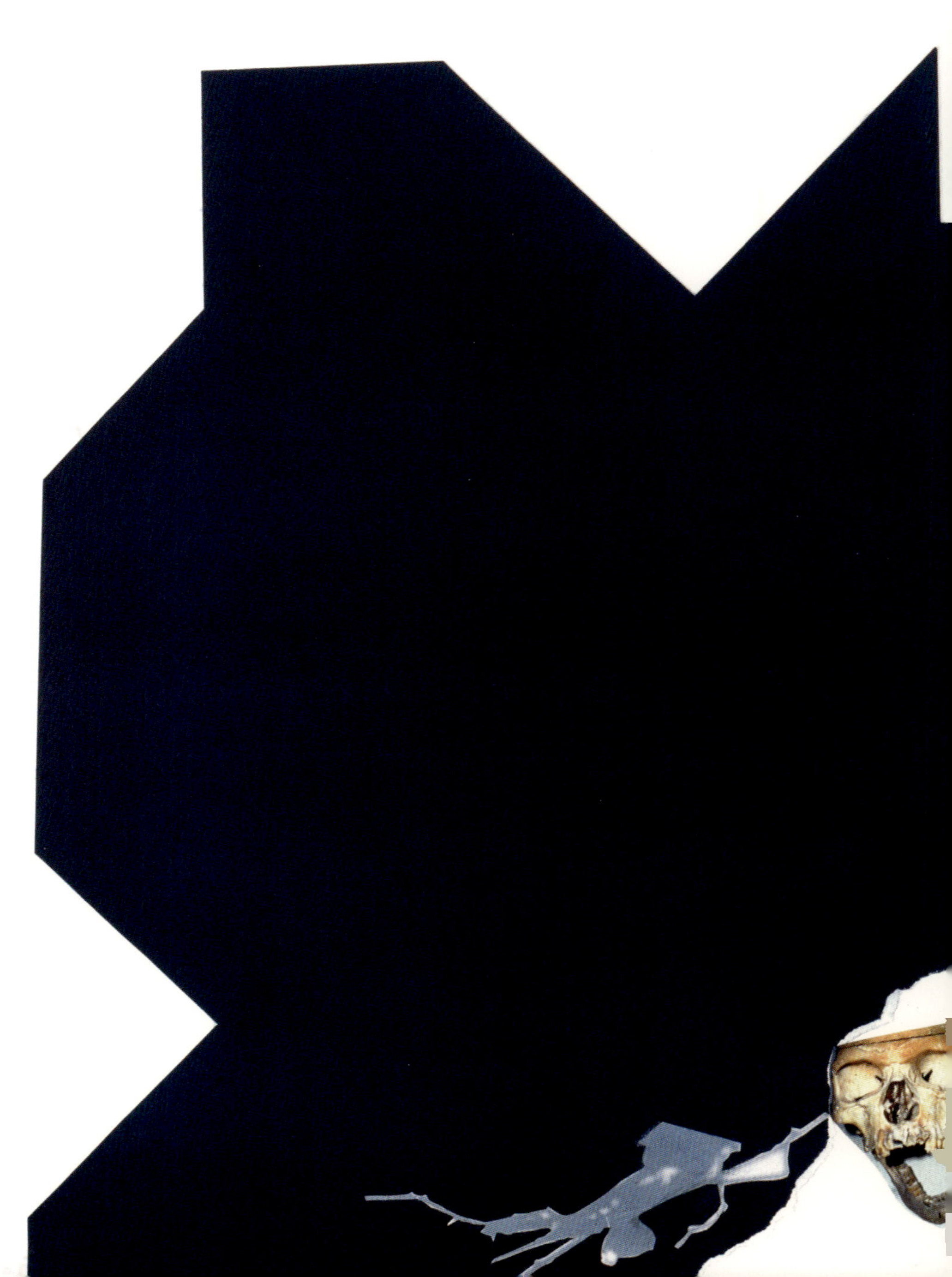

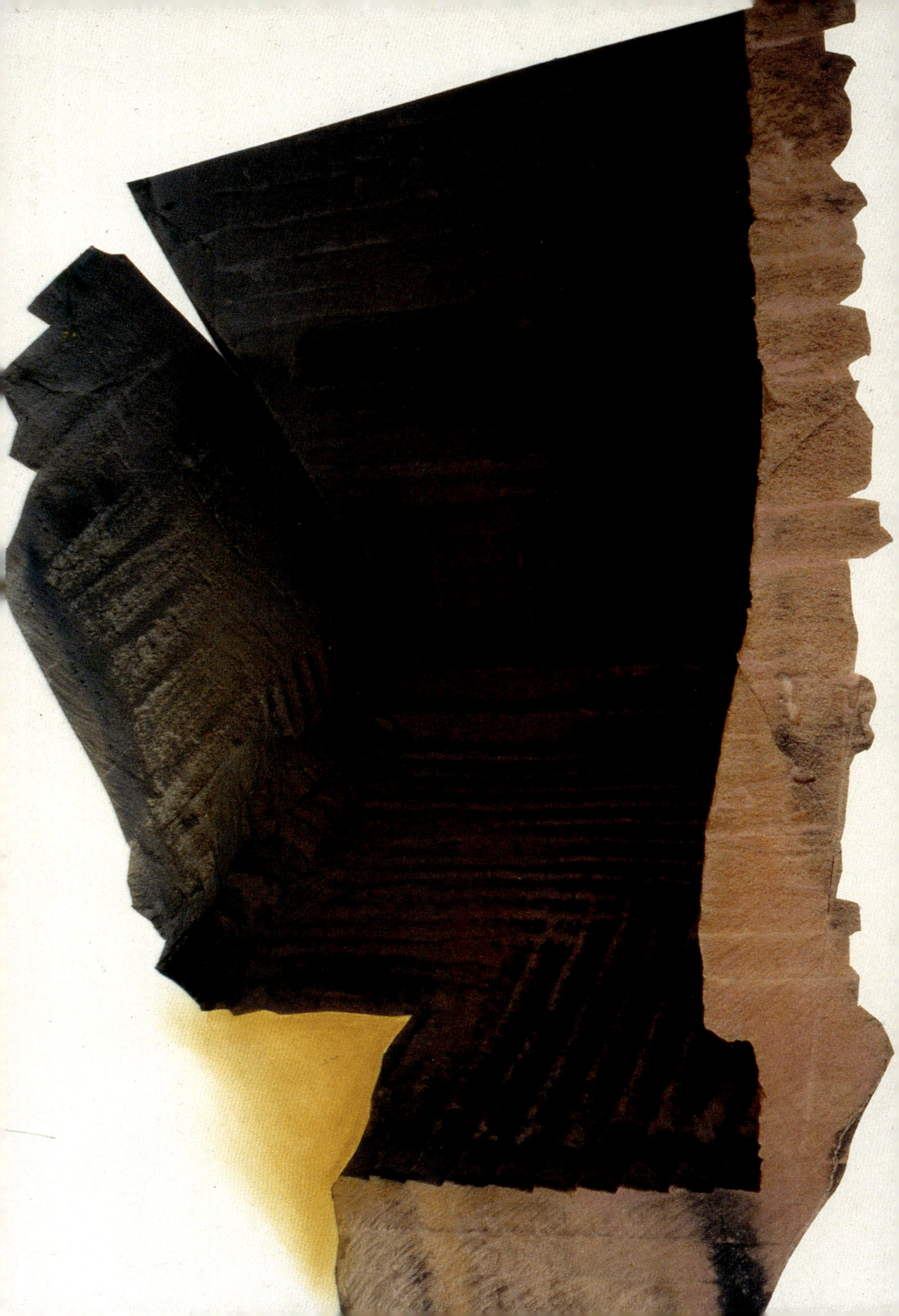

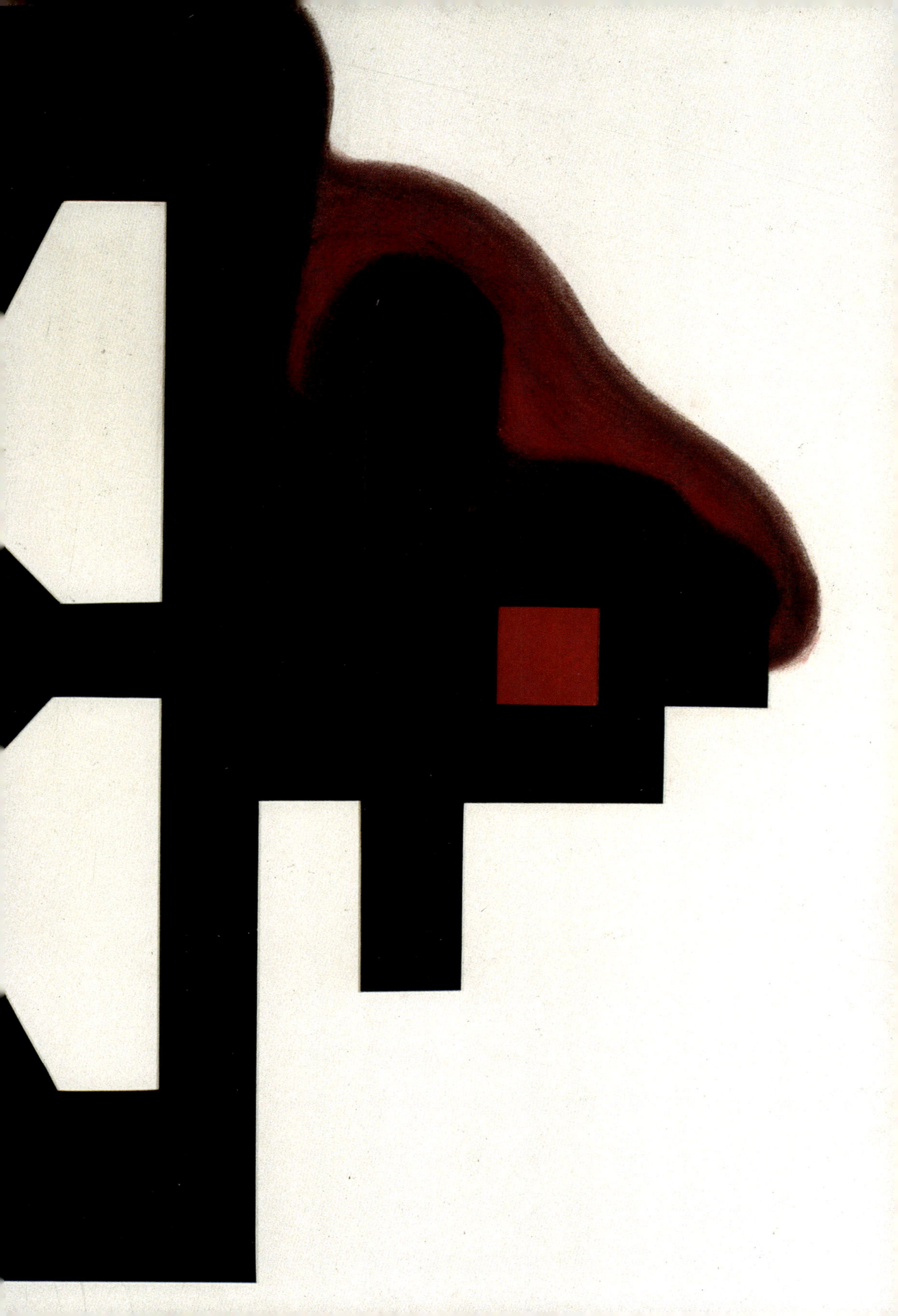

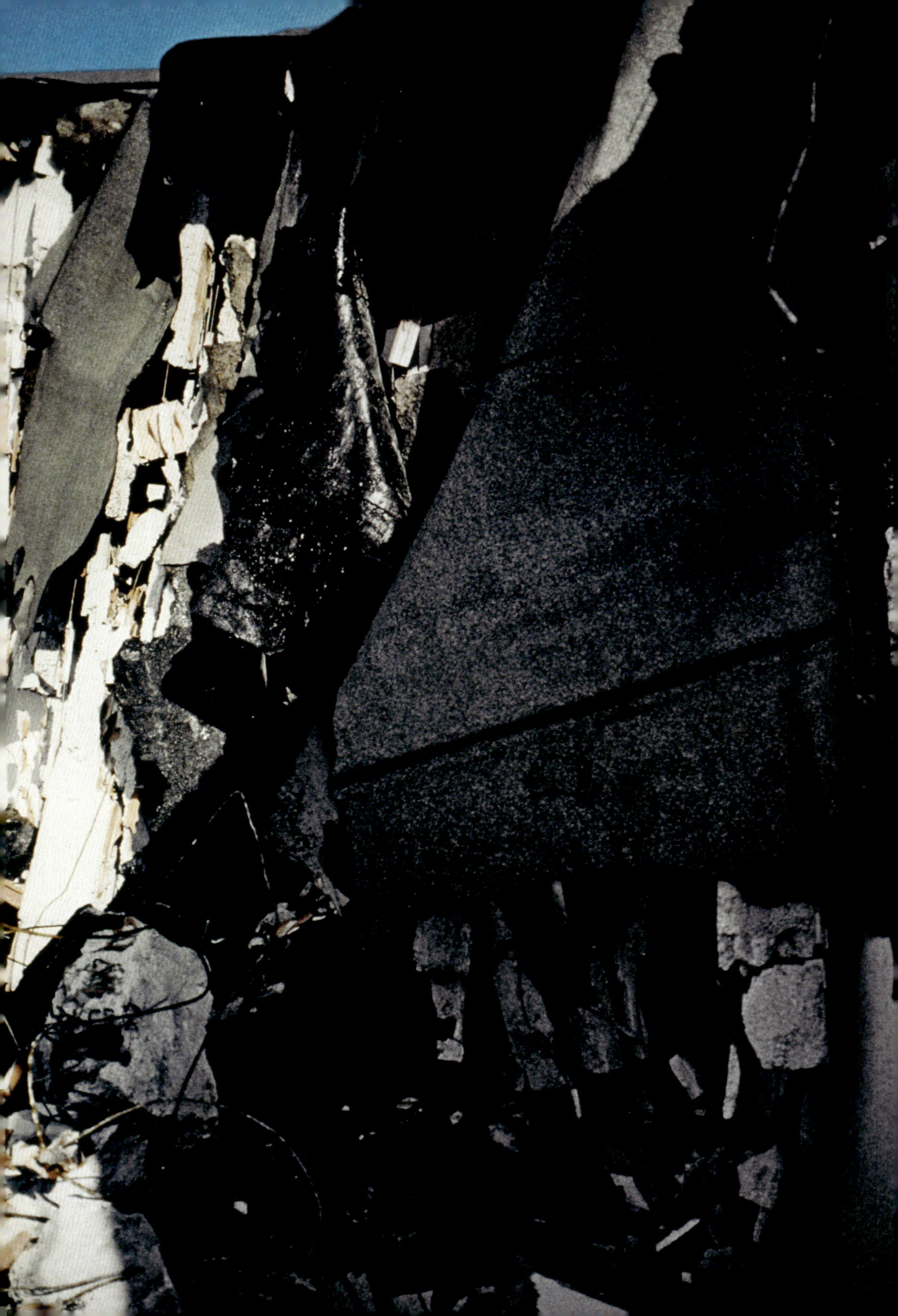

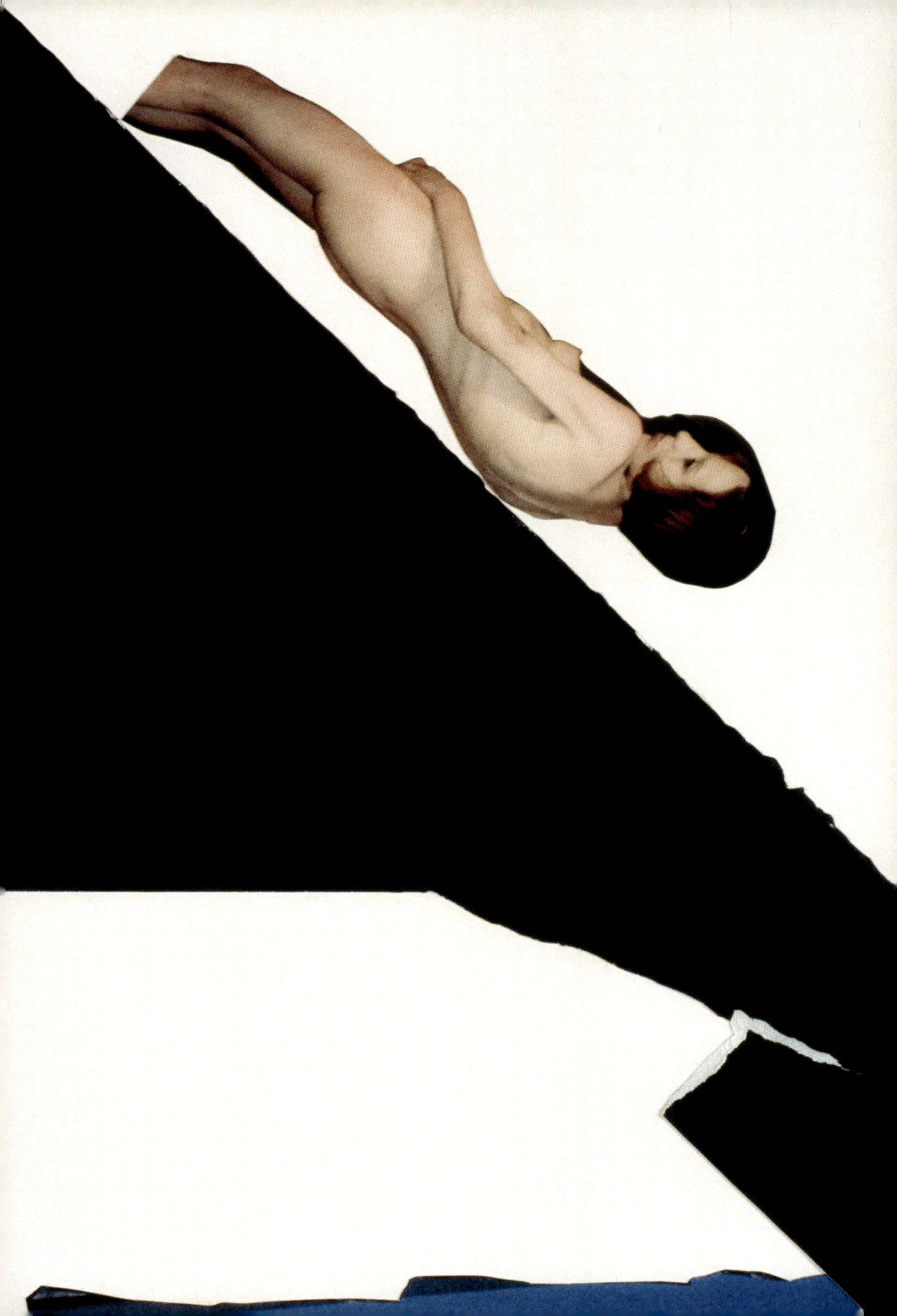

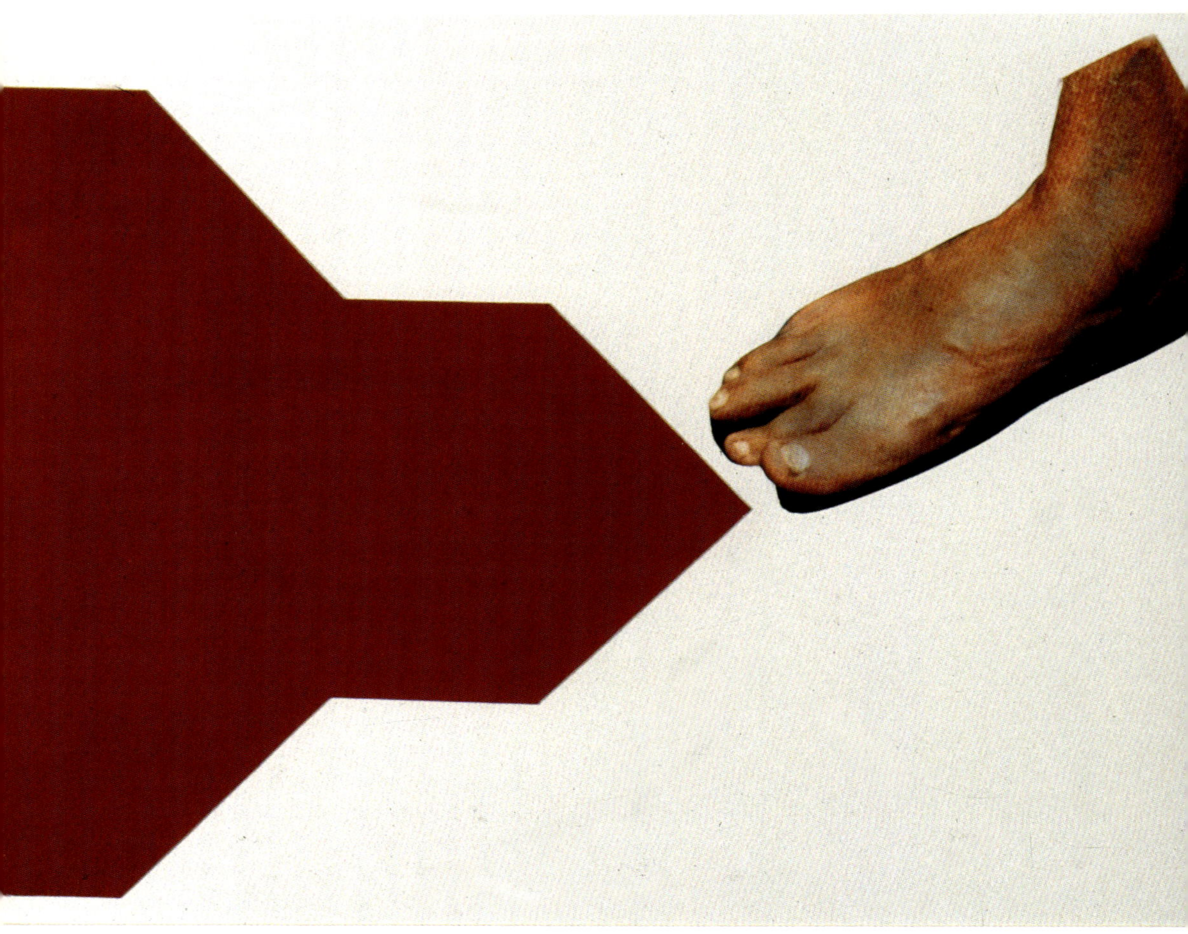

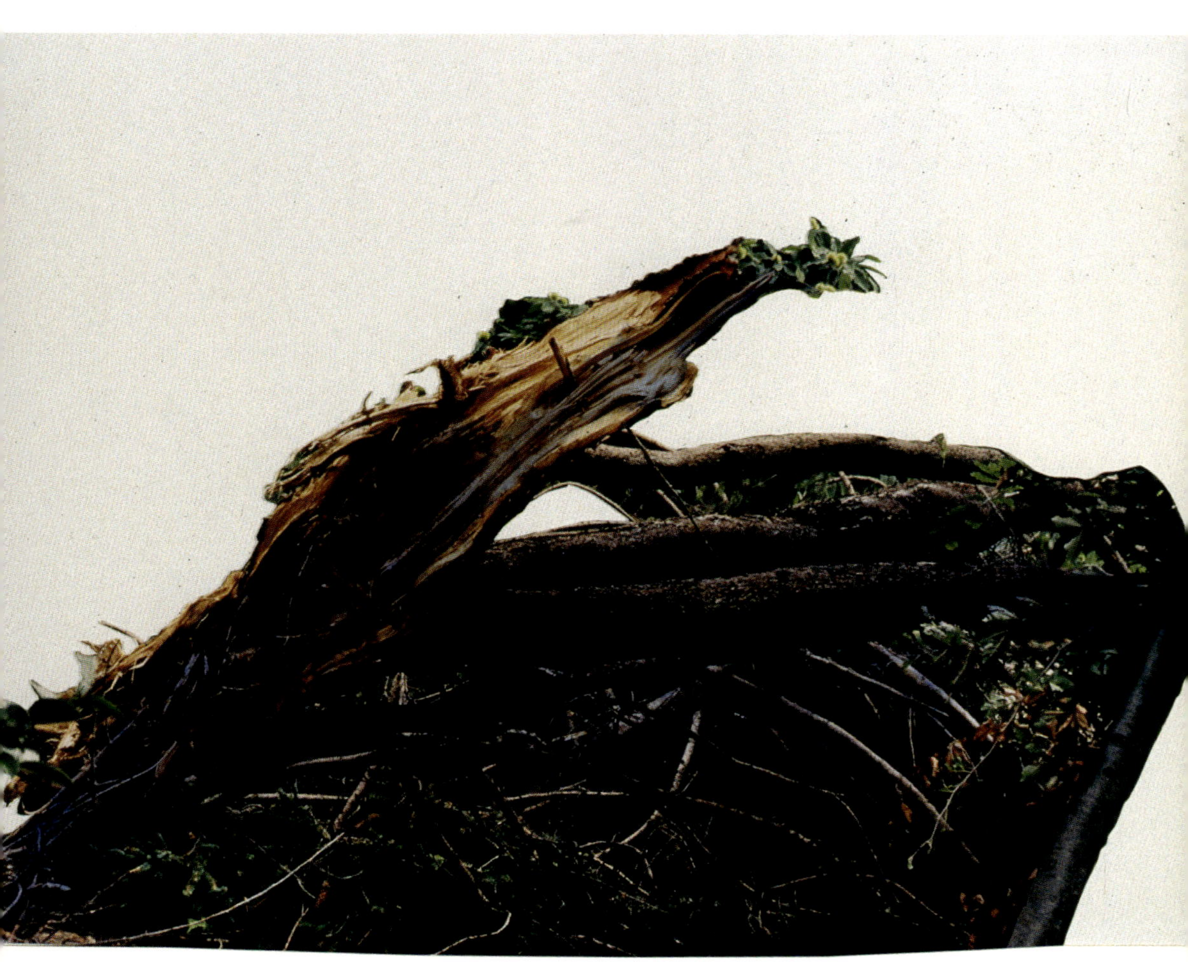

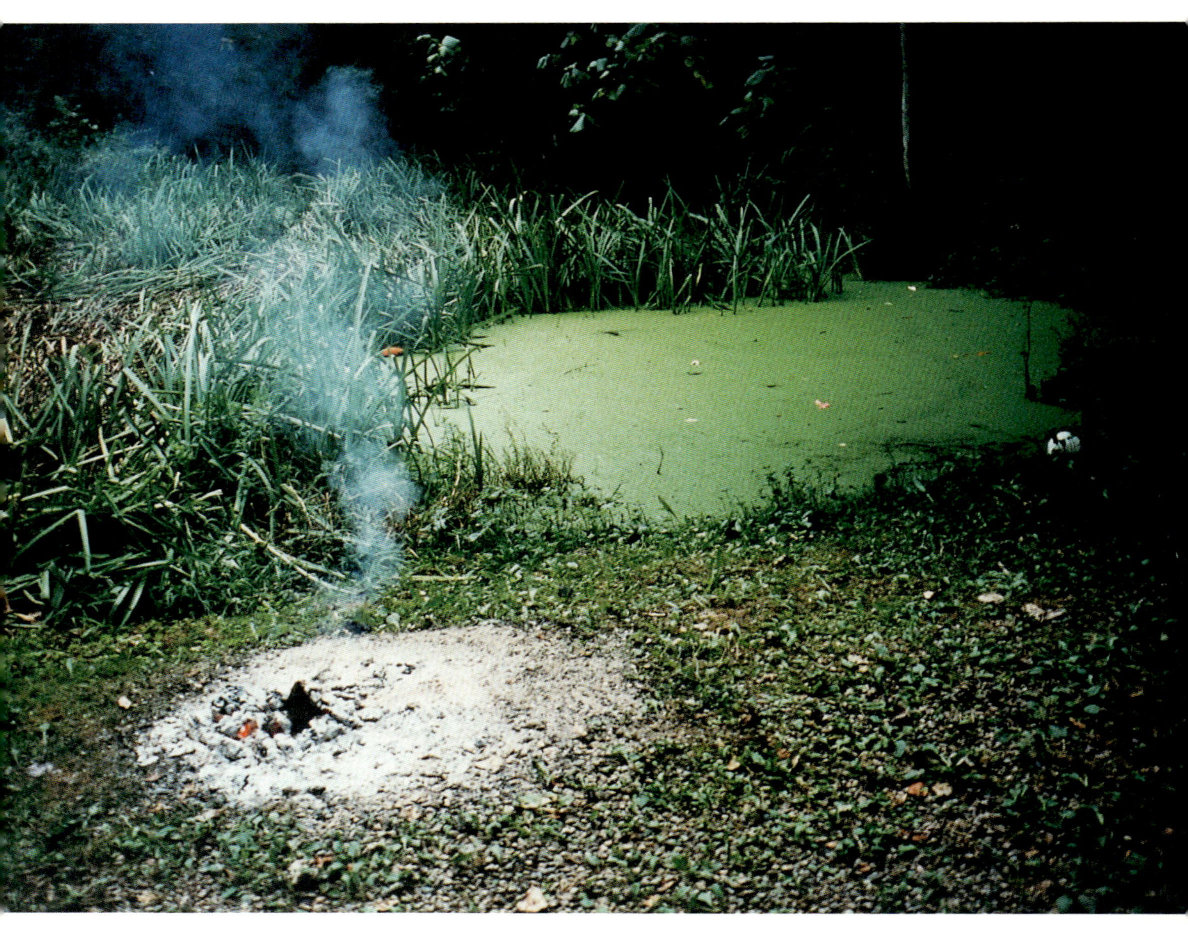

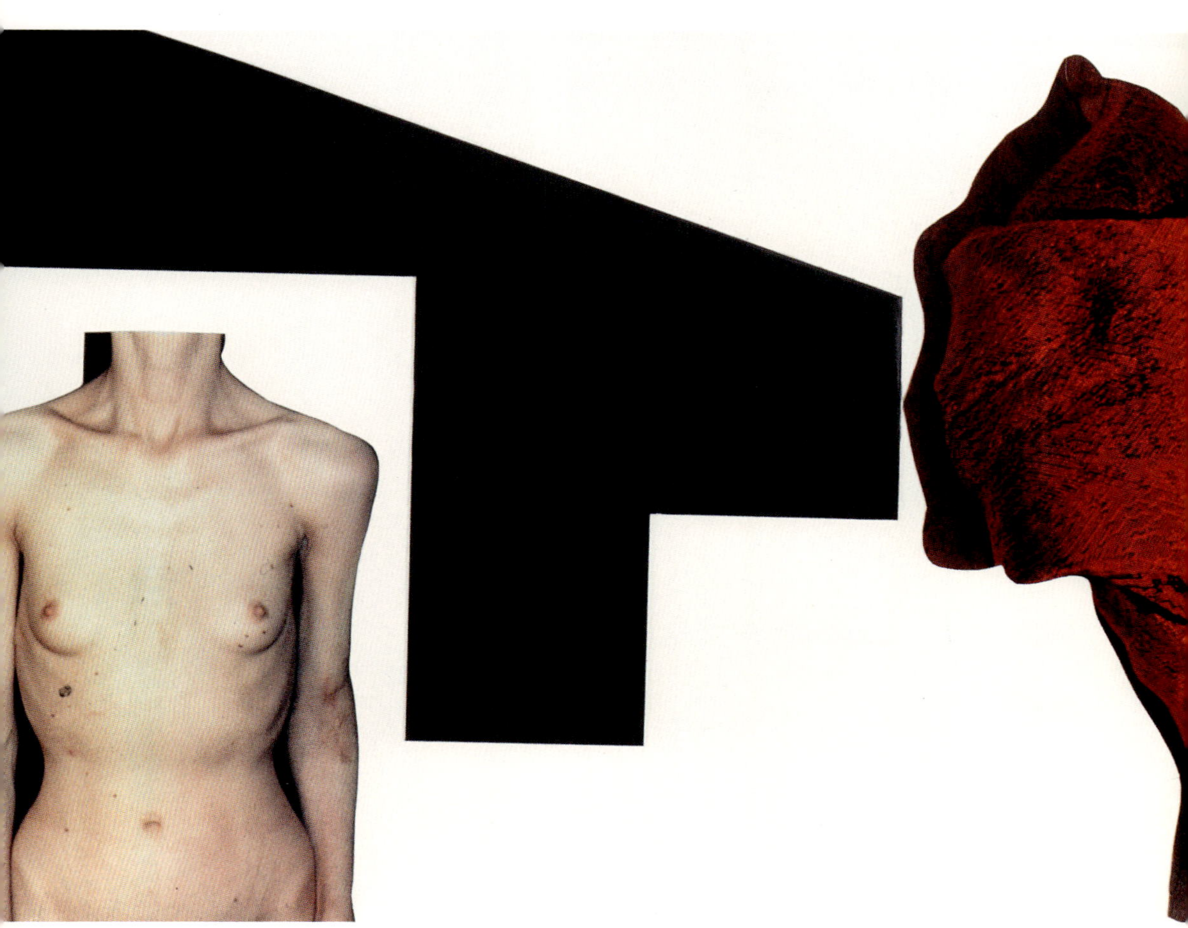

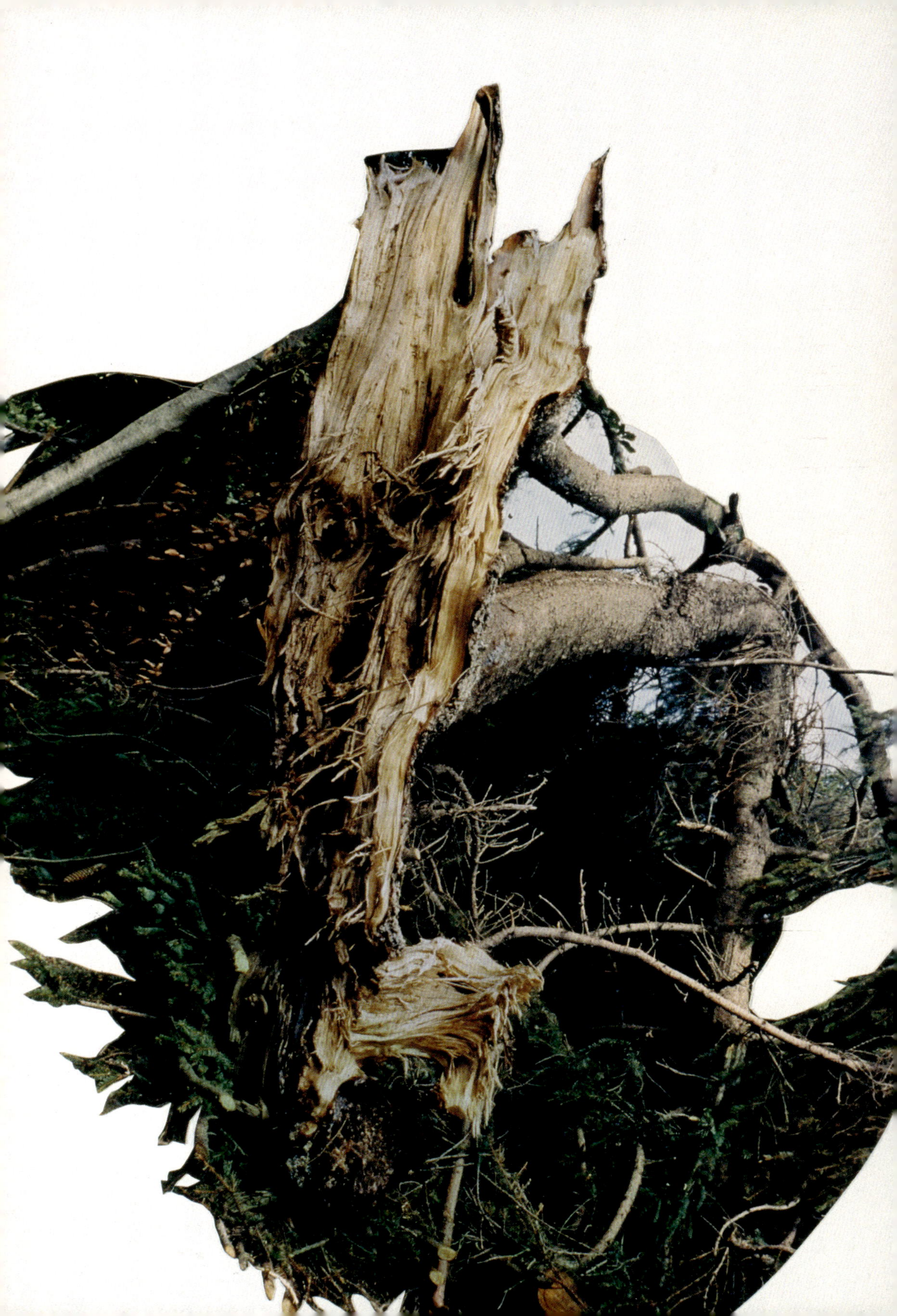

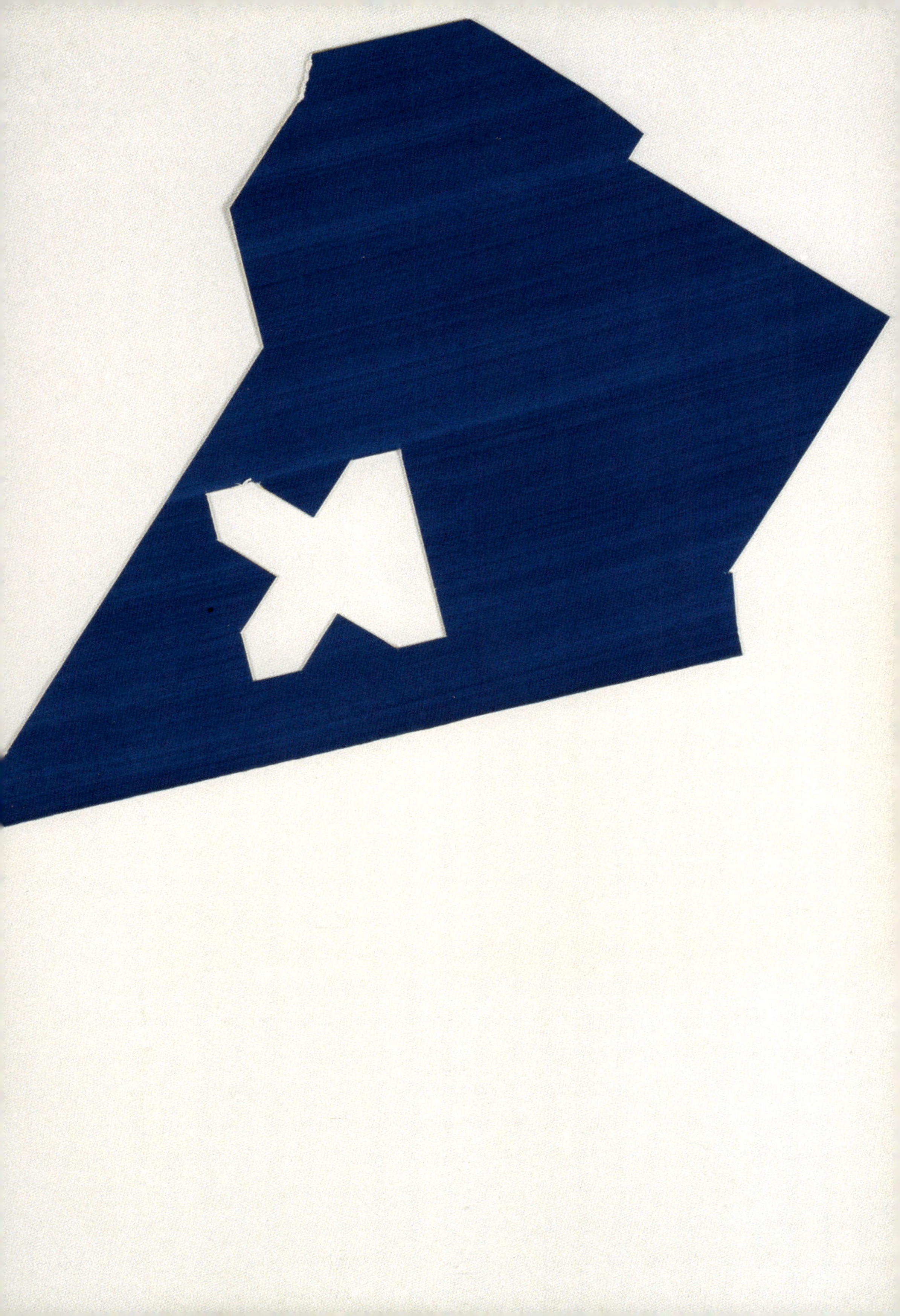

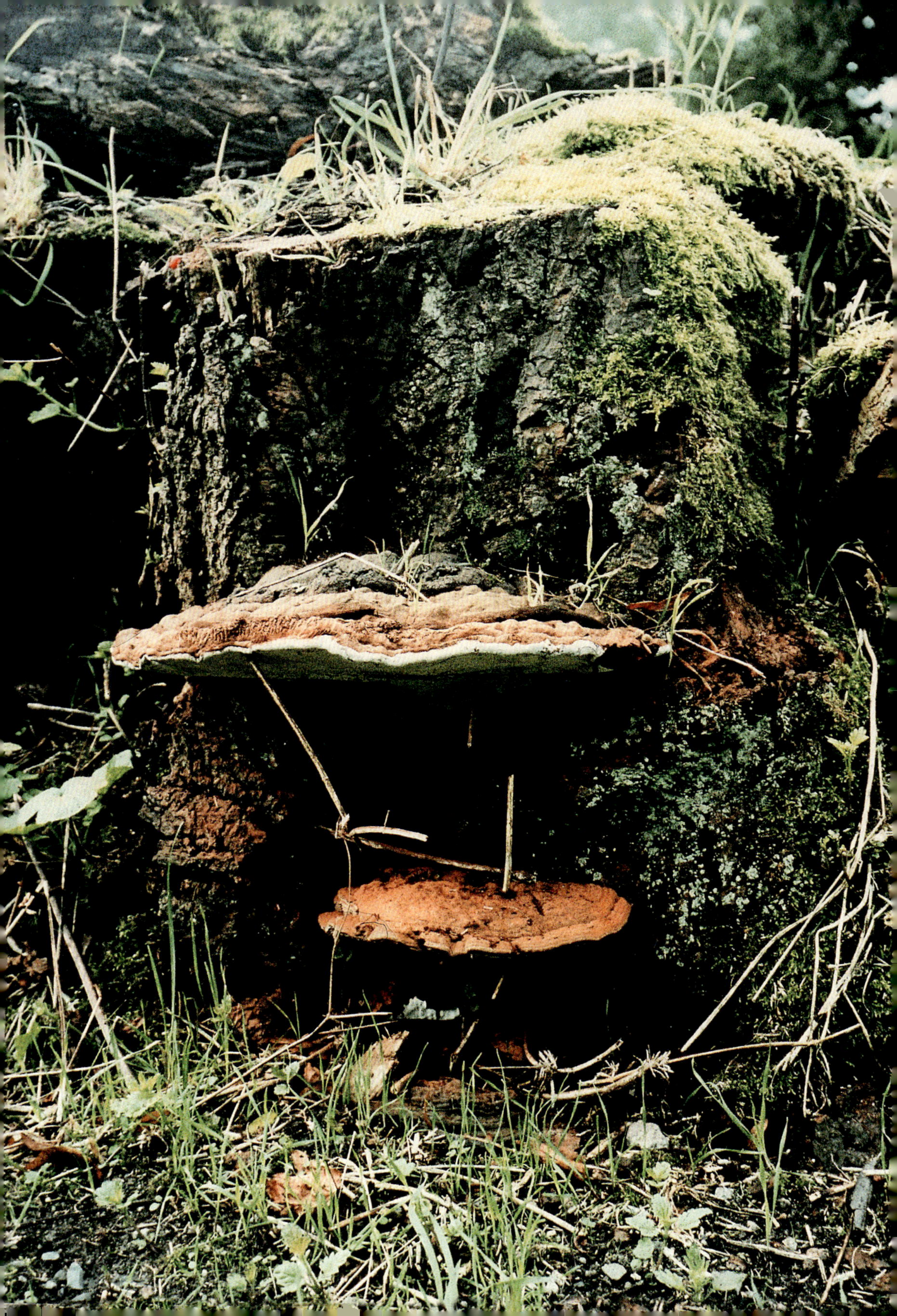

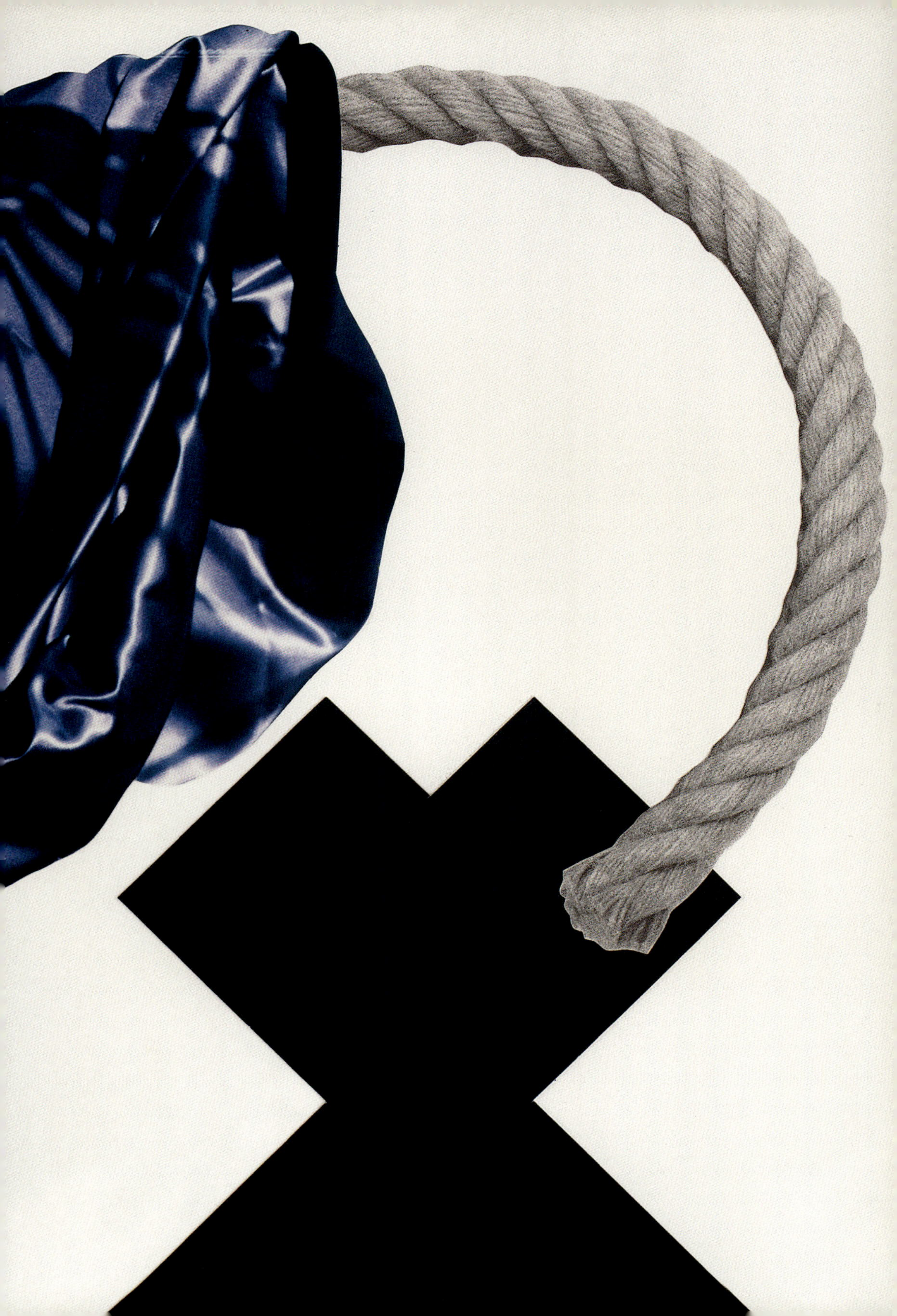

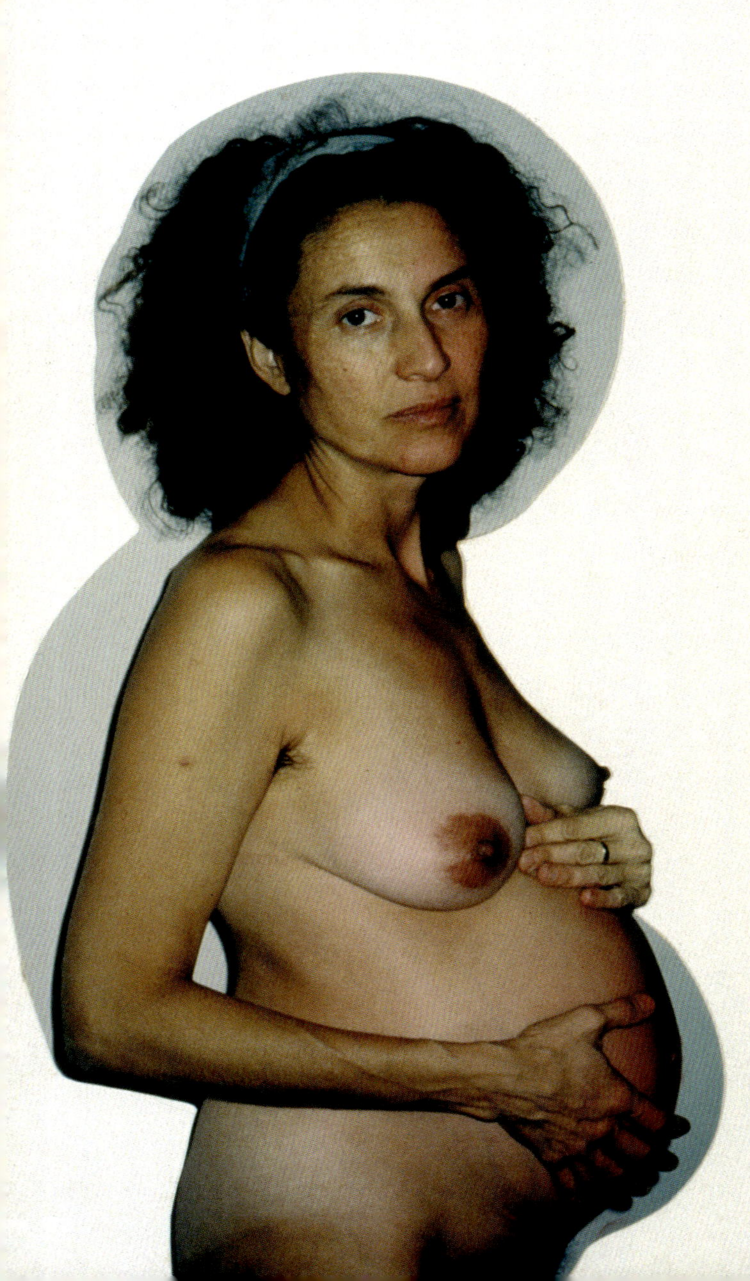

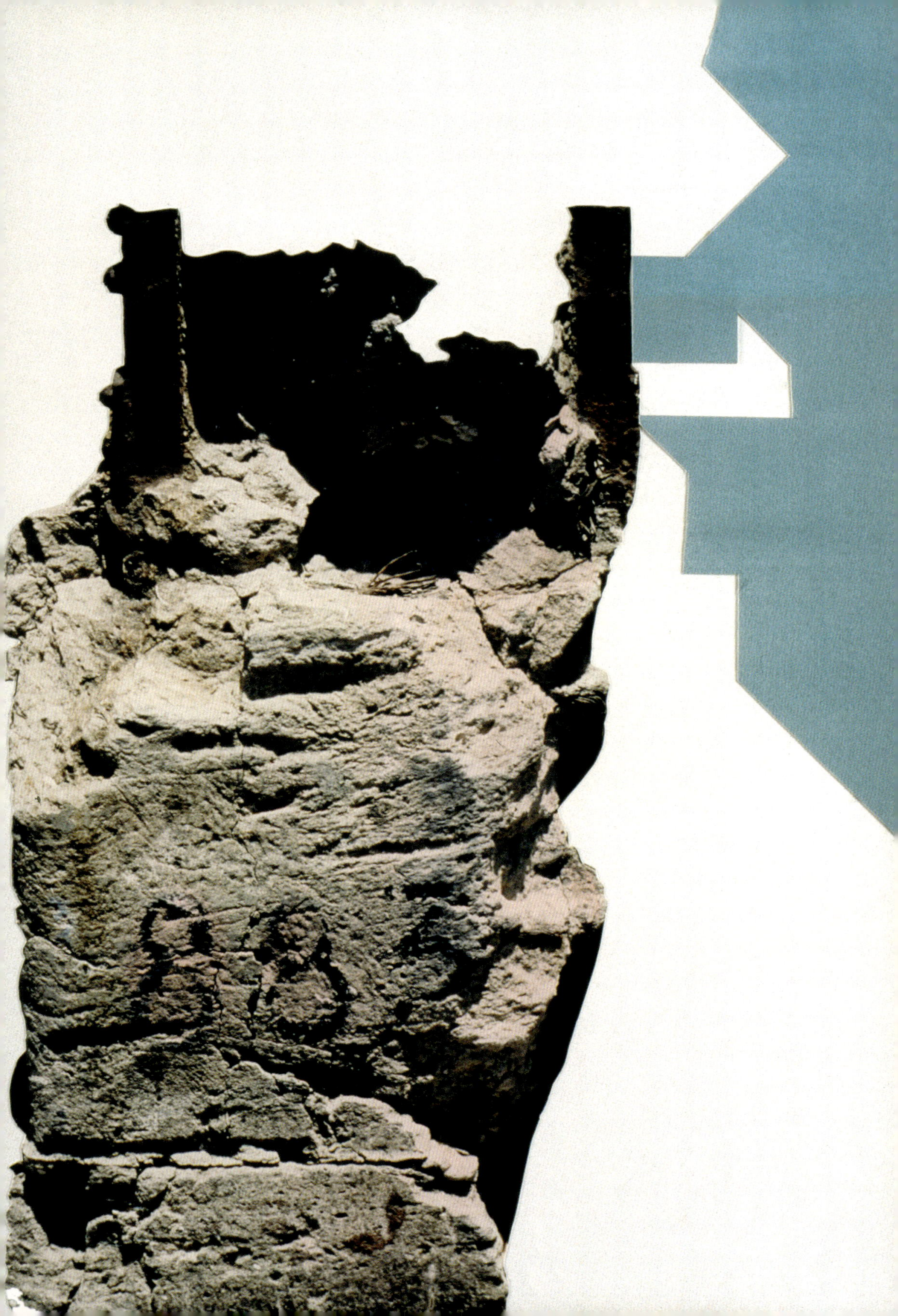

REQUIEM PER LA SPECIE E PER LA MACCHINA

1997–1998

Requiem for the Species and for the Machine. The humanistic machine that imitates the muscular power of man has an old, obsolete body. The idea of dedicating a Requiem for the end of an era, for all that was good and bad, came to the artist in 1997, when she read that in a laboratory they were growing human flesh around a stick of coral. Now, a few years later, a robot child grows and learns, becomes an adult. No judgment is made, it may be either better or worse, but different: artificial man, a substitute or protagonist.

Sixteen individual works, diptychs and triptychs, cubes in iron and steel, an iron sculpture, retouched photos, pigments, watercolor, collage on kapa-plast, iron, steel

Penis, h.140 x 100 cm. + cube
Wounded Arm, h. 140 x 100cm. + cube
Feet, h. 140 x 100 cm + cube
Left Hand, h. 140 x 200 cm + 2 cubes
Drapery and Dead Leaves, h. 140 x 200 cm + cube
Three Hands, h. 140 x 200 cm + cube
Pipe Junction, h. 140 x 200 cm + cube
Flame and Machine, h. 140 x 200 cm + cube
Heart, Machine, Drapery, h. 140 x 300 cm + cube
Young Bride, Blood, Pieces of Machinery, h. 140 x 300 cm + cube
Female Bust, Olive Branches, h. 140 x 200 cm + cube
Laughing Mouth, Mud, h. 140 x 200 cm + sculpture
Pubis and Tulips, h. 140 x 200 cm + sculpture
Naked Back, Machine, Candle, h. 140 x 300 cm + sculpture
Vagina and Barbed Wire, h. 140 x 200 cm + cube
Ashes and Laurel Wreath, h. 140 x 200 cm + cube

Requiem per la specie e per la macchina. La macchina umanistica, che imita la forza muscolare dell'uomo, ha un vecchio corpo in disuso. L'idea di dedicare un Requiem, per la fine di un'epoca, nel suo bene e nel suo male, venne all'artista nel '97, quando lesse che in laboratorio stavano facendo crescere carne umana attorno ad un bastoncino di corallo. Ora, a pochi anni di distanza, un robot bambino cresce e apprende, diventerà adulto. Non c'è giudizio, potrà essere sia meglio che peggio. Comunque diverso, uomo artificiale, supplente o protagonista.

16 opere singole, dittici e trittici, cubi in ferro e acciaio, una scultura in ferro.
Fotografia ritoccata, pigmenti, acquarello, collage su kapa-plast, ferro, acciaio.

Реквием по живым и машинам. Механические агрегаты, заменившие человека в сфере применения физического труда, уже не актуальны. Художница задумывает реквием по уходящей эпохе со всем, что было в ней хорошего и плохого, в 1997 году – прочитав о том, что ученые скрестили в лаборатории плоть человека и коралл. Прошло не так уж много лет – и вот уже создан робот-ребенок: он растет и учится, со временем он станет взрослым. Кто способен вынести вердикт, к добру ли это или ко злу? Так или иначе, он другой, этот искусственный человек, дублёр ли он или же главное действующее лицо.

16 инсталляций, состоящих из отдельных панелей, диптихов или триптихов, металлических кубов или железных скульптур.
Фотография, красители, акварель, коллаж, пластик, железо, сталь.

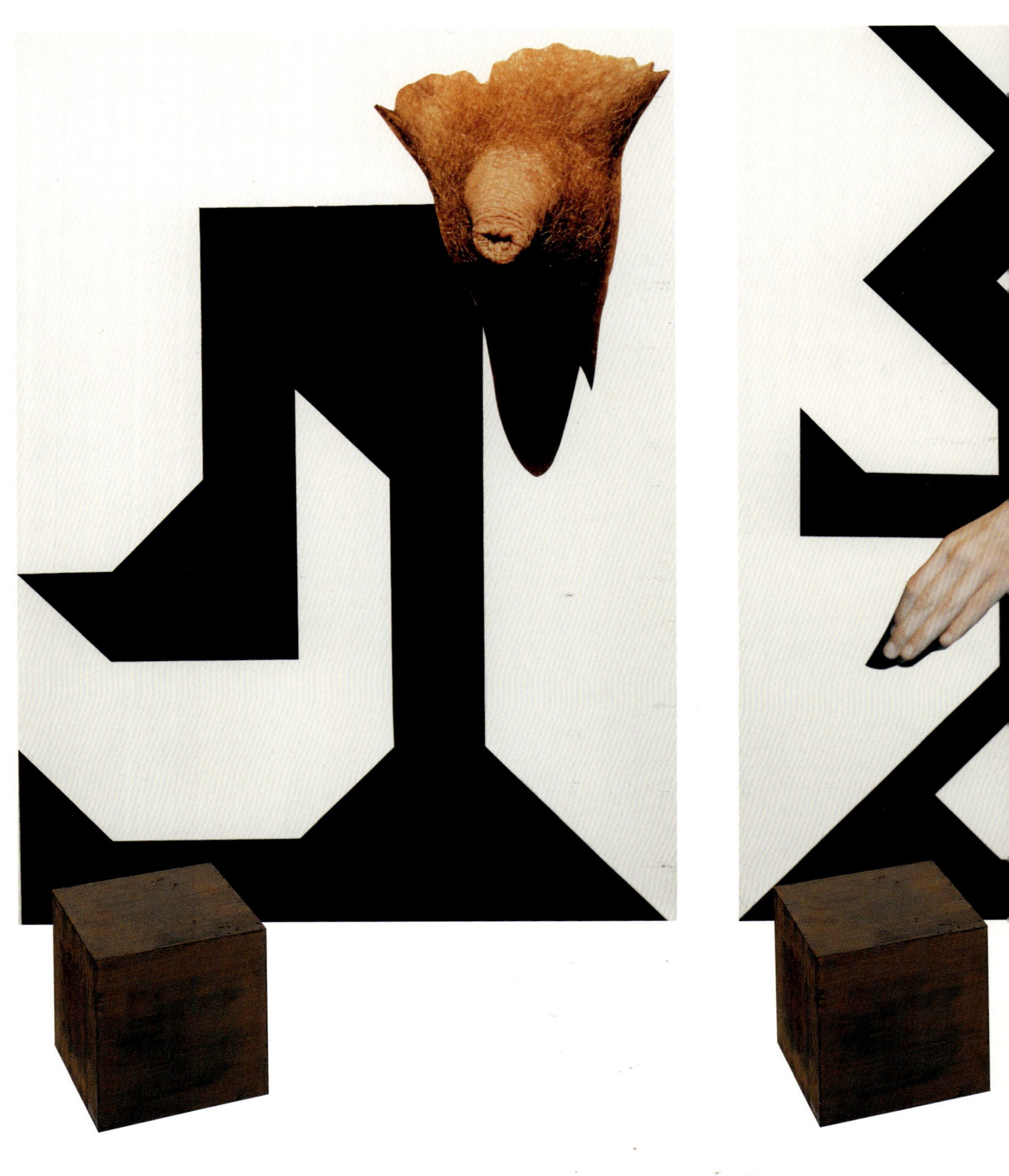

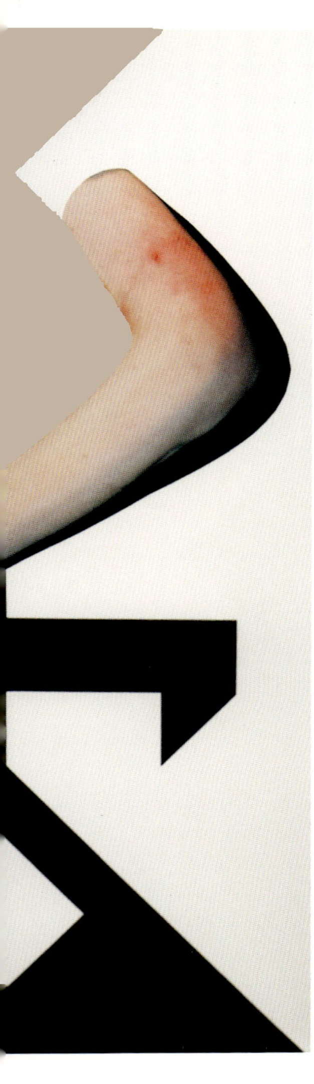

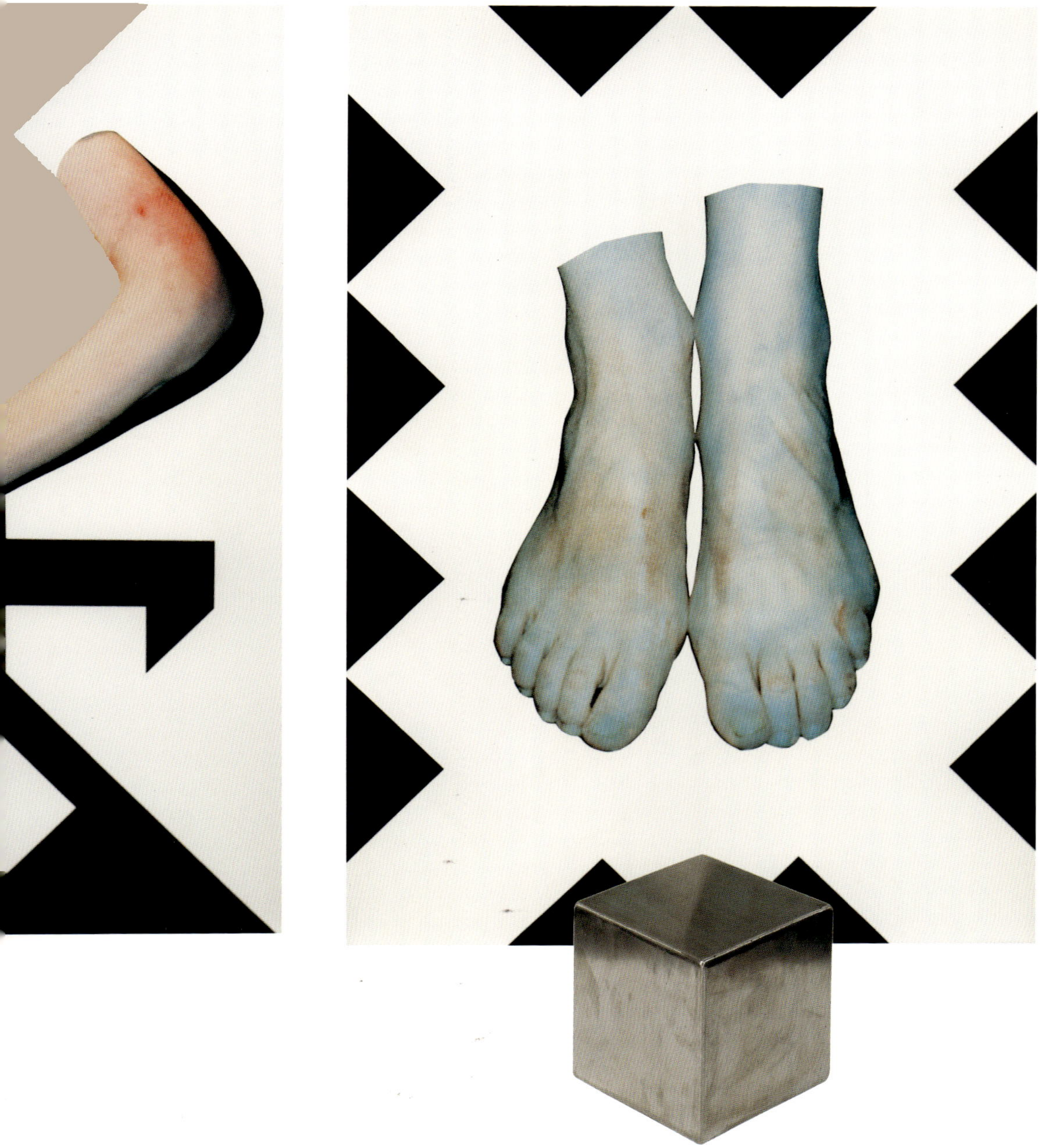

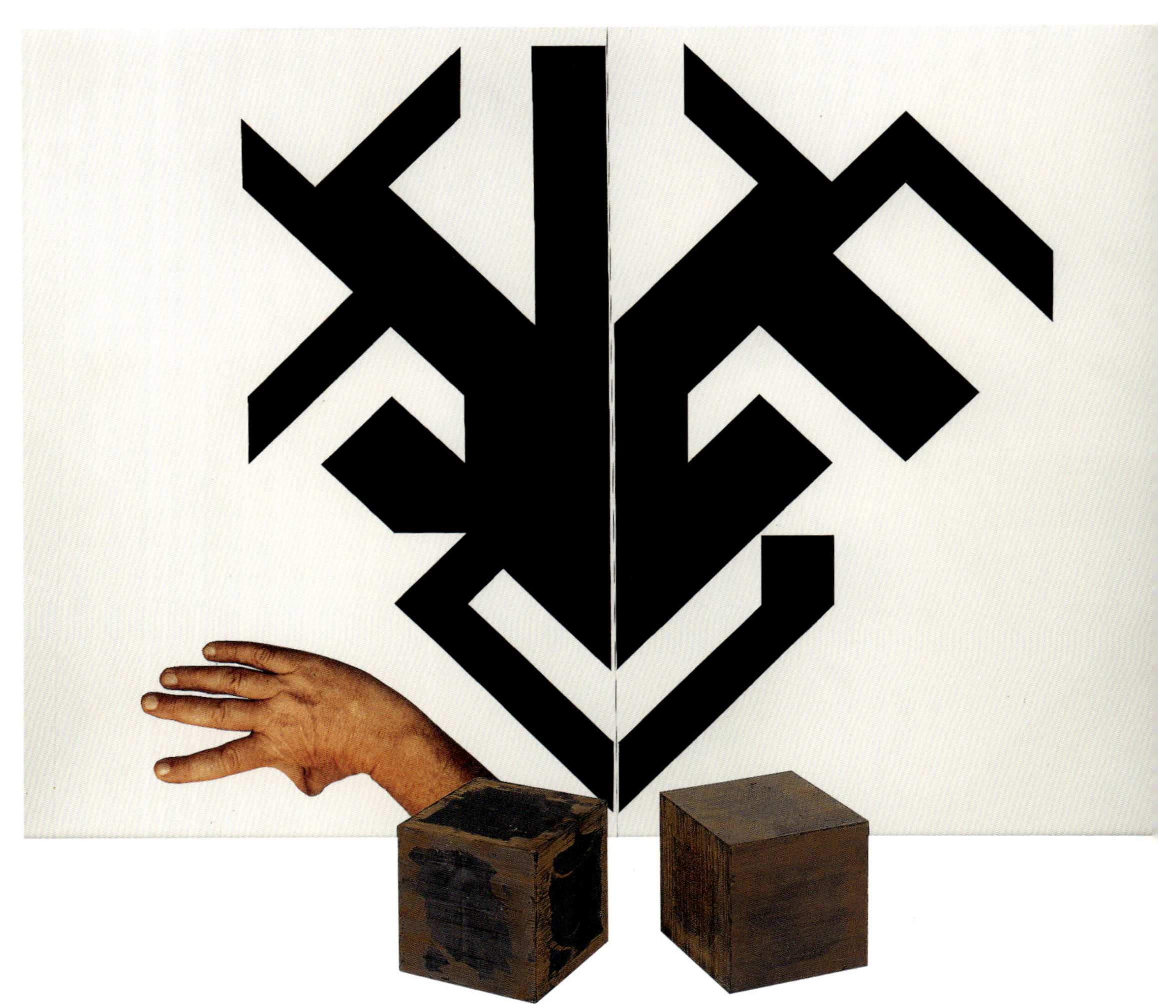

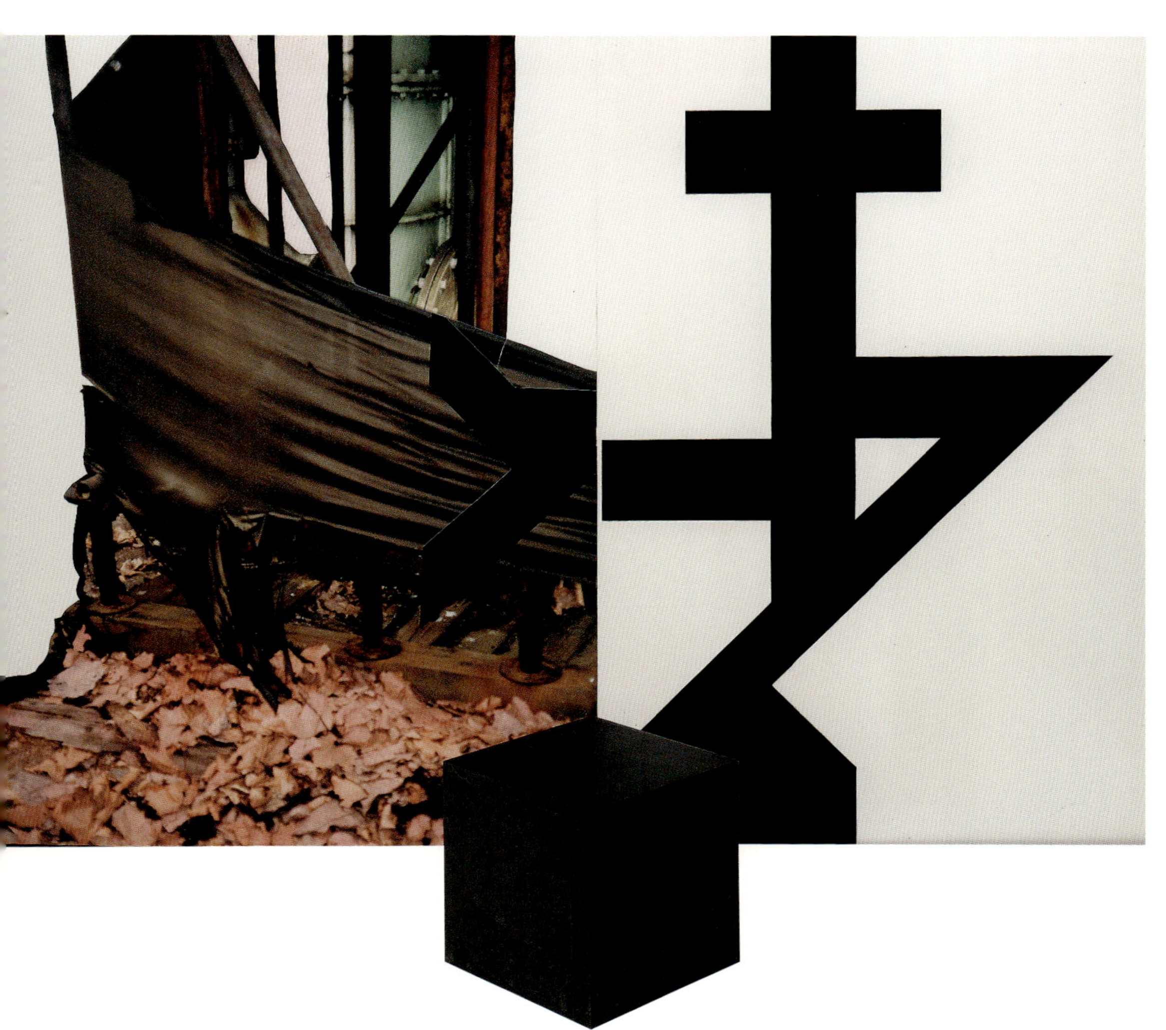

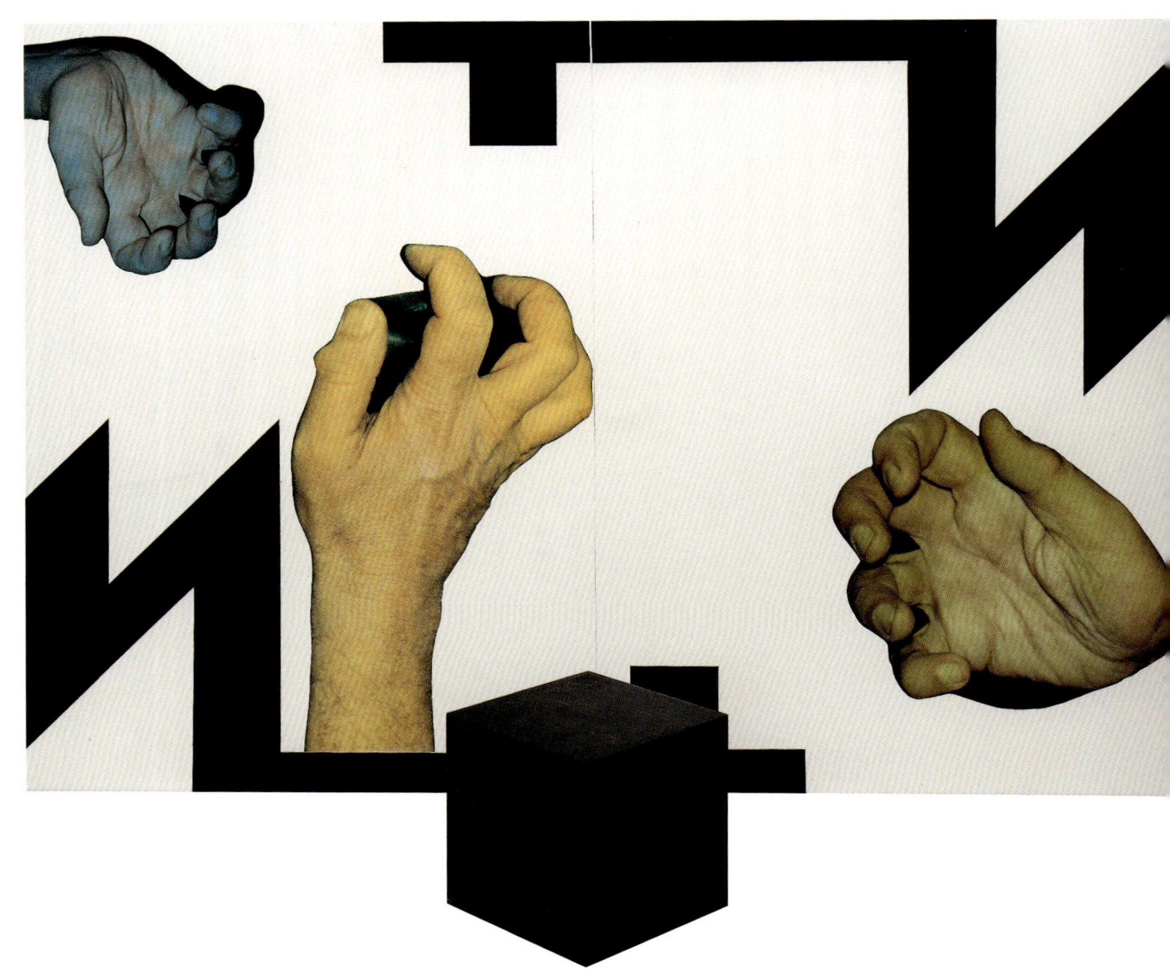

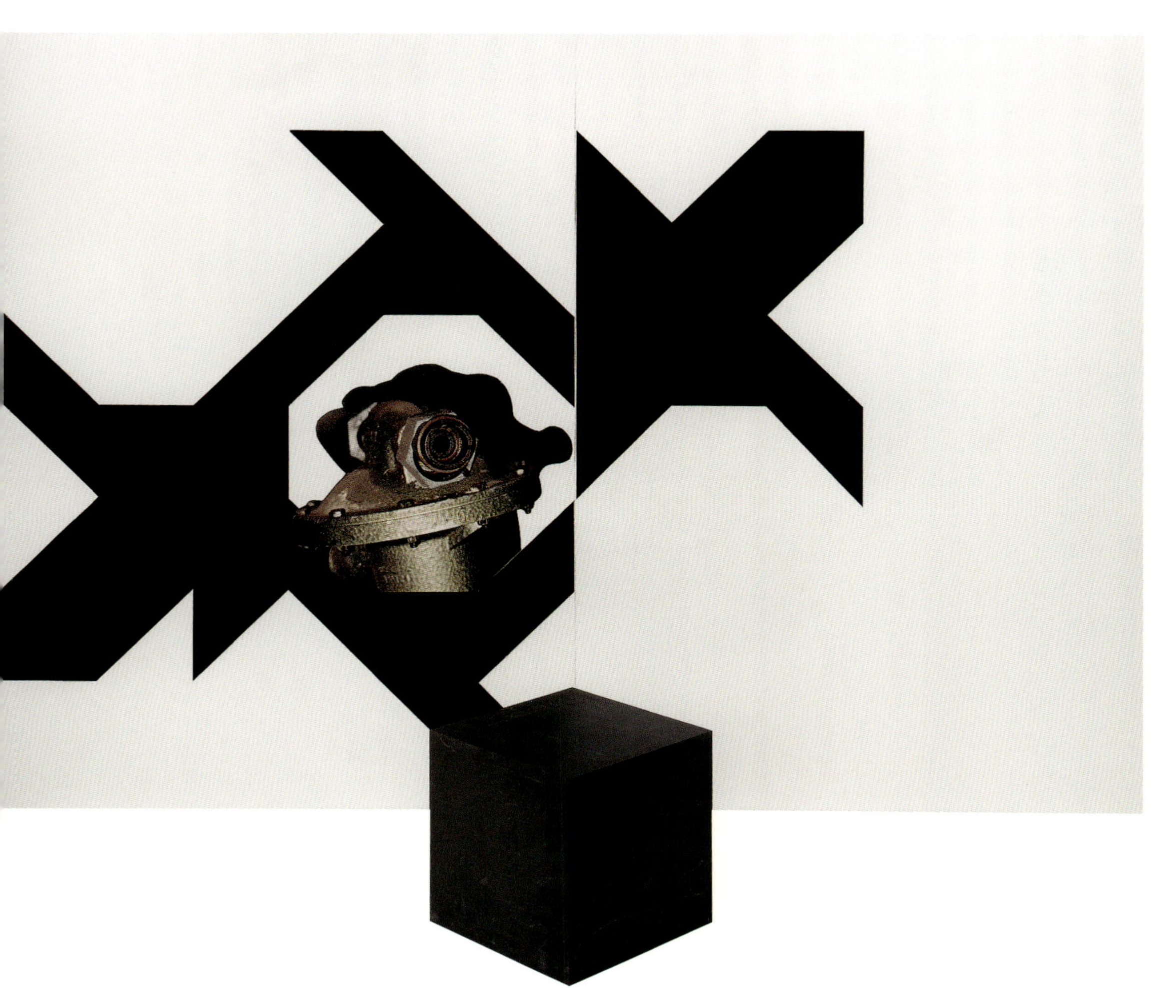

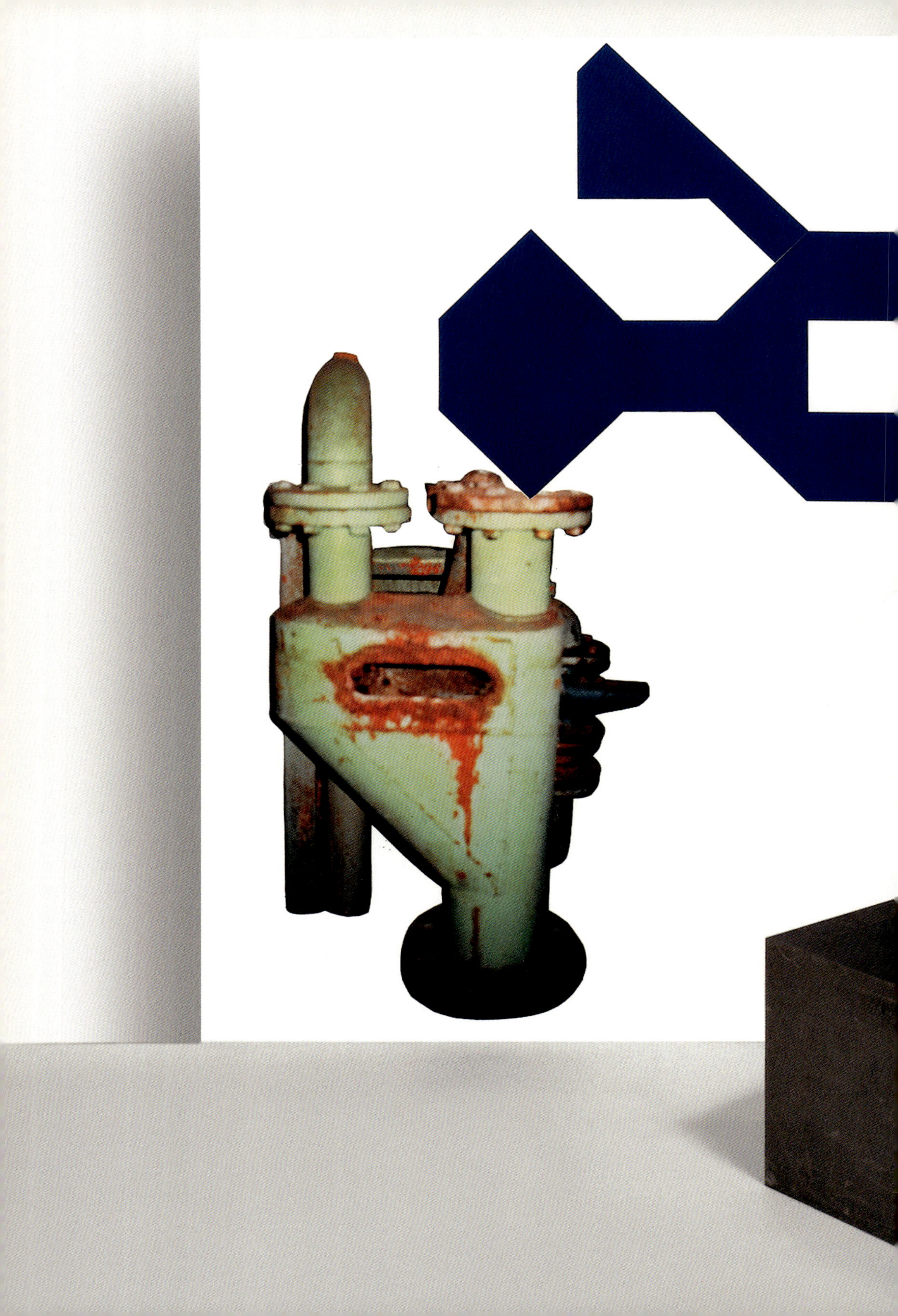

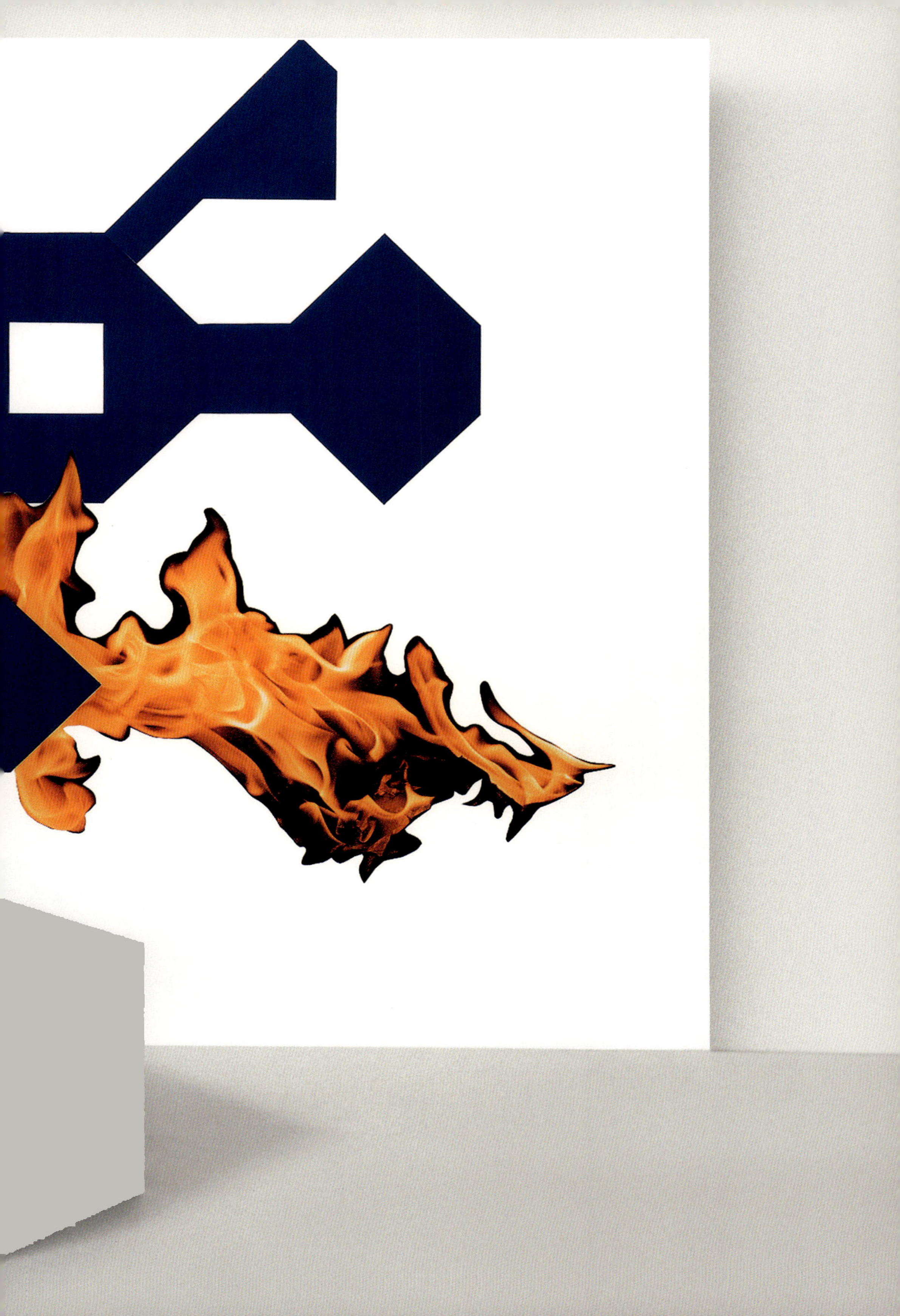

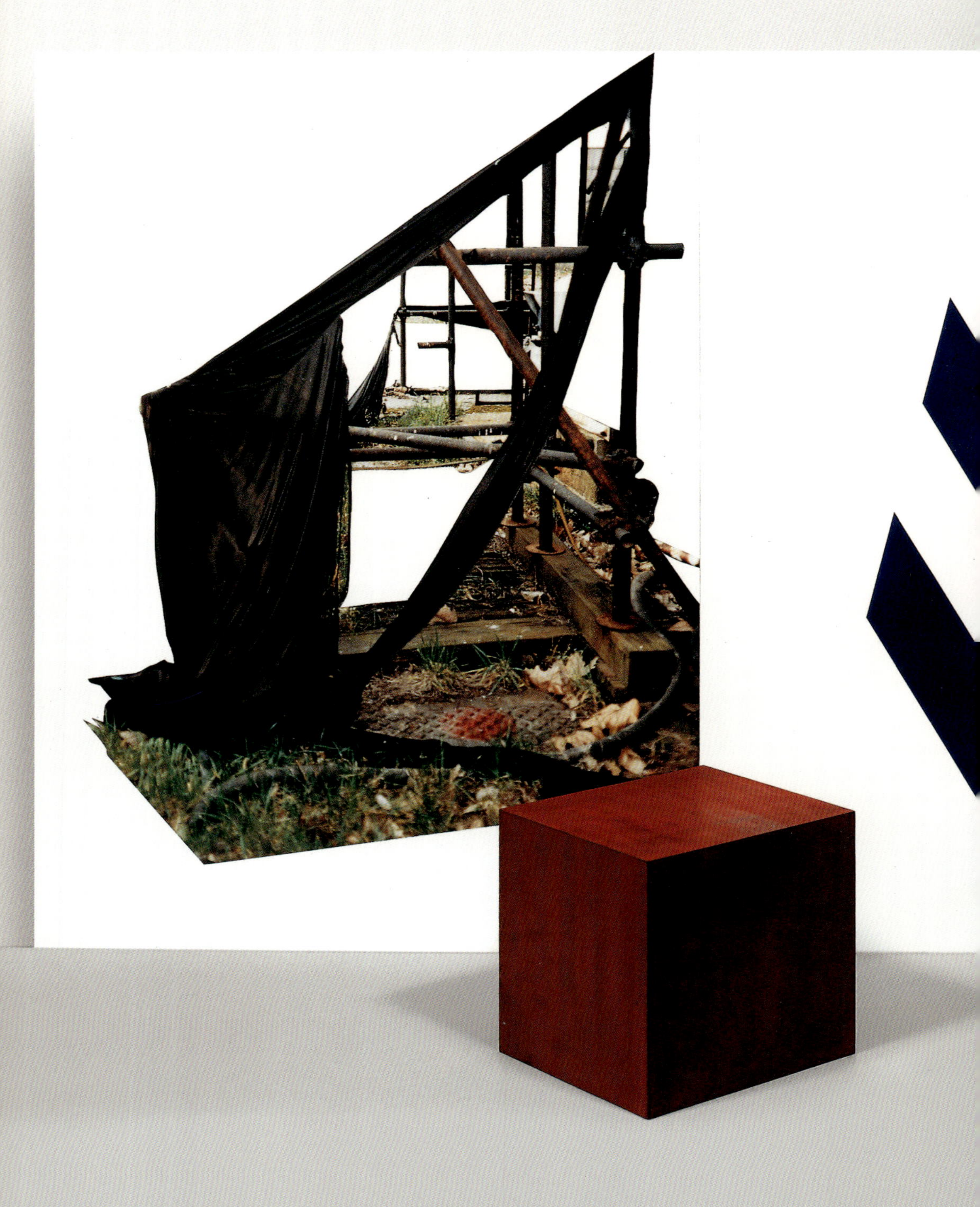

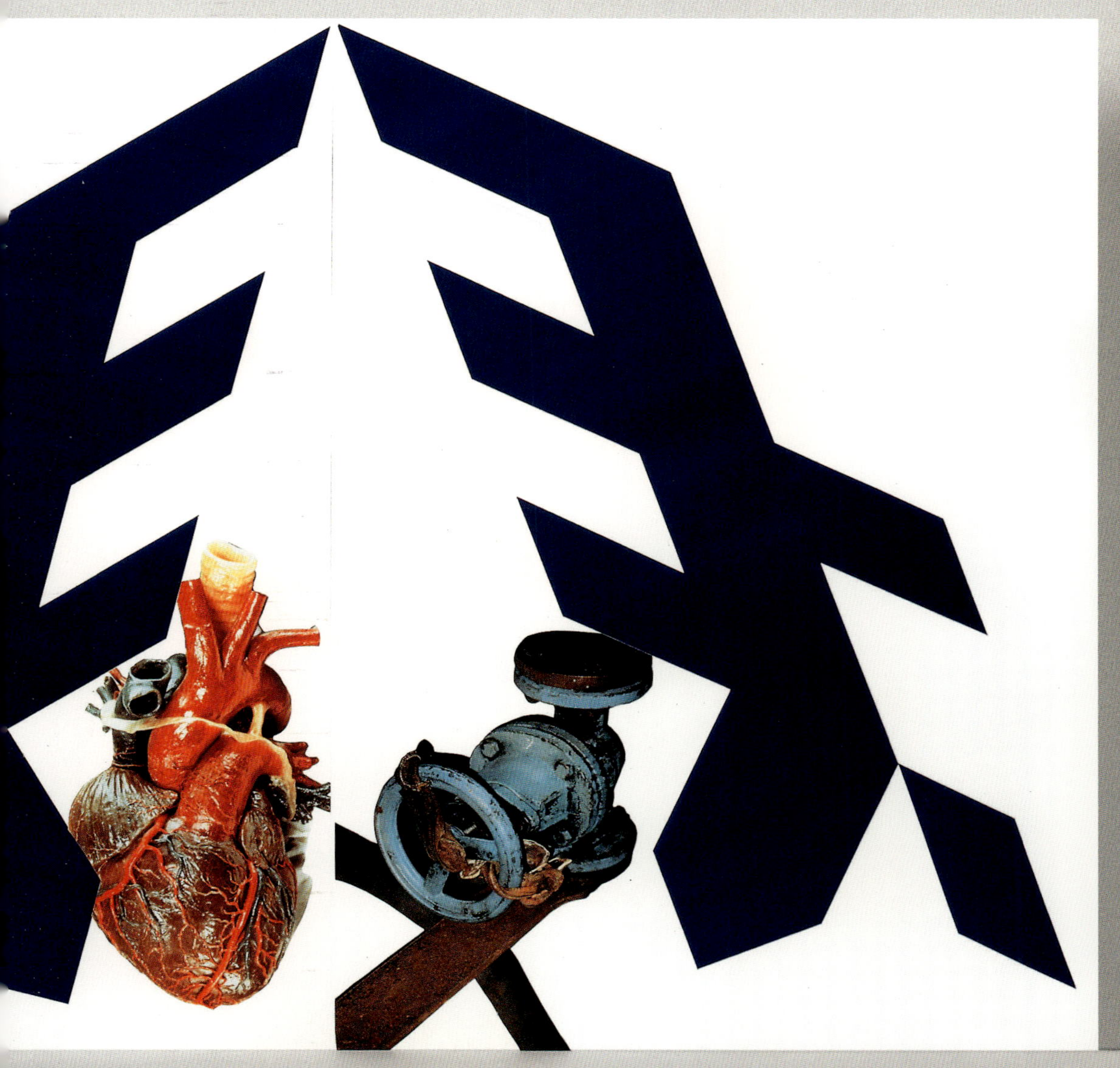

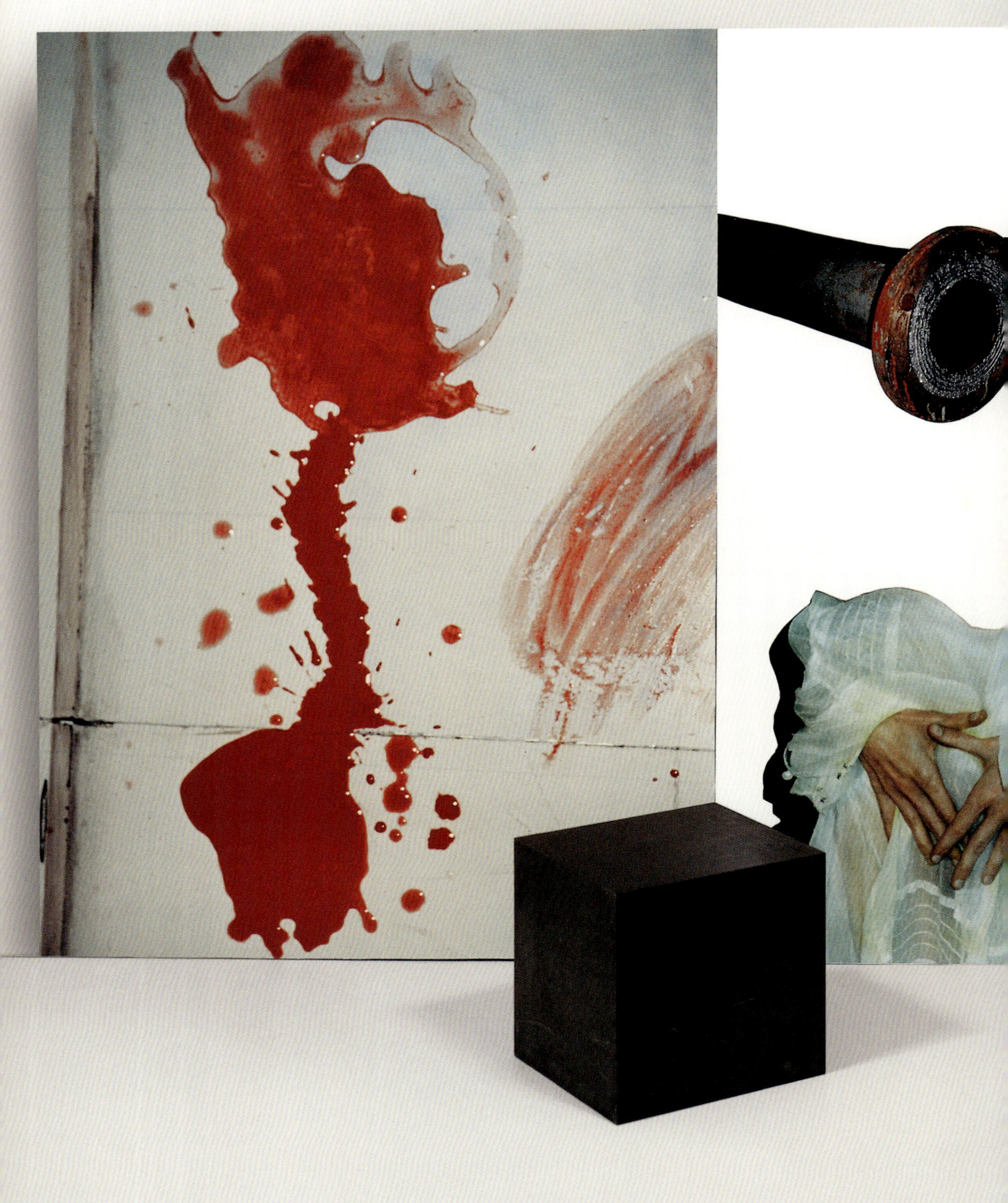

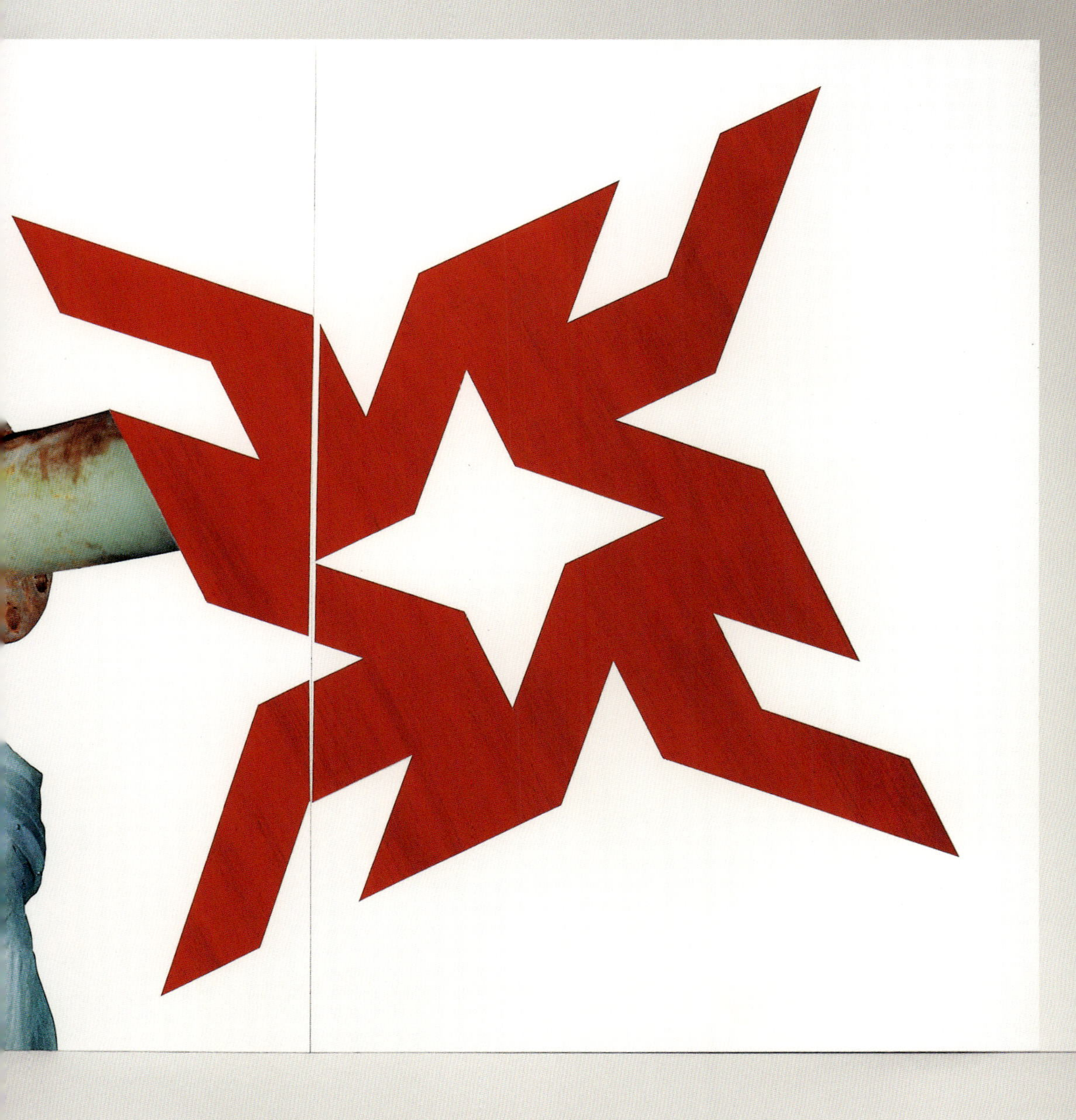

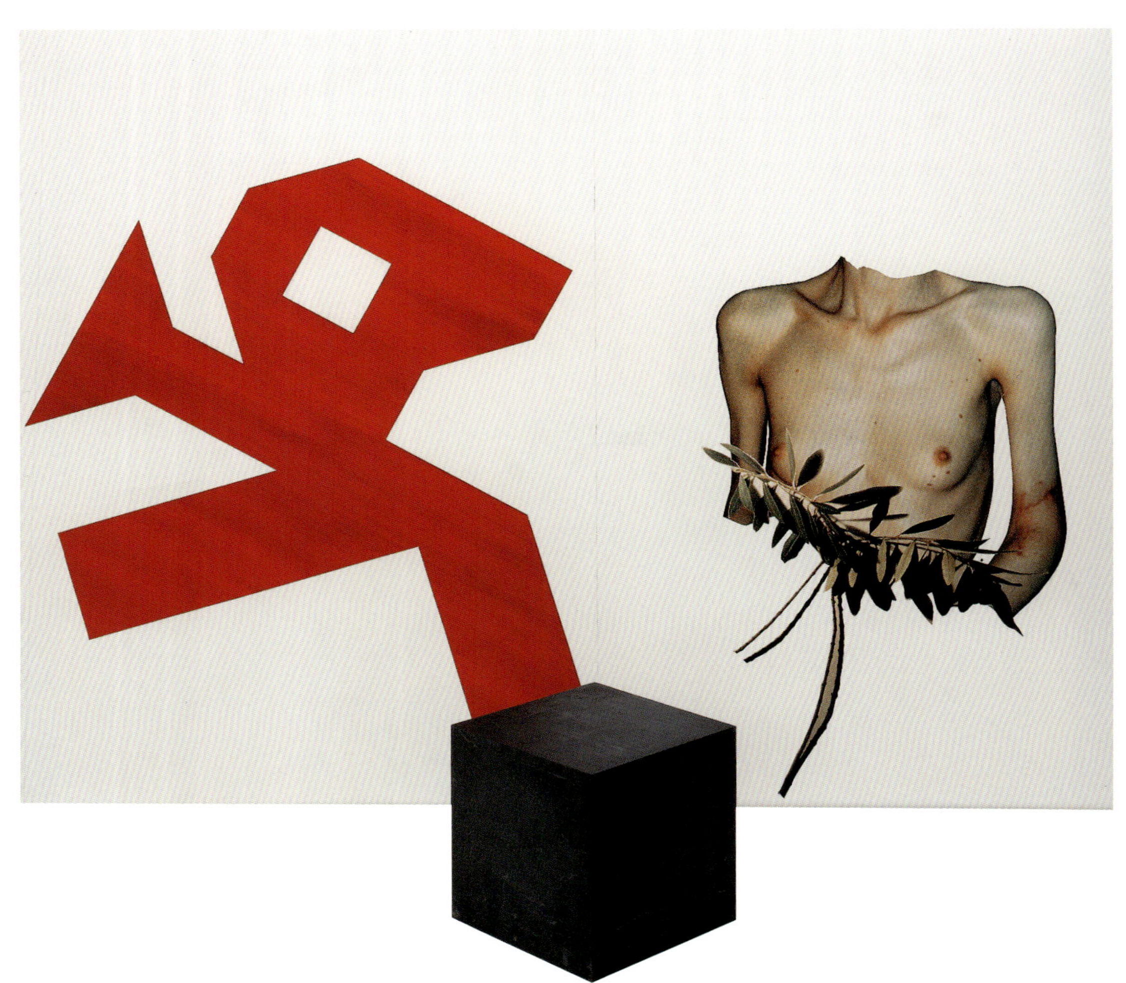

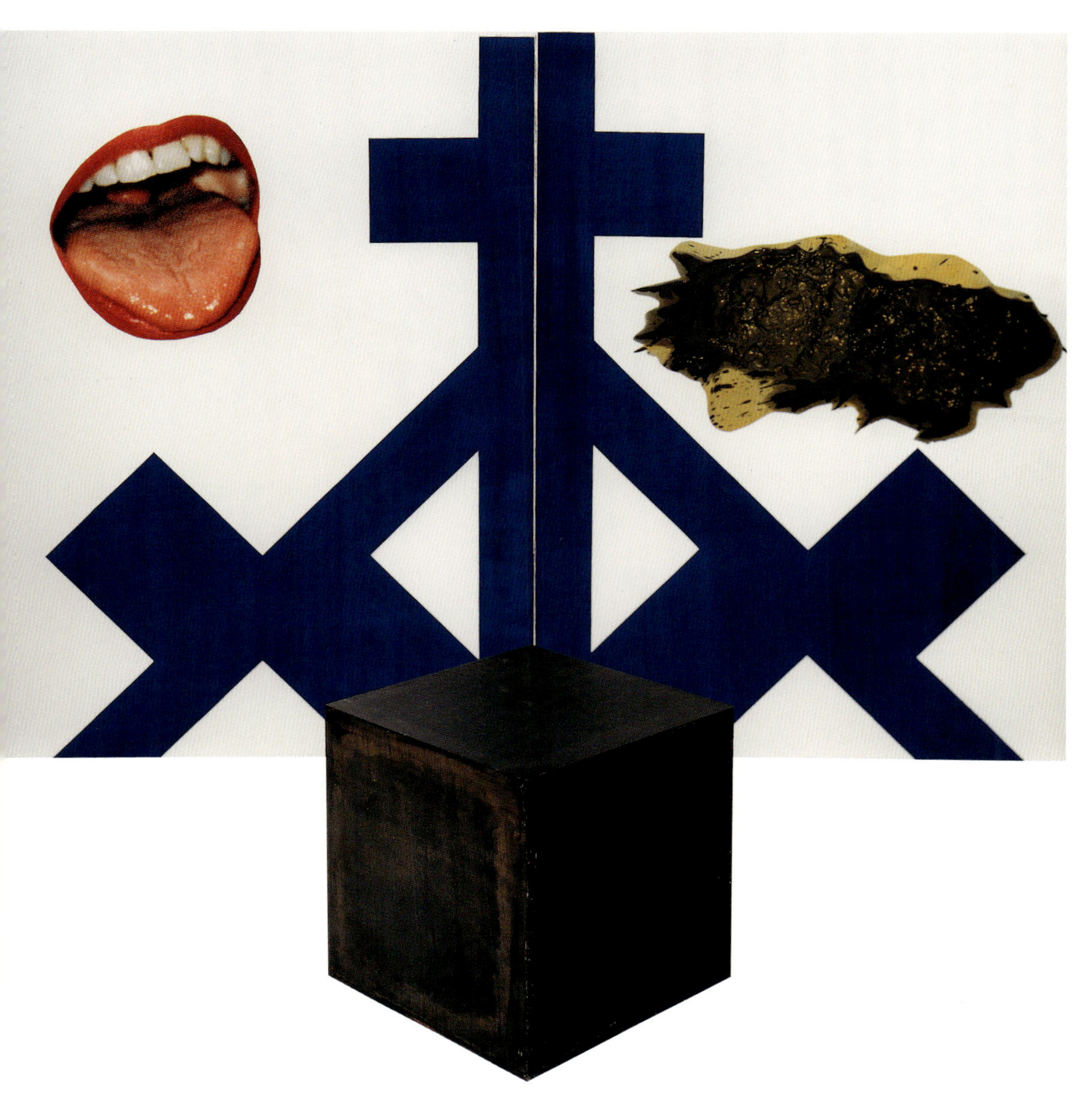

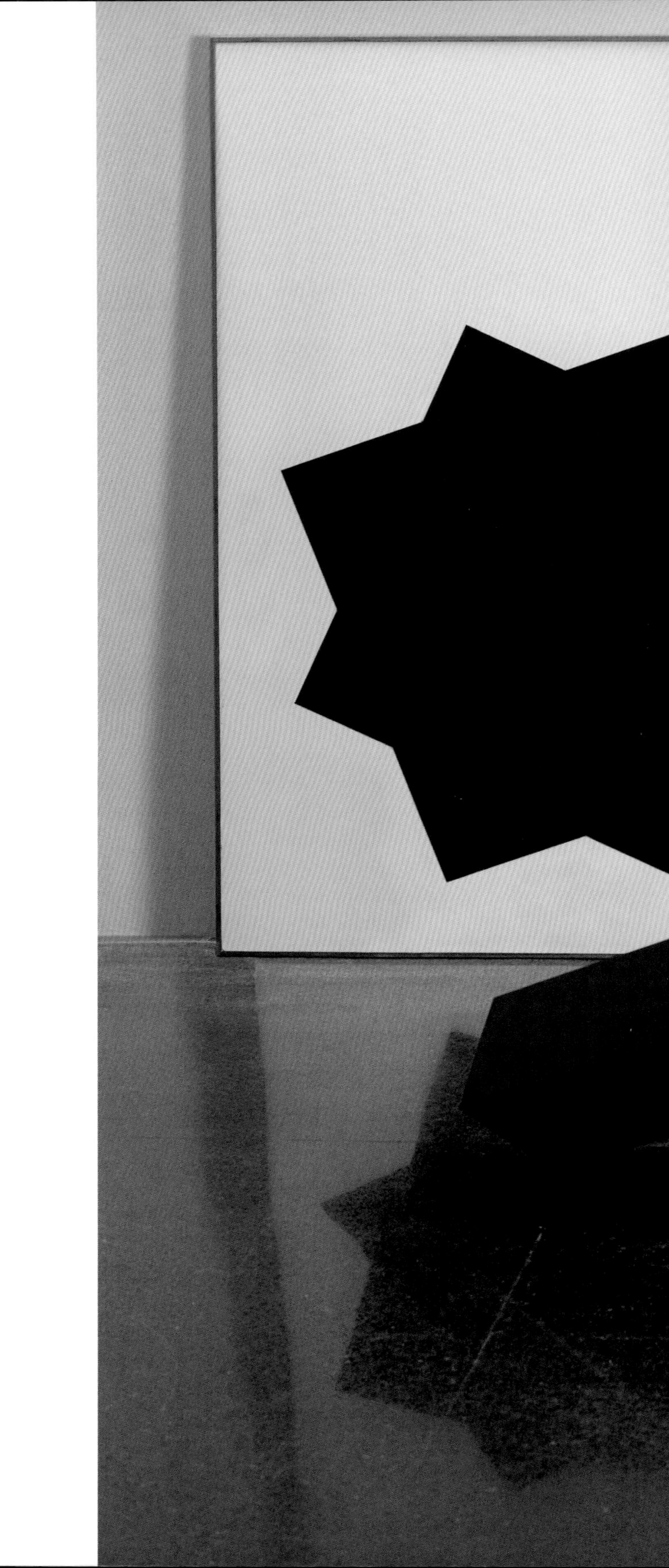

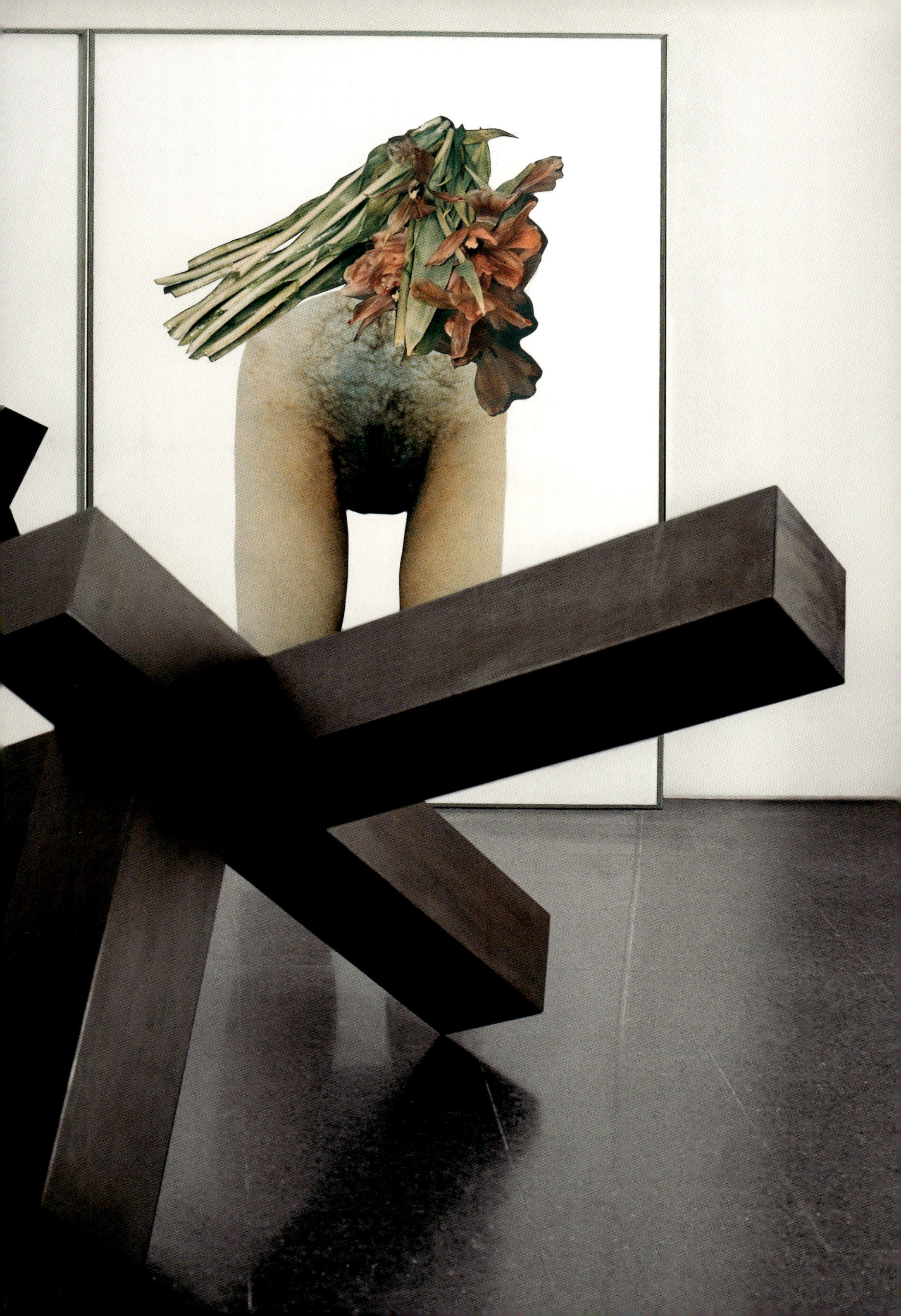

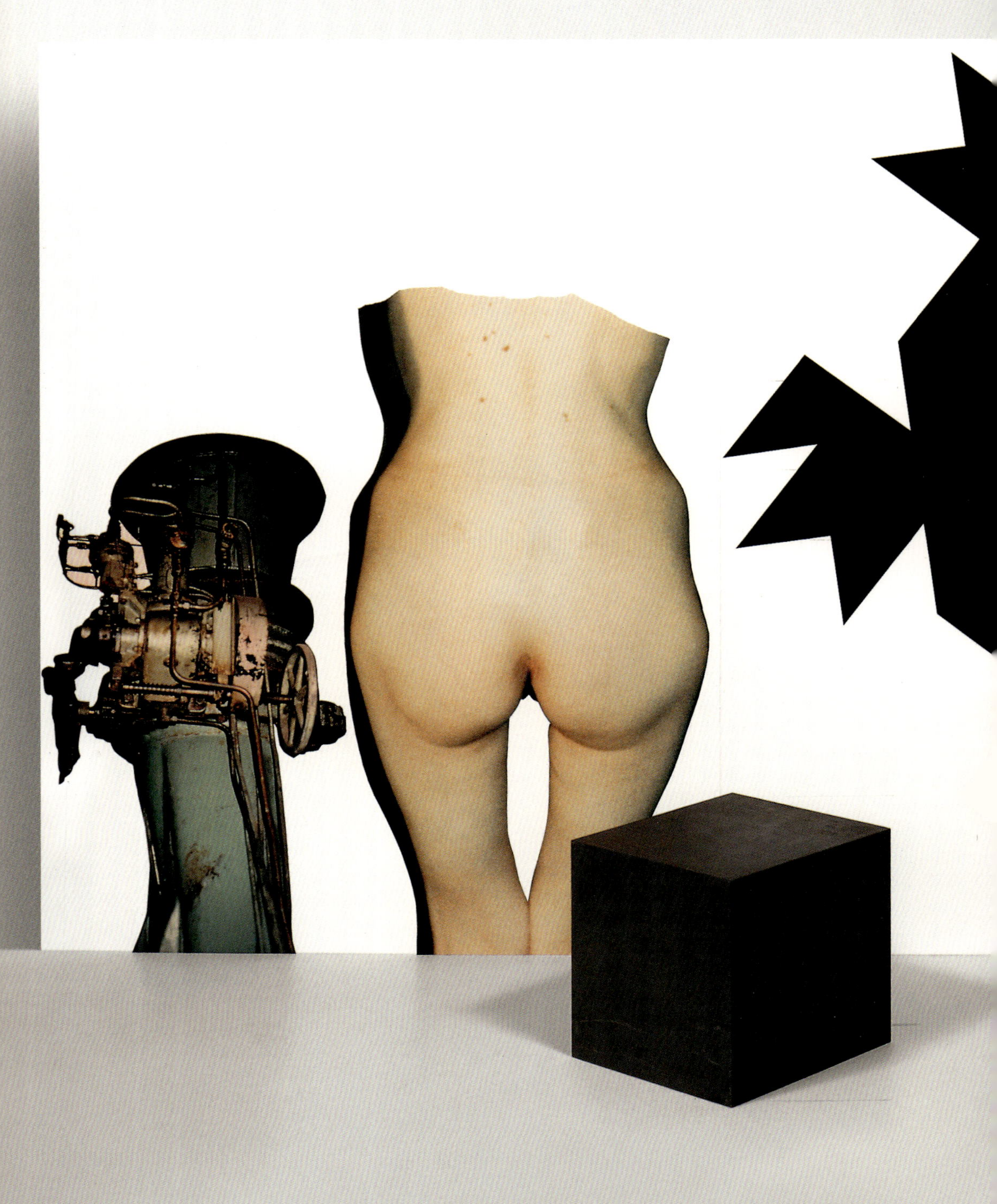

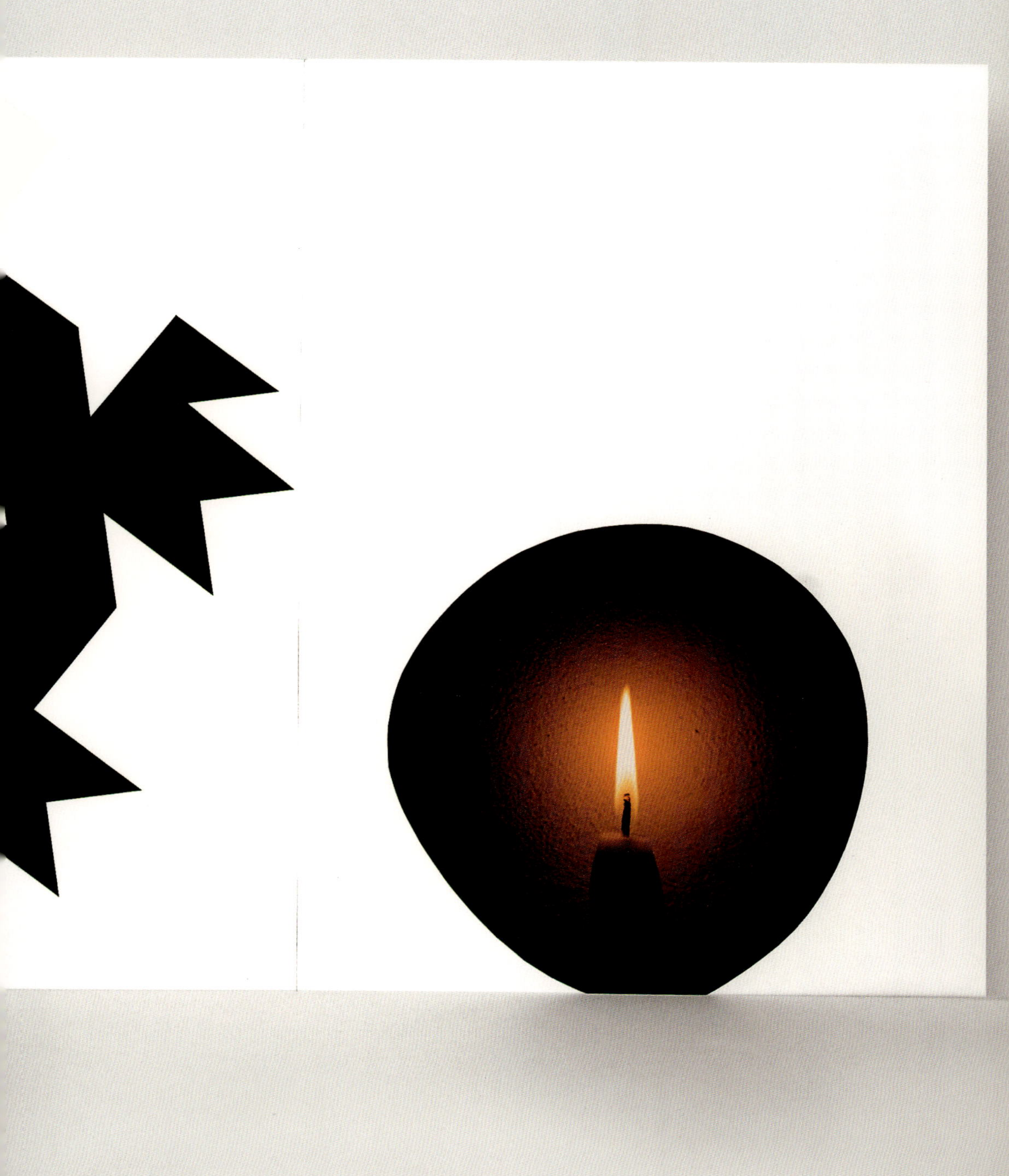

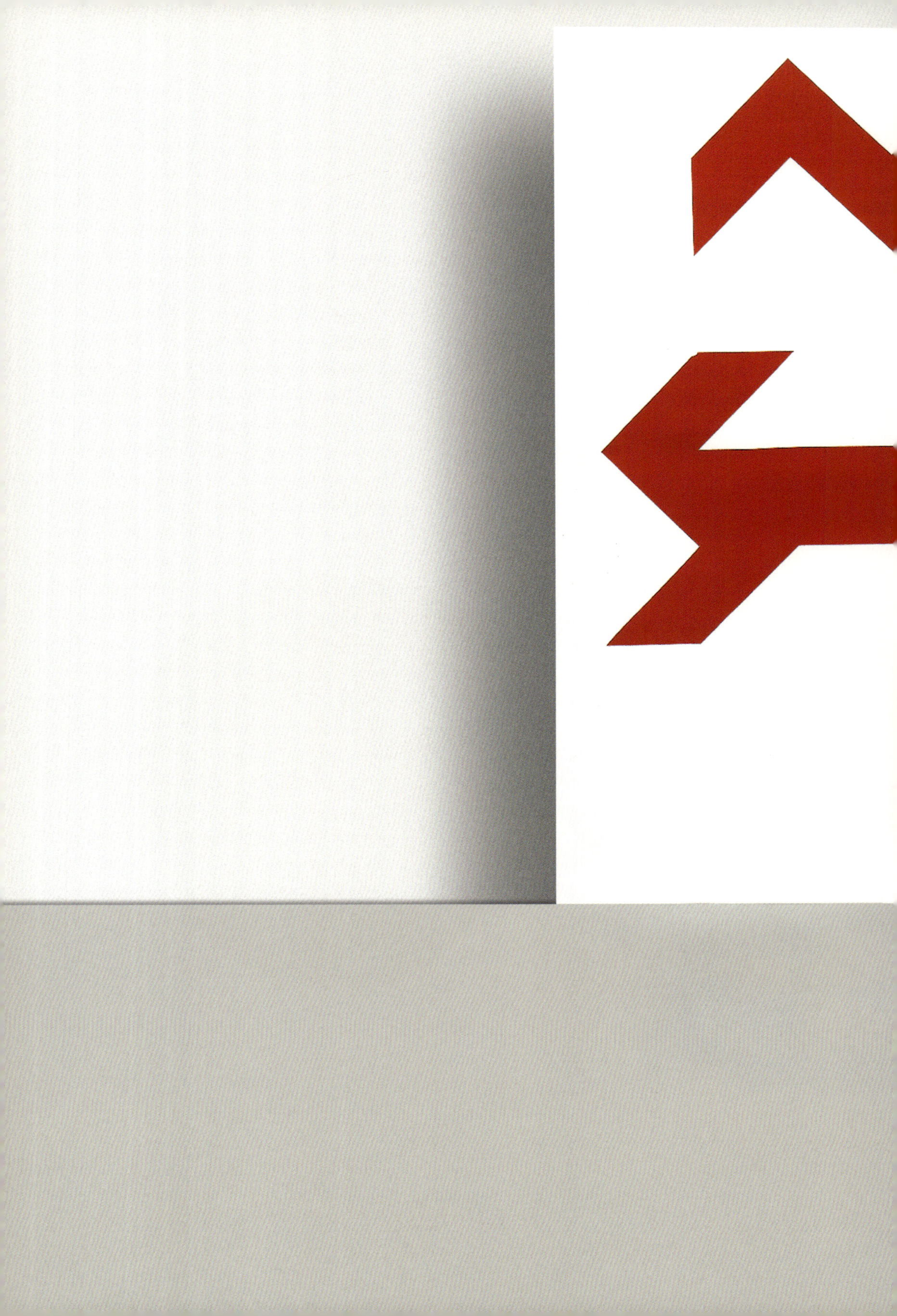

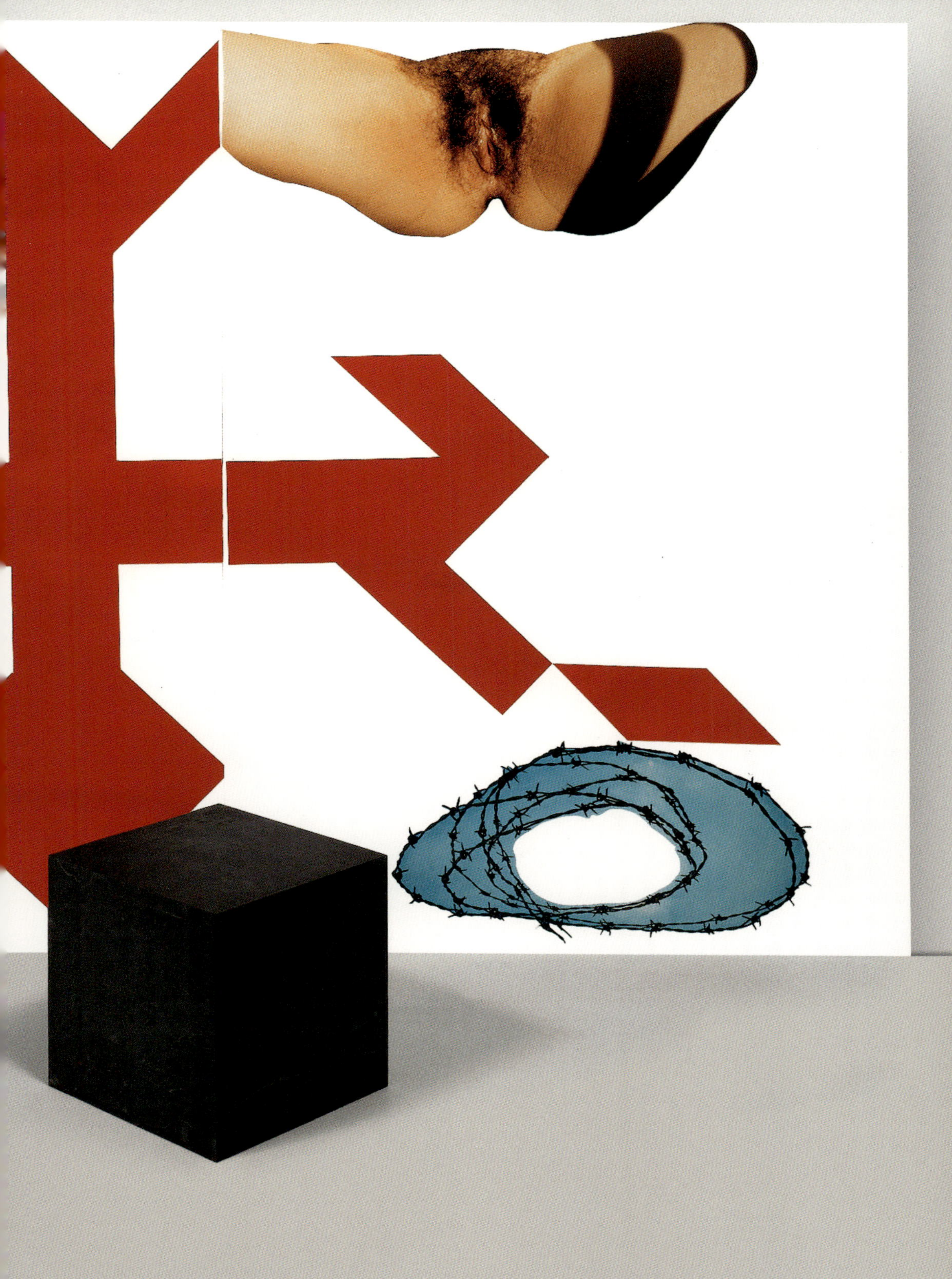

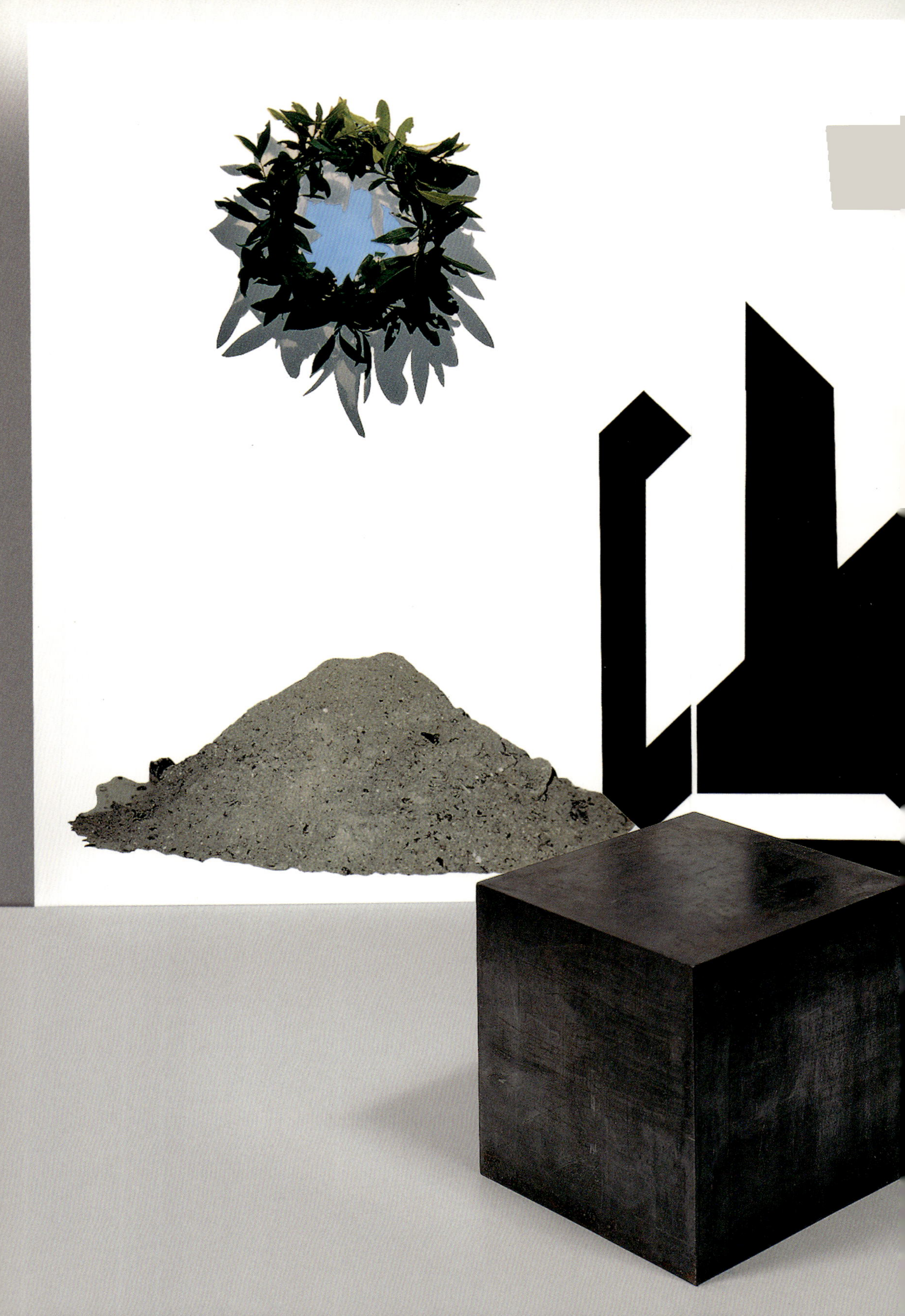

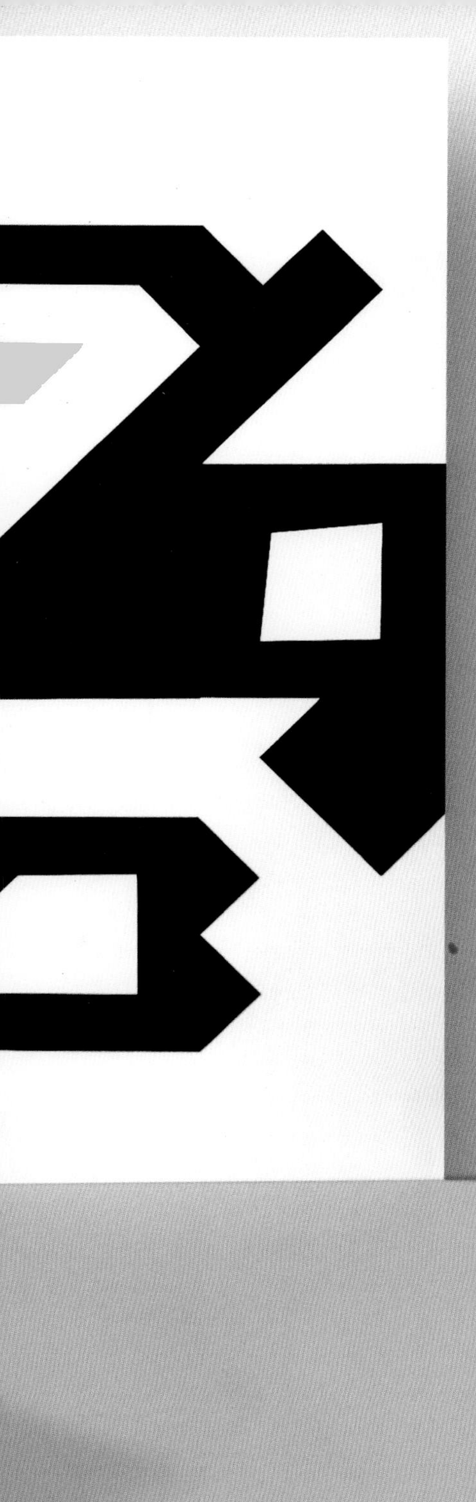

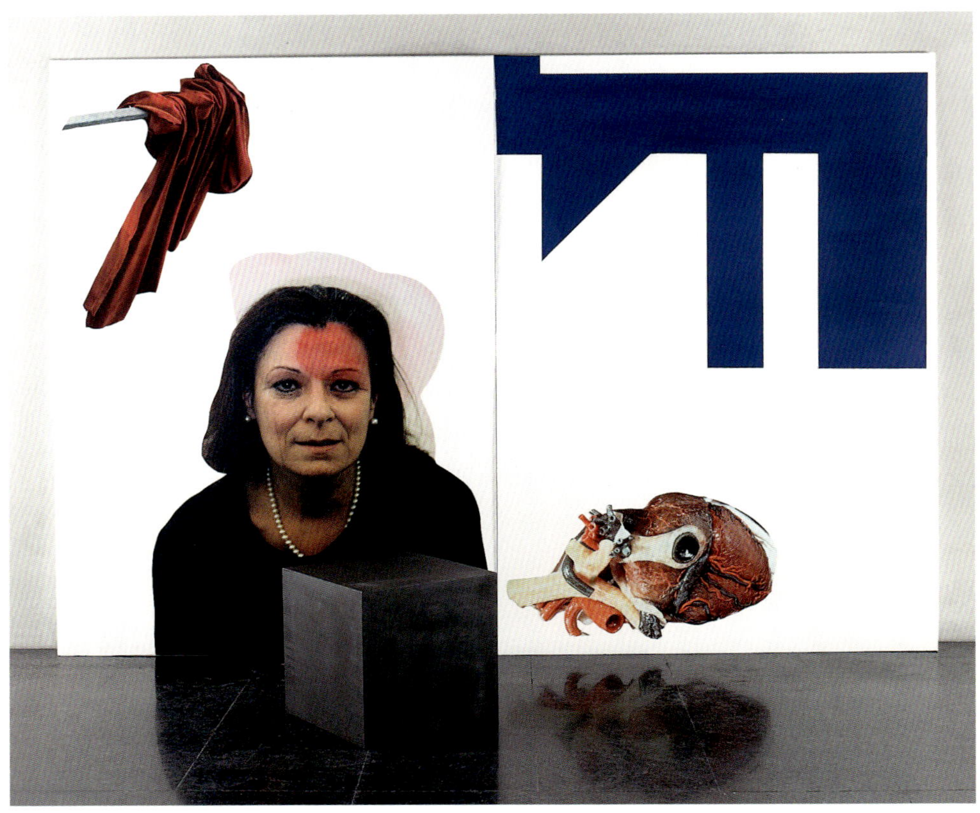

The Human Comedy: of the Artist Fausta Squatriti Crying, 2000
La commedia Umana: dell'artista Fausta Squatriti, piangente
«Человеческая комедия – художницы Фаусты Скуатрити, плачущей »

APPENDIX

APPENDICE

ПРИЛОЖЕНИЕ

LISTA DELLE OPERE

OPERA AL NERO
(2009)

Ritratto dell'artista da giovane
h. cm 140 x 100 x 120 (misure variabili), acciaio inox
speculare, resina poliuretanica, rame   pp. 79-85

Alter ego
cm 179 x 160 x 100, acciaio inox speculare, stampa digitale
su acciaio, legno dipinto, pressofusione in alluminio
ricoperto di bitume   pp. 86-89

Sudario
cm 220 x 55 x 55, acciaio, ferro, resina poliuretanica,
vernice epossidica   pp. 90-93

ECCE HOMO
(2005-2009)

Con donna sotto al tavolo
h. cm 100 x 210 + scatoletta in zinco
e piombo   pp. 100-101

Con due donne stese dentro alla branda
h. cm 100 x 210 + scatoletta in zinco
e filo di ferro   pp. 102-103

Con donna a testa rasata, vestito a righe
h. cm 100 x 210
+ scatoletta in zinco e lattice   pp. 104-105

Con uomo intento alla propria voce
h. cm 155 x 106 x 20
+ scatoletta in zinco con conchiglie   p. 106

Con donna pudìca
h. cm 102 x153 x 20
+ scatoletta in zinco e mattoni   p. 107

Con mutilato dentro alla gabbia
h. cm 155 x 106 x 20 + croce in zinco,
legno, carta, piccolo motore   p. 108

Con due uomini all'aperto
h. cm 75 x 131 x 15 (variabili)
+ scatoletta in zinco con fiches   p. 109

Con donna nuda di schiena
h. cm 54 x 131 x 15 (variabili)
+ scatoletta in zinco con lamiera   p. 110

Con donna a torso nudo che si rifà il letto
h. cm 54 x 131 x 15 (variabili)
+ scatoletta in zinco con bronzo   p. 111

Con scimmia
h. cm 103 x 153 x 20
+ scatoletta in zinco e terracotta   p. 112

BEATA SOLITUDO SOLA BEATITUDO
(2002-2005)

Con drappo viola
h. cm 140 x 200 + cubo   pp. 116-117

Con luce d'alba
h. cm 140 x 200 + cubo   pp. 118-119

Con finestra a Palermo
h. cm 210 x 210 x 30 + cubo   p. 120

Con cave di tufo a Favignana
h. cm 210 x 210 x 40 + cubo   p. 121

Cava di tufo a Favignana
h. cm 100 x 140 x 25 + cubo   p. 122

Con cava sommersa dal mare, a Favignana
h. cm 100 x 140 x 40 + cubo   p. 123

Parco dei divertimenti abbandonato
h. cm 100 x 140 + cubo
foto, pigmenti su Fabriano   pp. 124-125

Ciminiera abbandonata
h. cm 70 x 100, foto, pigmenti su Fabriano   pp. 126-127

Con cava di tufo abbandonata, a Favignana
h. cm 70 x 100   p. 122

Con demolizione e corpo umano
h. cm 71 x 100   pp. 130-131

Con piede maschile e tronco spezzato
h. cm 50 x 149   pp. 132-133

Con stagno e corpo acefalo
h. cm 50 x 149   pp. 134-135

Con tronco spezzato e cielo azzurro
h. cm 71 x 102   pp. 136-137

Con funghi, muffe, e corda
h. cm 71 x 103   pp. 138-139

Con donna incinta e reperti archeologici
h. cm 70 x 100   pp. 140-141

REQUIEM PER LA SPECIE
E PER LA MACCHINA

Con pene
h. cm 140 x 100 + cubo   p. 144

Con braccio ferito
h. cm 140 x 100 + cubo   p. 144-145

Con piedi
h. cm 140 x 100 + cubo   p. 145

Con mano sinistra
h. cm 140 x 200 + 2 cubi   p. 146

Con panneggio e foglie morte
h. cm 140 x 200 + cubo   p. 147

Con tre mani
h. cm 140 x 200 + cubo   p. 148

Con bocchettone
h. cm 140 x 200 + cubo   p. 149

Con fiamma e macchina
h. cm 140 x 200 + cubo   pp. 150-151

Con cuore, macchina, panneggio
h. cm 140 x 300 + cubo   pp. 152-153

Con giovane sposa, sangue, parti di macchina
h. cm 140 x 300 + cubo   pp. 154-155

Con busto femminile, rami di ulivo
h. cm 140 x 200 + cubo   p. 156

Con bocca che ride, fango
h. cm 140 x 200 + cubo   p. 157

Con pube e tulipani
h. cm 140 x 200 + scultura   pp. 158-159

Con nudo di schiena, macchina, candela
h. cm 140 x 300 + cubo   pp. 160-161

Con vagina e filo spinato
h. cm 140 x 200 + cubo   pp. 162-163

Con cenere e corona di alloro
h. cm 140 x 200 + cubo   pp. 164-165

ПЕРЕЧЕНЬ РАБОТ

ТВОРЕНИЕ В ЧЕРНОМ
(2009)

Портрет художницы в юности
140x100x120 см
Нержавеющая сталь с зеркальным покрытием,
полиуретан, медь.   ст. 79-85

Alter ego
179x160x100 см
Нержавеющая сталь с зеркальной поверхностью,
цифровая печать, раскрашенное дерево, алюминий,
битум, литье под давлением.   ст. 86-89

Саван
220 x 55 x 55 см.
Сталь, железо, полиуретан, эпоксидная краска.   ст. 90-93

ECCE HOMO
(2005-2009)

«Женщина под столом
100 x 210 x 45 см + оцинкованная коробка со
свинцовыми веточками   ст. 100-101

«Две женщины на кровати»
100 x 210 x 45 см + оцинкованная коробка с проволокой
ст. 102-103

«Женщина с бритой головой, в полосатой одежде»
100 x 210 x 45 см + оцинкованная коробка с
резиновыми жгутами   ст. 104-105

«Мужчина, слушающий свой собственный голос»
155 x 106 x 20 см + оцинкованная коробка с ракушками
ст. 106

«Стыдливая женщина»
102 x153 x 20 см + оцинкованная коробка с кирпичами
ст. 107

«Калека в клетке»,
155 x 106 x20 см + крест (цинк, дерево, бумага,
двигатель)   ст. 108

«Двое мужчин на улице»
75x131x15 см + оцинкованная коробка с жетонами
ст. 109

«Обнаженная женщина, со спины»
54 x 131 x 15 см + оцинкованная коробка с
металлическими пластинами   ст. 110

«Женщина, перестилающая кровать»
54x131 x15 см + оцинкованная коробка
с бронзовыми цветами   ст. 110

«Обезьяна»
103 x 153 x 20 см + оцинкованная коробка с осколками
терракоты   ст. 11

BEATA SOLITUDO SOLA BEATITUDO
(2002-2005)

«Фиолетовая ткань»
140 x 200 см + куб   ст. 116-117

«Лучи рассвета»
140 x 200 см + куб   ст. 118-119

«Окно в Палермо»
210 x 210 x 30 см + куб   ст. 120

«Туфовые карьеры на о-ве Фавиньяна»
210 x 210 x 40 см куб   ст. 121

«Туфовый карьер на о-ве Фавиньяна»
100 x 140 x 25 см + куб   ст. 122

«Затонувший в море карьер на о-ве Фавиньана»
100 x 140 x 40 см + куб   ст. 123

«Заброшенный луна-парк»
100 x 140 x 35 см + куб, фотография, красители,
бумага «Фабриано»   ст. 124-125

«Заброшенная фабричная труба»
70 x 100 см, фотография, красители, бумага
«Фабриано»   ст. 126-127

«Заброшенный туфовый карьер на о-ве Фавиньяна»
70 x 100 x 25 см + куб   ст. 128-129

«Разрушение и человеческое тело»
71 x 100 см   ст. 130-131

«Мужская ступня и обрубок ствола»
50 x 149 см   ст. 132-133

«Пруд и обезглавленное тело»
50 x 149 см   ст. 134-135

«Обрубок ствола и синее небо»
71 x 102 см   ст. 136-137

«Грибы, плесень и веревка»
71 x 103 см   ст. 138-139

«Беременная женщина и археологические находки»
70 x 100 см   ст. 140-141

РЕКВИЕМ ПО ЖИВЫМ И МАШИНАМ
(1997-1998)

«Пенис»
140 x100 см + куб   ст. 144

«Раненая рука»
140 x 100 см + куб   ст. 144-145

«Ступни»
140 x 100 см + куб   ст. 145

«Кисть правой руки»
140 x 200 см + 2 куба   ст. 146

«Ткань и сухие листья»
140 x 200 см + куб   ст. 147

«Кисти трех рук»
140 x 200 см + куб   ст. 148

«Деталь»
140 x 200 см + куб   ст. 149

«Пламень, агрегат»
140 x 200 см + куб   ст. 150-151

«Сердце, агрегат, ткань»
140 x 300 см + куб   ст. 152-153

«Новобрачная, кровь, механические детали»
140 x 300 см + куб   ст. 154-155

«Женский бюст, оливковые ветви»
140 x 200 см + куб   ст. 156

«Смеющийся рот, грязь»
140 x 200 см + куб   ст. 157

«Лобок, тюльпаны»
140 x 200 см +скульптура   ст. 158-159

«Голый торс со спины, узел агрегата, свеча»
140 x 300 см + куб   ст. 160-161

«Вагина, колючая проволока»
140 x 200 см + куб   ст. 162-163

«Пепел, лавровый венец»
140 x 200 см + куб   ст. 164-165

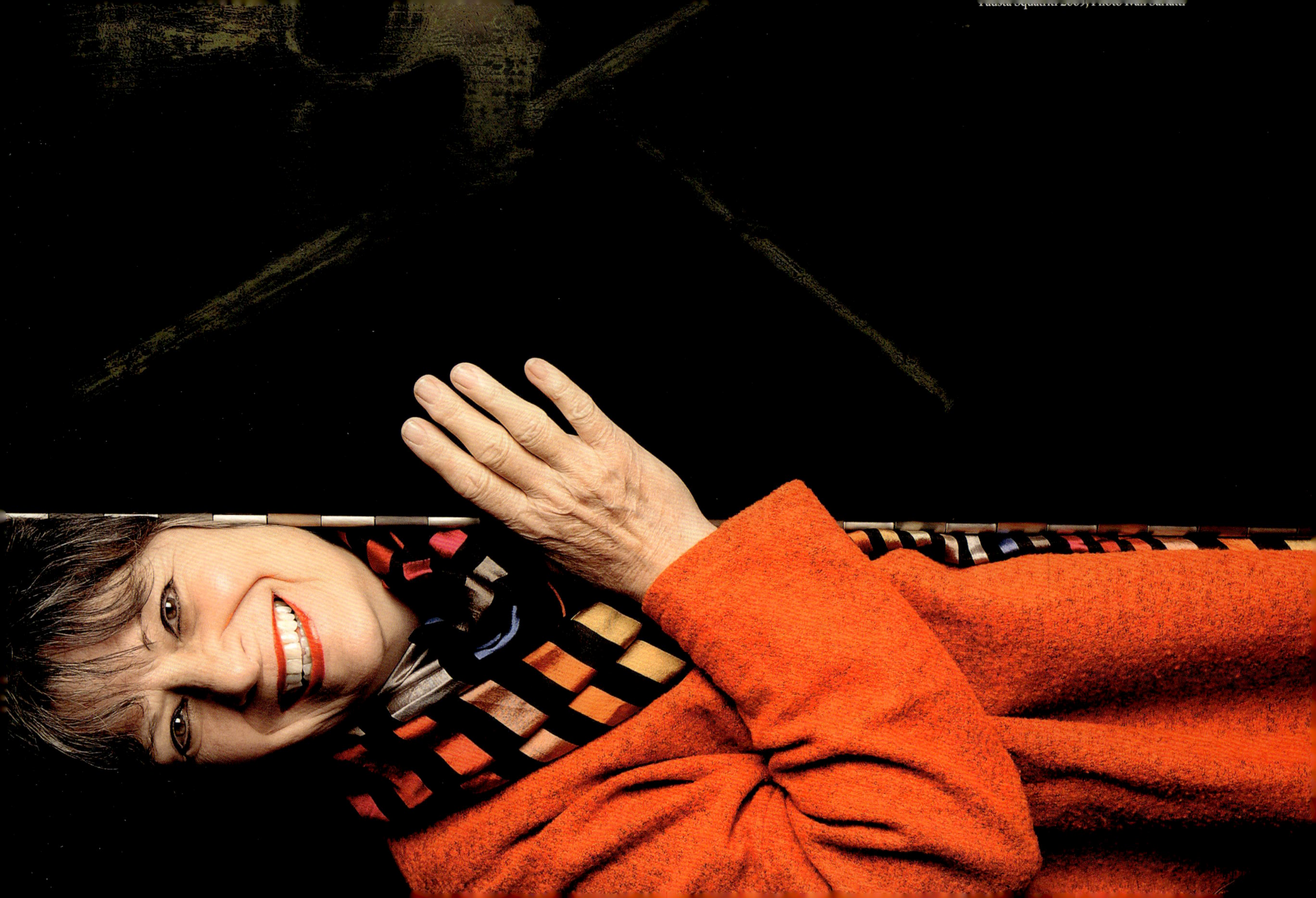

Fausta Squatriti 2005), Photo Ivan Sarfatti

BIOGRAPHICAL NOTE

Fausta Squatriti was born in Milan in 1941. From the start of her career she eagerly began to explore the various expressive forms that experiment in both the visual arts and writing. She has been active on the international art scene since 1968.

After graduating from the Accademia di Brera in 1960 she held her first solo exhibition at the Galleria del Disegno in Milan, and in 1964 won the San Fedele prize, at the time the only recognition reserved for young artists and seldom awarded to women.

In the early 1960s she wrote poetry and short stories, the latter published monthly in the magazine *Marie-Claire*. It was only in 2003 that her poems from that period were published by Book Editore under the title *Gesto azzurro alla mia sinistra* (*Blue Gesture to My Left*).

In 1968 she was discovered by Pierre Lundholm, a gallery director who in the 1960s was dedicated to promoting Italian avant-garde art. Her solo show in Stockholm was noticed by the Director of the Kozmopolitan Gallery in New York, who decided to host her in her exhibition space there, while in 1971 a series of sculptures in lacquered metal and mirror-finish steel was presented at the Mabat Art Gallery in Tel Aviv. Squatriti's international career continued in Latin America: she exhibited several times in Caracas, a culturally vibrant city in those years, and also held a solo show at the Jesus Soto Museum of Contemporary Art in Ciudad Bolivar. She also exhibited in Ciudad Mexico at the Jack Mizrachi Gallery, and in Huston.

In those same years a crucial meeting took place with Alexander Iolas, one of the most important gallery owners and art dealers during the 1970s. In addition to showing Squatriti's work in his Geneva gallery, he also employed her as art director, where she was responsible for preparing the books, catalogues, and posters that accompanied each show he hosted in his galleries in Paris, New York, Milan, Geneva, Rome, Madrid, and Athens.

In those years, Squatriti developed close friendships, exchanged ideas, and collaborated with many major figures from the international avant-garde: Jean Tinguely, Niki de Saint Phalle, Cy Twombly, Jesus Soto, Pol Bury, Joe Tilson, Enrico Baj, and a number of others, and also with other well-established artists such as Max Ernst, Marc Tobey, and especially Lucio Fontana and Man Ray. Her creative partnership with these leaders from the art scene led to the publication of limited editions and multiples, which Squatriti undertook between 1964 and 1974 in collaboration with Sergio Tosi, and then alone until 1986, when her passion for the adventure in publishing abated and left more room for literature, poetry, fiction, and art criticism. This publishing experience contributed considerably to the spread of a new type of artwork in the mid-1960s in the form of book-objects and multiples produced in limited editions.

Between 1965 and 1974 Squatriti's sculptures explored the severity of pure geometric forms and the irony of their contamination by disruptive elements. She also experimented with a wide range of strongly contrasting colors using industrial lacquers.

From 1974 to 1986 she abandoned provocation in her sculpture and turned towards pure geometric forms made of oxidized iron and mirror-finish steel, engaging in a personal exploration of geometric abstraction that led her far from the constructivist canon and the minimalist school. Her abstract approach has never been divorced from a philosophical and literary elaboration of the language of art, an elaboration that has, moreover, directly led to her most recent work.

She exhibited in Milan in 1979 at the Galleria del Naviglio and in 1980 at the Iniziative Cultural Center in Pordenone, which devoted a monograph to her. In the same year she also showed at Studio Marconi in Milan, and in 1981 at the Palazzo dei Diamanti in Ferrara. During those years she participated in many graphic art exhibitions, such as the Ljubljana Biennial and in Bradford, Lodtz, San Francisco, Baden Baden, Frederichstadt, Tokyo and Condé Bon Secour, winning two first prizes at the International Print Biennial in San Francisco.

In 1982 she held a solo show at the Denise René gallery in Paris, a venue of major importance for abstract-geometric art, where she also participated in several group shows over the following years.

In 1986 she curated the historical exhibition *Art and Science: Color at the Venice Biennale*, and her essays were published in the catalogue.

Squatriti's encounter with Karin Fesel in 1987 led to several exhibitions in Fesel's galleries in Düsseldorf and Sonskeck, and in important public spaces in Germany where, in both solo and group exhibitions, Squatriti showed her most recent installations.

She published several books of poetry, two of them with Vanni Scheiwiller, for whom she also co-directed, with Gaetano Delli Santi, the magazine *Kiliagono* between 1992 and 1995. Other books of poetry were published by Manni, Book, and Testuale.

Her poetry has appeared in *Lettera, Per Approssimazione, Uomini e Libri, Alfabeta, Meta Parole e Immagini, L'immaginazione, Il Verri Poesia, Mosca di Milano*, and *Graphie*. She has translated poetry from French and English, published with her illustrations in numbered editions of *I quaderni di Vacciago*. A number of poems have been translated and published in Hebrew.

In 1985 she won the Eugenio Montale poetry prize.

Following this she continued her work as an essayist at various magazines, including *Concertina*.

In 1981, together with Teresa Pomodoro, she created the ABV Collection, furniture designed by artists and produced by Tecno, Milan.

She has taught at the Accademia di Belle Arti for thirty years, first in the graphics department at Carrara, Venice, and Milan, and then as Professor of Decoration at Brera. She has held study seminars and conferences in Honolulu, Bologna, Mons, Tel Aviv, Haifa, Paris, and other cities.

In 1997 with Francesco Leonetti she founded the *Teatro monologico d'autore*, present at many of Italy's avant-garde literary festivals with the goal of putting authors at the center of their work, also on an interpretive, performance basis.

She participated with her own work in the activities of the Milanocosa, Novurgia, and Asilo Bianco Cultural Associations, concerned with the interdisciplinary nature of the arts. Her lyrics have been set to music by Mario Ruffini, Davide Anzaghi, Ennio Morricone, Guido Boselli, Francesco Maggio, and Marcela Pavia.

In 2006 her first novel *Crampi (Cramps)* was published by Abramo Editore.

In 2009 she took part in the exhibition *Venice Saved* at the Venice Biennale, and wrote an essay on the subject of the artist's book, which was published in the catalogue.

NOTE BIOGRAFICHE

Fausta Squatriti nasce a Milano nel 1941 e fin dai suoi esordi si appassiona alla ricerca attraverso diverse espressioni artistiche che sperimenta sia per quanto riguarda le arti visive che la scrittura; è attiva sulla scena artistica internazionale dal 1968.

Dopo essersi diplomata all'Accademia di Brera, nel 1960 tiene la sua prima personale alla Galleria del Disegno a Milano e nel 1964 vince il Premio San Fedele, il solo riconoscimento che, in quegli anni, sia riservato ai giovani artisti, peraltro raramente attribuito ad artiste.

Nei primi anni Sessanta scrive poesie e racconti, questi ultimi pubblicati mensilmente su *Marie-Claire*, mentre le poesie di quel periodo saranno pubblicate soltanto nel 2003 da Book Editore, sotto il titolo di "Gesto azzurro alla mia sinistra".

Nel 1968 viene scoperta da Pierre Lundholm, un gallerista che negli anni Sessanta si dedica a promuovere l'arte italiana d'avanguardia: la sua personale a Stoccolma viene notata dalla direttrice della Kozmopolitan Gallery di New York, che decide di ospitarla nel proprio spazio espositivo, mentre nel 1971 una serie di sculture realizzate in metallo laccato a fuoco e acciaio lucidato a specchio, viene presentata nella Mabat Art Gallery di Tel Aviv. La carriera internazionale di Squatriti prosegue in America Latina, dove l'artista milanese espone più volte a Caracas, in quegli anni città culturalmente molto vivace, e tiene una personale al Museo de Arte Contemporaneo Jesus Soto di Ciudad Bolivar. Espone inoltre alla Jack Mizrachi Gallery di Città del Messico.

Sempre in quegli anni ha un incontro fondamentale con uno tra i più importanti galleristi e mercanti degli anni Settanta, Alexander Iolas, che espone le opere di Squatriti nel suo spazio di Ginevra e le affida l'incarico di art director e curatrice dei libri, cataloghi e manifesti che accompagnano ogni mostra ospitata nelle sue gallerie di Parigi, New York, Milano, Ginevra, Roma, Madrid, Atene.

In quegli anni Squatriti intrattiene intensi rapporti di amicizia, scambio e collaborazione con protagonisti delle avanguardie internazionali tra i quali Jean Tinguely, Niki de Saint-Phalle, Cy Twombly, Jesus Soto, Pol Bury, Joe Tilson, Enrico Baj, e con artisti già affermati come Max Ernst, Marc Tobey e in particolar modo con Lucio Fontana e Man Ray. Il sodalizio creativo con queste figure di spicco della scena artistica si concretizza nella pubblicazione di edizioni a tiratura limitata e di multipli, che Squatriti effettua dal 1964 al 1974 in collaborazione con Sergio Tosi e in seguito da sola, fino al 1986, quando la passione per l'avventura editoriale può considerarsi per lei esaurita e lascia spazio a letteratura, poesia, narrativa e critica d'arte. Quest'attività editoriale contribuisce non poco, alla metà degli anni '60, alla diffusione di una nuova tipologia di opera d'arte, rappresentata appunto dai libri-oggetto e dai multipli a tiratura limitata.

Negli anni tra il '65 e il '74 le sculture di Squatriti si articolano in una ricerca plastica tra il rigore delle forme geometriche pure e l'ironia della loro contaminazione con elementi disgreganti, oltre alla scelta di una gamma cromatica dai forti contrasti, realizzati con laccature industriali.

Dal 1974 al 1986 la sua ricerca scultorea, abbandonando la forma della provocazione, si indirizza verso forme geometriche pure, realizzate in ferro ossidato e acciaio lucidato a specchio, intraprendendo una personale ricerca dell'astrazione geometrica che la conduce molto lontano dal costruttivismo canonico e dalla scuola minimalista. Il suo approccio astratto non è mai disgiunto dall'elaborazione filosofica e letteraria sul linguaggio dell'arte, elaborazione dalla quale peraltro scaturiscono i suoi più recenti lavori. Espone a Milano nel '79 alla Galleria del Naviglio, nell''80 al Centro Iniziative culturali di Pordenone che le dedica una monografia, e nello stesso anno allo Studio Marconi a Milano, nell''81 a Palazzo dei Diamanti a Ferrara. In questi anni partecipa a numerose mostre di grafica come le Biennali di Lubiana, Bradford, Lodtz, San Francisco, Baden Baden, Friedrichstadt, Tokyo, Condè Bon Secour, e vince due primi premi alla International Print Biennial di San Francisco.

Nel 1982 tiene una personale a Parigi in una galleria di fondamentale importanza per la tendenza astratto-geometrica, quella di Denise René, dove anche negli anni successivi partecipa ad alcune mostre collettive. Dall'incontro con Karin Fesel nel 1987 scaturiscono alcune occasioni espositive nelle sue gallerie di Düsseldorf e Sonsbeck e in importanti spazi pubblici tedeschi, dove Squatriti, nell'ambito di mostre sia personali che collettive, espone le sue più recenti installazioni, risultato di alcuni anni di meditazione sul linguaggio artistico.

Contemporaneamente alle ricerche visive, Squatriti sviluppa un'indagine di tipo poetico e critico: pubblica infatti alcuni libri di poesia, due dei quali con Vanni Scheiwiller, per il quale ha co-diretto, con Gaetano Delli Santi,

la rivista *Kiliagono* uscita tra il 1992 e il 1995. Altri libri di poesia sono usciti con Manni, Book e Testuale. Nel 1985 ha vinto il premio Eugenio Montale.

Sue poesie sono pubblicate su *Lettera, Per Approssimazione, Alfabeta, Meta Parole e Immagini, L'immaginazione, Il Verri, Poesia, Graphie*. Ha tradotto testi poetici dal francese e dall'inglese, pubblicati con sue illustrazioni in edizione numerata da *I quaderni di Vacciago*. Nel 1981, in collaborazione con Teresa Pomodoro, crea la Collezione ABV, mobili disegnati da artisti, prodotti da Tecno, Milano.

Per trent'anni ha svolto attività di docenza nell'Accademia di Belle Arti, dapprima nel dipartimento di grafica a Carrara, Venezia e Milano, e infine con la cattedra di Decorazione. Ha tenuto seminari di studi e conferenze a Honolulu, Bologna, Mons, Tel Aviv, Haifa, Parigi, e molte altre città.

Nel 1985 è stata uno dei tre curatori della mostra "Arte e scienza" alla Biennale di Venezia.

Nel 1997 fonda, con Francesco Leonetti, il *Teatro monologico d'autore*, presente in vari festival dell'avanguardia letteraria in Italia, con l'intento di porre gli autori al centro della propria opera, anche interpretativa e performativa.

Partecipa con il suo lavoro alle attività di Associazioni culturali, Milanocosa, Novurgia e Asilo Bianco, tese all'interdisciplinarità delle arti. Suoi testi sono stati messi in musica da Mario Ruffini, Davide Anzaghi, Ennio Morricone, Guido Boselli, Francesco Maggio, Marcela Pavia.

Nel 2006 è uscito il suo primo romanzo "Crampi", Abramo Editore.

Nel 2009 partecipa alla mostra "Venezia salva", Biennale di Venezia, il suo saggio sull'argomento del Libro d'Artista viene pubblicato in catalogo.

MAJOR SOLO EXHIBITIONS / PRINCIPALI ESPOSIZIONI PERSONALI

1962
Galleria del Disegno, Milano
1964
Galleria Dell'Indiano, Milano
1968
Galerie Pierre, Stockholm
1969
Kozmopolitan Gallery, New York
Jack Mizraki, Ciudad Mexico
1970
The Courtney Gallery, Houston
Mabat Art Gallery, Tel Aviv
Estudio Actual, Caracas
1972
Galerie Alexandre Iolas, Genéve
Galleria Paolo Barozzi, Venezia
1973
Galleria Rinaldo Rotta, Genova
1975
Arte contacto, Caracas
Museo de Arte Contemporáneo Jesus Soto, Ciudad Bolivar
1976
Studio la Città, Verona
1978
Galleria La Polena, Genova
1979
Galleria del Naviglio, Milano
1980
Atelier Gabriel Belgeonne, Gerpinnes
Centro Iniziative Culturali, Pordenone
Studio Marconi, Milano
1981
Palazzo dei Diamanti, Ferrara
1982
Galerie Denise René, Paris

1983
Italian Cultural Institute, Zagreb
Studentski Kulturni Centar, Belgrade
Centar za Kulturu, Rijeka
Mala Galerije, Ljubljana
Likovnich Umjrtnosti, Osijek
1987
Galerie Karin Fesel, Düsseldorf
1988
The Art Building Commons Gallery, University at Manoa, Honolulu
1992
Galleria Santo Ficara, Firenze
1994
The Art Building Commons Gallery, University at Manoa, Honolulu
1995
Galleria Bianca Pilat, Milano
1997
Galerie Karin Fesel, Düsseldorf
1999
Via Crucis, Ex Teatro Sociale, Città Alta, Bergamo
Un Requiem, Etoile Toy Visual Arts, Firenze
2000
Via Crucis, Centro Iniziative Culturali, Pordenone
Un Requiem, San Vito al Tagliamento
Geometria dello scandalo, Piazza delle Erbe art gallery, Montecassiano
2001
Sulla poetica della tortura, Truth To The Bitter End, Museum am Ostwall, Dortmund
Il Percorso della Salvezza, Galleria Bedoli, Viadana
2002
La Commedia Umana, Fondazione Mudima, Milano

2005
Beata solitudo sola beatitudo,
Nt art gallery, Bologna
2007
Via Crucis, Palazzo Comunale, Noci

PUBLIC COLLECTIONS / COLLEZIONI PUBBLICHE

Biblioteca Civica, Milano; Fondazione Calderara Vacciago; Galleria Civica d'Arte, Portofino; Moderna Museet, Stockholm; Stedelijk Museum of Modern Art, Amsterdam; The Art Institute of Chicago; Kaiser Wilhelm Museum, Krefeld; Pusckhin Museum, Moscow; Musée d'Art et d'Histoire de l'imprimé image, La Louvière; Museo de Arte Moderno J. Soto, Ciudad Bolivar; Pinacoteca Civica, Termoli; Musée d'Orsay, Paris; Centre Pompidou, Paris; Museum of Graphic Design, Friedrichstadt; Musée d'Art Moderne de la Ville de Cholet; Banca Commerciale Italiana; Sala Umbro Apollonio, Ca' Pesaro, Venezia; Bockum Museum; Galleria d'Arte Moderna Gazoldo degli Ippoliti; Galleria Civica, Viadana; Tel Aviv Museum of Art; Museum am Ostwall, Dortmund; Die Sammlung Peter C. Ruppert; Konkrete Kunst in Europa, Stadtische Galerie, Würzburg.

COMMENTARY ON HER WORK BY / HANNO SCRITTO SUL SUO LAVORO

Giulio Carlo Argan, Umbro Apollonio, Giulio Angelucci, Adriano Antolini, Ingo Bartsch, Carlo Belloli, Rossana Bossaglia, Roberto Borghi, Giancarlo Buzzi, Angelo Bertani, Pietro Cataldi, Alberto di Mauro, Rubina Giorgi, Marosia Castaldi, Domenico Cara, Flavio Caroli, Jacqueline Ceresoli, Claudio Cerritelli, Giulia Ceriani, Mario Cresci, Enrico Crispolti, Anne Dagbert, Gaetano Delli Santi, Roberto Di Marco, Andrea Del Guercio, Giorgio Di Genova, Valerio Dehò, Gillo Dorfles, Gio Ferri, Eleonora Fiorani, Milli Graffi, Dario Giugliano, Vincenzo Guarracino, Kai-Uwe Hemken, Emilio Isgrò, Janus, Ermanno Krumm, Giorgio Kaisserlian, Theodore Koening, Romana Loda, Pierluigi Lia, Elisabetta Longari, Angela Madesani, Francesco Leonetti, Nanni Menetti, Antonio Musiari, Luciano Padovese, Giancarlo Pauletto, Marilena Pasquali, Antonio Porta, Mikhail Pogarskij, Duane e Sarah Preable, Arturo Carlo Quintavalle, Man Ray, Michel Ragon, Maria Grazia Recanati, Valter Rosa, Mario Ruffini, Roberto Sanesi, Giuliano Serafini, Arturo Schwarz, Evelina Schatz, Vanni Scheiwiller, Carmelo Strano, Letizia Tedeschi, Lucila Velasquez, Lea Vergine, Marisa Vescovo, Simona Weller, Klaus Wolbert, Giuseppe Zagarrio, Ursula Zeller.

БИОГРАФИЯ

Фауста Скуатрити родилась в Милане в 1941 году. С самого начала творческой деятельности художницу привлекает поиск новых способов художественного выражения, как в сфере визуального искусства, так и в скульптуре; на международную художественную сцену она выходит в 1968 году.

В 1960 году Скуатрити, выпускница Академии художеств Брера, проводит свою первую персональную выставку в миланской галерее «Дизеньо». В 1964 году – получает премию Сан-Феделе, единственную в те годы награду, предназначенную молодым художникам. Отметим, что художниц удостаивали ей крайне редко.

В начале шестидесятых годов Скуатрити пишет стихи и рассказы. Эти рассказы ежемесячно публикуются в журнале «Мари Клэр», в то время как стихотворениям тех лет предстоит увидеть свет лишь в 2003 году (сборник «Голубой жест слева от меня», издательство «Бук Эдиторе»).

В 1968 году на творчество Скуатрити обратил внимание Пьер Лундхольм – галерист, продвигавший в шестидесятые годы авангардное итальянское искусство. Персональная выставка в Стокгольме не прошла незамеченной: директор нью-йоркской галереи «КоЦмополитен» предлагает Скуатрити провести выставку в Нью-Йорке. В 1971 году цикл скульптур из лакированного металла и полированной стали экспонируется в Тель-Авиве, в галерее «Мабат». Следующий этап международной карьеры миланской художницы связан с Латинской Америкой: Скуатрити не раз экспонирует свои работы в Каракасе (где в те годы бурлит культурная жизнь); тогда же у нее проходит персональная выставка в Музее современного искусства им. Хесуса Рафаэля Сото в Сьюдад-Боливаре. А также – в Мехико, в галерее Джека Мизрачи и в Хьюстоне.

В те же годы состоялась важнейшая для Скуатрити встреча с Александром Иоласом, одним из крупнейших галеристов и арт-дилеров семидесятых годов. Иолас устраивает выставку работ художницы в своей женевской галерее, в Женеве, а затем приглашает ее на должность арт-директора и доверяет ей подготовку книг, каталогов и афиш выставок, проводившихся в его галереях, – в Париже, Нью-Йорке, Милане, Женеве, Риме, Мадриде, Афинах.

В те же годы Скуатрити устанавливает насыщенные дружеские и рабочие отношения с такими представителями мирового авангарда, как Жан Тингели, Ники де Сен-Фалль, Сай Туомбли, Хесус Сото, Поль Бюри, Энрико Бай, Джо Тилсон и другими, равно как и с признанными уже к этому времени Максом Эрнстом и Марком Тоби, и особенно – с Лучо Фонтана и Ман Рэем. Сотрудничество с этими выдающимися художниками подталкивает Скуатрити к созданию издательства, в котором она публикует книги и альбомы, в том числе – ограниченным тиражом. В период с 1964 по 1974 год – совместно с Серджо Този, затем самостоятельно, вплоть до 1986 года, когда страсть к издательской деятельности уступает все больше места занятиям литературой (поэзией, прозой) и арт-критикой. В то время как в середине 60-х годов эта издательская деятельность в немалой степени способствовала распространению такого нового типа произведений искусства, как книга-объект, изданная обычным или ограниченным тиражом.

Скульптурные композиции Скуатрити 1965-1974 годов соединяют в себе строгость чистых геометрических форм и ироническую их искаженность «разлагающими» элементами – при ярких цветовых контрастах эмалевого напыления.

В свою очередь, скульптуры 1974-1986 годов, из окисленного железа и полированной стали, лишены провокативности: выбор сделан «в пользу» чистых геометрических форм. Разрабатывая личностную модель геометрического абстракционизма, Скуатрити оставляет почву канонического конструктивизма и минимализма. Абстракционистские поиски Скуатрити всегда связаны с философскими и литературными исследованиями языка искусства, на которые опирались и более ранние работы художницы. В 1979 году проходит выставка Скуатрити в миланской галерее «Навильо»; в 1980 году – в галерее при Центре культурных инициатив города Порденоне (там же выходит монография о творчестве художницы) и, в том же году, в миланской Студии Маркони; в 1981 году – в Галерее современного искусства при Палаццо Дей Диаманти в Ферраре. В те же годы художница участвует в многочисленных выставках графики: в Любляне, Брэдфорде, Лодзи, Сан-Франциско, Баден-Бадене, Фридрихштадте, Токио, Конде-Бон-Секюр. Дважды она получает первые призы на Биеннале графики в Сан-Франциско.

В 1982 году проходит персональная выставка Скуатрити в галерее Дениз Рене, важнейшем центре геометрического направления абстрактной живописи; в последующие годы работы художницы экспонируются в галерее в рамках коллективных выставок.

В 1986 году Скуатрити – куратор выставки «Искусство и наука: Цвет» на Венецианской биеннале; ее эссе входят в каталог выставки.

В 1987 году Скуатрити знакомится с галеристкой Карин Фесел, которая показывает ее работы в своих галереях в Дюссельдорфе и Зонсбеке, а также – на важнейших выставочных площадках Германии; на этих выставках, как персональных, так и коллективных, экспонируются новые инсталляции художницы – плод многолетних размышлений о языке искусства.

Совместно с Гаэтано делли Санти художница руководит журналом «Килиагоно», который издательство Ванни Шайвиллера издает в 1992-1995 годах. В том же издательстве выходят два ее сборника стихотворений. Другие поэтические книги художницы публикуют издательства «Эдициони Манни», «Бук Эдиторе», «Тестуале».

Поэзия Скуатрити публикуется в таких изданиях, как «Леттера», «Пер Апроссимационе», «Уомини э либри», «Алфабета», «Мета. Пароле э Иммаджини» «Иммаджинационе», «Верри», «Поэзиа», «Моска ди Милано», «Граффие». Поэтические переводы Скуатрити с французского и английского языков, с ее же иллюстрациями, публикуются в серии «Квадерни ди Вачаго» – ограниченным тиражом с нумерованными экземплярами. В свою очередь, ее стихотворения переводятся на иврит и публикуются в израильских журналах.

В 1985 году Скуатрити получает премию им. Монтале.

В дальнейшем она пишет эссе для различных журналов, в частности, для «Кончертино».

В 1981 году, совместно с Терезой Помодоро, художница разрабатывает серию мебели по проектам художников, получившую название «Коллеционе АВС». (Мебель была изготовлена компанией "Текно", Милан.)

На протяжении 30 лет Скуатрити преподает в Академии изящных искусств: сперва – на факультете графики (в Карраре, Венеции, Милане), затем – на кафедре декоративного искусства. А также проводит семинары и читает лекции в Гонолулу, Болонье, Монсе, Тель-Авиве, Хайфе, Париже и других городах.

В 1997 году она основывает, совместно с Франческо Леонетти, «Монологический театр автора», Задача театра как участника различных итальянских фестивалей авангардной литературы – раскрытие личности автора через перформанс и рецитацию.

Художница участвует в деятельности ассоциаций «Миланокоза», «Новурджиа» и «Азило Бьянко», организующих культурные мероприятия на стыке искусств. Тексты Скуатрити кладут на музыку Марио Руффини, Давиде Андзаги, Эннио Морриконе, Гвидо Бозелли, Франческо Маджо, Марелла Павиа.

В 2006 году выходит ее первый роман «Судороги» (изд. «Абрамо Эдиторе»).

В 2009 году Скуатрити участвует в выставке «Венеция вне опасности» на Венецианской биеннале; в каталоге выставки опубликован ее очерк «Книга художника».

ОСНОВНЫЕ ПЕРСОНАЛЬНЫЕ ВЫСТАВКИ ФАУСТЫ СКУАТРИТИ

1962
Галерея «Дизеньо», Милан
1964
Галерея «Индиано», Милан
1968
Галерея «Пьер», Стокгольм
1969
Галерея «КоЦмополитен», Нью-Йорк
Галерея Джека Мизрачи, Мехико

1970
«Коуртни гэллери», Хьюстон
Галерея «Мабат», Тель-Авив
Галерея «Эстудио Актуаль», Каракас
1972
Галерея Александра Иоласа, Женева
Галерея Паоло Броцци, Венеция
1973
Галерея Ринальдо Ротта, Генуя
1975
Галерея «Арте/Контатто», Каракас
Музей современного искусства им. Хесуса Рафаэля Сото, Сьюдад-Боливар.
1976
Студия «Читта», Верона
1978
Галерея «Полена», Генуя
1979
Галерея «Навильо», Милан
1980
Ателье Габриэль Бержон, Жерпин
Галерея при Центре культурных инициатив, Порденоне
Студия Маркони, Милан
1981
Галерея современного искусства в Палаццо Дей Диаманти, Феррара
1982
Галерея Дениз Рене, Париж
1983
Итальянский Институт культуры, Загреб
Студенческий культурный центр, Белград
Культурный центр, Риека
Малая галерея, Любляна
Галерея изобразительного искусства, Осиек
1987
Галерея Карин Фесел, Дюссельдорф
1988
«Арт Билдинг Комэнс Галлери», Гавайский университет в Маноа (Гонолулу)

1992

Галерея Санто Фикара, Флоренция

1994

«Арт. Билдинг Коммонс Галлери»,
Гавайский университет в Маноа (Гонолулу)

1995

Галерея Бьянки Пилат, Милан

1997

Галерея Карин Фесел, Дюссельдорф

1999

“Via Crucis”, в помещении бывшего
«Театро Сочиале», Бергамо

«Реквием», культурный центр «Этуаль
Той Визуал Артс», Флоренция

2000

“Via Crucis”, Галерея при Центре
культурных инициатив, Порденоне

«Реквием», галерея “Hicetnunc”, Сан-
Вито-аль-Талиаменто

«Геометрия скандала», галерея «Пьяцца
делле Эрбе», Монтекассиано

2001

«О поэтике пытки», Музей Освальда,
Дортмунд

«Путь спасения», галерея «Бедоли»,
Виадана

2002

«Человеческая комедия», Фонд
«Мудима», Милан

2005

“Beata solitudo sola beatitudo”,
галерея “Nt art”, Болонья

2007

“Via crucis”, Палаццо Комунале, Ночи

СОБРАНИЯ, В КОТОРЫХ НАХОДЯТСЯ ПРОИЗВЕДЕНИЯ ФАУСТЫ СКУАТРИТИ

Собрание муниципальной библиотеки, Милан, Фонд им. А Кальдерара, Ваччаго, Муниципальная художественная галерея, Портофино, Музей Современного искусства, Стокгольм, Городской музей современного искусства, Амстердам, Институт искусств, Чикаго, Музей кайзера Вильгельма, Крефельд, ГМИИ им. Пушкина, Москва, Музей изобразительного искусства, Лувьер, Музей современного искусства им. Хесуса Рафаэля Сото, Сьюдад-Боливар, Муниципальная Пинакотека, Термоли, Музей Д'Орсе, Париж, Национальный центр искусства и культуры им. Ж. Помпиду, Париж, Собрание рисунков, эстампов и печатной графики, Берлин, Музей современного искусства, Шоле, Собрание Итальянского коммерческого банка, Музей Современного искусства им. Умбро Аполлонио, Падуя, Музей современного искусства во дворце Ка' Пезаро, Венеция, Музей города Бохум, Галерея современного искусства, Газольдо-дельи-Ипполити, Муниципальный музей, Виадана, Художественный музей Тель-Авива, Музей Освальда, Дортмунд, собрание Петера Рупперта «Конкретное искусство в Европе», городская галерея, Вюрцбург

О НЕЙ ПИСАЛИ

Джулио Карло Арган, Умбро Аполлонио, Джулио Анджелуччи, Адриано Антолини, Инго Бартч, Розана Боссалья, Роберто Борги, Джанкарло Буцци, Анджело Бертани, Лусила Веласкес, Леа Верджине, Адам Ваккаро, Мариза Весково, Симона Веллер, Клаус Вольберт, Милли Граффи, Пьетро Катальди, Альберто ди Мауро, Рубина Джорджи, Марозия Кастальди, Доменико Кара, Флавио Кароли, , Клаудио Черрителли, Джулия Чериани, Марио Креши, Энрико Криспольти, Ан Дагбер, Гаэтано Делли Санти, Роберто Ди Марко, Винченцо Гуаррачино, Андреа Дель Гуерчо, Джузеппе Дзагаррио, Валерио Део, Джорджо Ди Дженова, Джилло Дорфлес, Джо Ферри, Элеонора Фиорани, Дарио Джулиано, Кай-Уве Хемкен, Эмилио Изгро, Янус, Эрманно Крумм, Джорджо Кайссерлиан, Теодор Кёнинг, Романа Лода, Пьерлуиджи Лиа, Элизабетта Лонгари, Анджела Мадезани, Франческо Леонетти, Нанни Менетти, Антонио Музиари, Лучано Падовезе, Джанкарло Паулетто, Марилена Паскуали, Антонио Порта, Михаил Погарский, Дуэн и Сара Прибл, Артуро Карло Куинтавалле, Мишель Рагон, Мария Грация Реканати, Валтер Роза, Марио Руффини, Ман Рэй, Роберто Санези, Джулиано Серафини, Кармело Страно, Летиция Тедески, Жаклин Черезоли, Урсула Целлер, Ванни Шайвиллер, Эвелина Шац, Артуро Шварц

To find out more about Charta,
and to learn about our most recent publications, visit

Per saperne di più su Charta,
ed essere sempre aggiornato sulle novità, entra in

Чтобы узнать подробнее о Charta
и обо всех новинках издательства в интернете

www.chartaartbooks.it

Printed in November 2009
for Edizioni Charta